Americanismo(s) no Uruguai

Os olhares entrecruzados dos intelectuais sobre a América Latina e os Estados Unidos (1917-1969)

Mateus Fávaro Reis

Americanismo(s) no Uruguai

Os olhares entrecruzados dos intelectuais sobre a América Latina e os Estados Unidos (1917-1969)

Alameda

Grafia atualizada segundo o Acordo Ortográfico da Língua Portuguesa de 1990, que entrou em vigor no Brasil em 2009.

Publishers: Joana Monteleone/Haroldo Ceravolo Sereza/Roberto Cosso
Edição: Joana Monteleone
Editor assistente: João Paulo Putini
Projeto gráfico e diagramação: Gabriel Patez Silva
Capa: Ana Lígia Martins
Assistente acadêmica: Danuza Vallim
Revisão: João Paulo Putini
Assistente de produção: Felipe Lima Bernardino

CIP-BRASIL. CATALOGAÇÃO-NA-FONTE
SINDICATO NACIONAL DOS EDITORES DE LIVROS, RJ

R311a

Reis, Mateus Fávaro
AMERICANISMO(S) NO URUGUAI: OS OLHARES ENTRECRUZADOS DOS INTELECTUAIS SOBRE A AMÉRICA LATINA E OS ESTADOS UNIDOS (1917-1969)
Mateus Fávaro Reis.
São Paulo: Alameda, 2014.
348p.

Inclui bibliografia
ISBN 978-85-7939-219-1

1. Frugoni, Emilio. 2. Antuña, José G. 3. Quijano, Carlos. 4. América Latina - História. 5. Estados Unidos - História. 6. Intelectuais - Uruguai. I. Título.

13-02278 CDD: 980
CDU: 94(8)

ALAMEDA CASA EDITORIAL
Rua Conselheiro Ramalho, 694 – Bela Vista
CEP: 01325-000 – São Paulo, SP
Tel.: (11) 3012-2400
www.alamedaeditorial.com.br

SUMÁRIO

Todo país es una lección para el mundo. Hasta la más pequeña nación, el pueblo más reducido, pueden encerrar alguna enseñanza útil para la humanidad. La conducta individual aprende y se traza en la escuela del ejemplo; la conducta colectiva debe aprovecharse de la permanente lección de vida y de destino que con su vida y con su historia se dan constantemente unos pueblos a otros.

Emilio Frugoni, *La lección de México*

PREFÁCIO

Pelo nacionalismo, pensamos alguma vez, vai-se ao anti--imperialismo, pelo anti-imperialismo ao socialismo. Pela pátria chica, *pensamos visceralmente agora, à pátria grande. Pelo socialismo à integração. Sem a revolução libertadora e anti-imperialista não existirá pátria, nem pequena, nem grande. E lindo será então morrer oriental na pátria* chica. *Talvez na pátria grande.*

Carlos Quijano, "Morir oriental", *Marcha*, 1968

Neste livro, Mateus Fávaro Reis analisa, com muita competência, um tema original e pouco conhecido no Brasil: o debate intelectual uruguaio sobre latino-americanismo e pan-americanismo. Nas últimas décadas, em que a questão da integração latino-americana – e, particularmente, sul-americana – ganhou grande relevância, é muito interessante constatar que, no Uruguai, o debate em torno da integração econômica e cultural entre os países latino-americanos tem uma centralidade, como demonstra o autor, mais evidente do que em muitos países do continente. O nacionalismo, no Uruguai, não encontrou, na intelectualidade e no discurso político, a mesma força que em outros países da região.

O anti-imperialismo das esquerdas uruguaias veio acompanhado, muito antes da Revolução Cubana, principalmente pelo latino-americanismo e projetos de integração regional. Os uruguaios, conscientes das limitações geográficas de seu país, sabiam que a aposta em um nacionalismo restritivo seria inviável. Em um país com território e população pequenos,[1] além de recursos naturais e econômicos modestos, era rigorosamente necessário, segundo muitos dos seus intelectuais e líderes políticos, pensá-lo como parte do continente americano e, particularmente, da América do Sul e América Latina. Ou seja, pensar a pátria *chica* (Uruguai) integrada à pátria grande (América Latina),[2] tema que, apesar de recorrente, é insuficientemente discutido pela própria historiografia uruguaia. Não é sem motivo que o Uruguai tem sido, desde fins do século XIX, um espaço de debate político-cultural em que a defesa da integração da América Latina ocupa lugar central. Autores e obras de intelectuais uruguaios, comprometidos com a defesa do latino-americanismo, tiveram repercussão continental: textos de José Enrique Rodó, Arturo Ardao, Ángel Rama, Eduardo Galeano, entre outros, foram lidos e intensamente debatidos muito além das fronteiras do país platino. Também é digna de registro a colaboração significativa de intelectuais uruguaios para o estabelecimento de redes intelectuais na América Latina, com a inclusão efetiva de autores brasileiros.

Para analisar as interpretações, elaboradas no Uruguai, no século XX, sobre a América Latina e os Estados Unidos, assim como o debate em torno da integração continental, Fávaro Reis selecionou três importantes intelectuais uruguaios que dedicaram parte substantiva

1 Segundo o censo uruguaio de 2011, o país contava com pouco menos de 3 milhões e 300 mil habitantes, em uma superfície de 177.414 km², sendo que mais da metade da população do país concentra-se na região metropolitana da capital, Montevidéu.

2 *La Patria Grande* também é o título de um dos livros do argentino Manuel Ugarte, latino-americanista convicto e militante, publicado em 1922.

de suas obras à questão do latino-americanismo e pan-americanismo: Emilio Frugoni (1880-1969), José Antuña (1890-1972) e Carlos Quijano (1900-1984). Ainda que pouco conhecidos no Brasil, foram personagens de grande relevo no debate intelectual do país vizinho, a partir das primeiras décadas do século XX. Nascidos, coincidentemente, com uma diferença de exatos 10 anos entre um e outro – e 20 anos entre Frugoni e Quijano –, participaram de controversos debates e viveram intensamente nos espaços culturais e políticos uruguaios do século passado, em constante diálogo, permeado por divergências, principalmente no caso de Antuña, e convergências, particularmente entre Frugoni e Quijano. Ressalte-se que os três viveram mais de 80 anos.

Amparado nos referenciais teóricos e metodológicos da história intelectual, da chamada "nova história política" e da história do livro, das edições e da leitura, Fávaro Reis apresenta um quadro muito rico acerca da inserção dos intelectuais uruguaios na cena pública do país, além de analisar, também, a produção editorial uruguaia, particularmente no que se refere à publicação de revistas e jornais.

O autor dedicou-se, com mais intensidade, ao período entre 1917, ano do falecimento do conhecido ensaísta e político uruguaio José Enrique Rodó, e 1969, ano da morte de Emilio Frugoni. A partir de fins dos anos 1910, ao lado de muitas homenagens ao autor de *Ariel*, houve também uma reavaliação crítica de sua obra. Frugoni, Antuña e Quijano, entre outros intelectuais, contribuíram de forma efetiva para essa retomada da obra rodoniana.

Após cuidadosa e esclarecedora introdução, Mateus Reis dedicou-se, no primeiro capítulo, a recuperar os itinerários político-intelectuais dos três autores, colocando-os em constante diálogo. No capítulo seguinte, analisou o ambiente intelectual e o mercado editorial uruguaio, suas possibilidades e limites. Nesse sentido, o autor não pôde deixar de analisar, ainda que de maneira breve, os semanários *Acción* (1932-39) e *Marcha* (1939-74), dirigidos por

Carlos Quijano, de grande relevância na vida cultural e no debate político uruguaio e com grande circulação nos países vizinhos.[3] Outro tema central foi o debate uruguaio sobre o papel dos intelectuais na vida política do país, questão recorrente entre os intelectuais latino-americanos, principalmente entre as décadas de 1920 e 1960. Finalmente, no terceiro e último capítulo, o autor debruçou-se sobre as polêmicas, no Uruguai, em torno do pan-americanismo e latino-americanismo. Com esse objetivo, recuperou os debates sobre a obra de Rodó e o chamado arielismo, as interpretações sobre os Estados Unidos e a América Latina no país oriental,[4] o debate em torno do "excepcionalismo uruguaio" e o lugar do país nas Américas, além dos caminhos que se abriam para a América Latina nos anos 1950 e 1960, particularmente as polêmicas em relação à revolução, socialismo e democracia.

Como demonstra Fávaro Reis, a defesa da democracia como caminho à justiça social e, inclusive, ao socialismo, esteve fortemente presente no debate político das esquerdas uruguaias nos anos 1960, a despeito do impacto da Revolução Cubana e das guerrilhas em vários países latino-americanos. Inclusive, como resposta ao "modelo cubano". Vale ressaltar que a própria história uruguaia do século XX, com significativas experiências democráticas e reformistas – assim como, por outro lado,

---

3 O autor aprofundou a análise dos dois semanários uruguaios em sua tese de doutorado, defendida em 2012 na UFMG. Na tese – intitulada *Políticas da leitura, leituras da política: uma história comparada sobre os debates político-culturais em* Marcha *e* Ercilla *(Uruguai e Chile, 1932-1974)* –, Mateus Fávaro Reis analisou o projeto editorial de *Marcha* em comparação com a revista *Ercilla* e a editora chilena de mesmo nome, inserindo o tema nos contextos político-culturais dos dois países e, em um sentido mais amplo, da América Latina.

4 O nome oficial do país é *República Oriental del Uruguay*, dada a sua posição geográfica, a leste do estuário do Rio da Prata. Na época colonial, o atual Uruguai era denominado *Banda Oriental* e, até hoje, os uruguaios são também chamados de orientais.

com governos autoritários e ditatoriais –,[5] inspirou a convicta defesa da democracia por muitos integrantes das esquerdas uruguaias.

Cabem algumas palavras para apresentar os três personagens selecionados por Mateus Fávaro. Emilio Frugoni foi um dos fundadores, em 1910, e líder histórico do Partido Socialista do Uruguai. Defendeu, durante toda a vida, a construção do socialismo com democracia e, coerente com essa posição, criticou duramente o regime soviético. Em 1928, liderou a refundação do Partido Socialista, discordando da adesão do antigo PS, convertido em Partido Comunista do Uruguai, à Terceira Internacional. Foi um opositor vigoroso da ditadura terrista e dos governos autoritários, de um modo geral. Sua prédica reformista acabou por afastá-lo, em 1963, do Partido Socialista, em meio ao impacto da Revolução Cubana. Sem abandonar a luta política, fundou, no mesmo ano, o Movimento Socialista. Assim como Carlos Quijano, foi um convicto defensor da integração latino-americana. O diretor do semanário *Marcha*, por sua vez, criticou enfaticamente a política externa dos Estados Unidos e defendeu, desde os anos 1950, a criação de um mercado comum entre os países do Cone Sul. Conforme diagnosticou Mateus Reis, os percursos de Frugoni e Quijano, a partir de meados dos anos 1930, tornaram-se cada vez mais convergentes, particularmente no que se refere à defesa da democracia e do latino-americanismo. Essa perspectiva continuou vigente nos anos 1960: em artigo publicado em *Marcha*, em dezembro de 1961, Quijano, apesar de declarar apoio à Revolução Cubana e reiterar seu convicto anti-imperialismo, fez várias objeções ao regime castrista. Em sintonia com Quijano, Frugoni criticou as medidas repressivas adotadas pelo governo de Fidel e o que denominou

5 Com destaque para os governos reformistas de José Batlle y Ordóñez (1903-1907; 1911-1915), os governos ditatoriais de Gabriel Terra e Alfredo Baldomir (1933-1942), o governo autoritário de Jorge Pacheco Areco (1967-1972) e a ditadura civil-militar de 1973 a 1985.

"totalitarismos de esquerda", ainda que admitisse que Cuba tinha absoluta necessidade de se defender da "garra plutocrática" do imperialismo norte-americano. Naquele contexto, os textos dos dois socialistas, críticos da opção pela via guerrilheira em países onde "as vias da democracia política permaneciam abertas" – como era, então, o caso do Uruguai –, provocaram acirradas polêmicas, não só no país platino como em outros países latino-americanos, já que *Marcha* tinha ampla circulação.

José Antuña, por sua vez, esteve ligado aos setores mais conservadores da vida política uruguaia, tendo sido um "líder intelectual do terrismo", nas palavras de Fávaro Reis. Antuña, além disso, defendeu uma "combinação pouco comum" entre o hispanismo conservador e a defesa do pan-americanismo, assim como a aliança do Uruguai com os Estados Unidos.

Outra questão interessante, conforme demonstra o autor, foi a especial atenção dada ao Brasil por Antuña e Quijano. José Antuña visitou o Brasil de Vargas, em missão cultural enviada pelo governo ditatorial de Gabriel Terra. Quijano, por outro lado, foi um duro crítico do Estado Novo. Em *Marcha*, foram publicados inúmeros textos de oposição à ditadura varguista e, posteriormente, de apoio ao governo João Goulart, além de críticas contundentes à ditadura iniciada em 1964. Carlos Quijano revelou, inclusive – em artigo publicado em *Marcha*, em setembro de 1961 –, enorme preocupação com os rumos políticos do Brasil, que, segundo ele, afetariam inevitavelmente o Uruguai. A manchete de capa desse número do semanário não deixou dúvidas quanto à posição de *Marcha*: "*Nuestra América con Goulart*".[6] Para Quijano, os acontecimentos políticos no Brasil eram mais decisivos, para o Uruguai, do que os desdobramentos do processo revolucionário em Cuba.

6 Esse número de *Marcha* é de 1º de setembro de 1961, uma semana antes, portanto, da posse de João Goulart como presidente. Vale lembrar que Jango, depois de voltar da China, aguardava em Montevidéu o desfecho da crise.

Pesava, evidentemente, na avaliação do diretor de *Marcha*, tanto a vizinhança do Brasil como seu lugar central na América do Sul. O impacto do golpe de 1964 no Uruguai e o debate que o início da ditadura brasileira provocou no país vizinho também foram analisados pelo autor do presente livro. *Marcha* chegou a publicar, inclusive, uma entrevista com João Goulart, em 17 de abril, quando o presidente deposto já se encontrava exilado no Uruguai. Nessa entrevista, Jango afirmou, em referência ao semanário uruguaio: "A causa de vocês [nacionalista e anti-imperialista] é a nossa causa".

A situação no Uruguai agravou-se em fins dos anos 1960, com o governo autoritário de Jorge Pacheco Areco (1967-72) e o golpe de Estado, em junho de 1973. Emilio Frugoni faleceu em 1969, como cidadão proscrito. José Antuña, por sua vez, apoiou Pacheco Areco e foi homenageado, no mesmo ano, com a publicação da segunda edição de seu livro sobre *Ariel*, tendo falecido três anos depois. Carlos Quijano - ou *Don Quijano de la Marcha*, como o chamava afetuosamente o historiador e cientista político uruguaio Carlos Real de Azúa – seguiu para o exílio em 1974, tendo morrido no México dez anos depois. Frugoni, Antuña e Quijano, cujos caminhos se cruzaram em tantos momentos, atuaram intensamente na cena político-cultural uruguaia no século XX e tiveram suas vidas diretamente impactadas por essa atuação absorvente.

É importante salientar, também, que Mateus Reis, para viabilizar seu trabalho, fez uma extensa pesquisa de fontes e bibliografia em acervos de Montevidéu e Buenos Aires, além de ter estabelecido contatos com vários professores e pesquisadores dos dois países. O autor fez um exaustivo levantamento e uma cuidadosa análise de grande número de livros, artigos, ensaios e discursos de Frugoni, Antuña e Quijano, além de ter dialogado, ao longo de todo o trabalho, com uma extensa bibliografia, tanto sobre a história uruguaia e latino-americana, como acerca da história intelectual e da história das edições e da leitura.

Com um texto claro, bem escrito e muito articulado, Mateus Fávaro Reis nos convida a entrar no debate político-intelectual uruguaio, dos anos 1910 aos anos 1960, período de intensas e cruciais polêmicas na história latino-americana. O historiador demonstra, em seu trabalho – conforme os que conhecem a história do Uruguai sabem –, que nosso vizinho, a despeito de ser a *patria chica* da América do Sul, segundo a expressão carinhosa de Quijano, tem uma história política, intelectual e cultural extremamente rica. Faço, então, o convite ao leitor para um mergulho nessa história.

Kátia Gerab Baggio
Profa. do Departamento de História
Universidade Federal de Minas Gerais

INTRODUÇÃO

Este trabalho discute, de forma comparada, as visões dos intelectuais uruguaios Emilio Frugoni (1880-1969), José Antuña (1890-1972) e Carlos Quijano (1900-1984) sobre a América Latina e os Estados Unidos, bem como as posições que ocuparam nos projetos pela integração continental, entre 1917 e 1969.

Os três autores foram selecionados porque dedicaram parte significativa de suas importantes reflexões à América Latina e aos Estados Unidos – ao pensar o Uruguai numa perspectiva continental –, abarcando os temas do latino-americanismo, hispano-americanismo e do pan-americanismo, foram coetâneos e mantiveram relações de amizade e de críticas em determinados momentos de suas vidas. Além disso, porque traçaram trajetórias dinâmicas e exerceram grande influência nos meios intelectuais e políticos do país, ao se engajarem na arte da escrita e da ação política de maneira bastante expressiva.

A existência de visões divergentes dos três autores no debate sobre os projetos de integração continental foi um dos critérios mais relevantes para a sua seleção: José Antuña, por defender o pan-americanismo; Quijano, por fincar raízes no campo oposto; Frugoni, por posicionar-se de forma mais hesitante no debate, ainda que em alguns momentos demonstrasse certa simpatia pelo movimento latino-americanista, criticando ambas as posições, ao vislumbrar outras formas de integração, menos relacionadas a aspectos culturais e geográficos.

Selecionamos as obras publicadas entre 1917 e 1969 em que interpretaram a América Latina e os Estados Unidos e os seus empreendimentos de aliança regional ou continental, especialmente o pan-americanista em confronto com o latino-americanista.

A hipótese central deste estudo é que o latino-americanismo e o pan-americanismo ocuparam um lugar de destaque na obra de tais intelectuais, certamente os mais representativos – de maneira alguma os únicos – na constante necessidade dos uruguaios em pensar o *adentro* e o *afuera*, a *patria chica* e a *patria grande* como duas faces de uma mesma moeda.

Em outras palavras, ao abordar os movimentos de integração entre os países americanos, tais autores buscaram propor saídas para suas inquietações acerca do futuro do Uruguai, que aparecem em seus textos – e de outros autores – como o tema da viabilidade de um país territorialmente pequeno e modesto em recursos humanos e naturais.

A análise dos textos publicados por Frugoni, Quijano e Antuña revela que possuíam opiniões paralelas acerca do horizonte do Uruguai, ao sustentar que o país não poderia pensar em seguir uma trajetória isolada, preocupando-se em desenvolver somente seus potenciais internos, como, em certa medida, propunham os ensaístas e políticos de países como Brasil, Argentina ou México. Em suma, a pedra de toque dos três autores consistia em traçar e propor os caminhos de inserção do país no concerto internacional das nações, principalmente no cenário americano, uma vez que seus trabalhos e obras respondiam aos desafios de uma conjuntura histórica específica.

Decidimos pela comparação entre os três autores para podermos ladrilhar caminhos pouco frequentados pela historiografia uruguaia contemporânea, ao buscar reconstruir uma das mais importantes e instigantes discussões que estimularam os círculos intelectuais e políticos uruguaios e latino-americanos.

Os leitores brasileiros devem se perguntar as razões de se estudar o Uruguai e como os três autores foram selecionados. Em primeiro lugar, vale retomar as palavras da epígrafe tomadas de Emilio Frugoni em *A lição do México* (1928), quando sublinhou que todos os países podem trazer novas perspectivas para os problemas internos. Em segundo lugar, apesar de relativamente modesto em recursos naturais e em população, o Uruguai ocupou um lugar estratégico nas relações internacionais na América do Sul, entre o Brasil e a Argentina, e foi cenário de um rico debate acerca do futuro dos países latino-americanos. Finalmente, assim como no México e no Chile, por seu território passaram incontáveis exilados políticos e intelectuais oriundos de diversos países, principlamente de seus vizinhos mais próximos, desde a primeira metade do século XIX até finais da década de 1960.

A ideia inicial para a realização desse trabalho consistia em abordar os principais autores que pensaram o lugar do Uruguai nas Américas e como se relacionaram com o imaginário coletivo, construído por diversos setores políticos, intelectuais e inclusive historiográficos, que ressaltava a "excepcionalidade" do país no contexto latino-americano, mesmo com sua herança comum de colonização espanhola e o compartilhamento de aspectos culturais em comum com outros países da região.

Com o desenrolar das pesquisas, em Montevidéu e Buenos Aires, foi possível realizar um mapeamento de alguns autores que se dedicaram ao tema de forma mais assídua. Quijano, Frugoni e Antuña revelaram-se como três dos mais importantes intelectuais e políticos que colocaram o americanismo em seus horizontes.

O tema do americanismo recebeu, desde o século XIX, especial destaque no pensamento latino-americano. Os caminhos para o seu estudo foram traçados por filósofos e historiadores entre as décadas de 1940 e 50, principalmente na Argentina, México e Uruguai, em obras que buscavam a historicidade do pensamento político de diversos intelectuais do continente.[1]

O historiador das ideias Arturo Ardao destacou que, a partir de meados do século XIX, o debate sobre o americanismo sofreu mudanças significativas e transpôs o par América/Europa.[2] Novas ideias foram propostas, com especial ênfase para as diferenças que existiam dentro do próprio continente. As noções de América Hispânica, América Ibérica e América Latina delinearam-se, em busca de uma identidade própria em relação à outra América, a anglo-saxônica.[3]

Dentro deste cenário em configuração, receberam especial atenção o latino-americanismo – algumas vezes representado pelo hispano-americanismo – e o pan-americanismo, ideias que excitaram mentes, e em não menor proporção os corações, de diversos intelectuais da América Latina, levando-os a estabelecer um frutífero debate em busca das identidades dos povos que conformam essa vasta parte do continente americano.

O período compreendido entre 1889 e 1948 foi crucial para a história do latino-americanismo e do pan-americanismo. Ainda que não possamos sustentar que o movimento de delineamento da ideia de América Latina tenha ocorrido de fora para dentro, como projeção dos círculos intelectuais europeus em direção à América, segundo Arturo Ardao, Patricia Funes e Héctor Bruit, alguns grupos de intelectuais

---

1 ARDAO, Arturo. *La inteligencia latinoamericana.* Montevideo: Universidad de la República, 1987. Optamos pela grafia de Montevideo em espanhol para respeitar a versão original das obras uruguaias.

2 Sobre os debates setecentistas e oitocentistas europeus sobre a América, ver: GERBI, Antonello. *O Novo Mundo: História de uma polêmica (1750-1900).* São Paulo: Companhia das Letras, 1996; PRATT, Marie Louise. *Os Olhos do Império: relatos de viagem e transculturação.* Bauru: Edusc, 2000; CAÑIZARES-ESGUERRA, Jorge. *Como escrever a história do Novo Mundo: historiografias, epistemologias e identidades no mundo atlântico.* São Paulo: Edusp, 2011.

3 ARDAO, Arturo. *Nuestra América Latina.* Montevideo: Ediciones de la Banda Oriental, 1986, p. 58.

hispano-americanos que viviam na Paris de meados do século XIX atuaram como os motores desse processo.[4] O termo gradualmente passou a ter maior difusão nos círculos intelectuais, incorporando-se a ações oficiais no final da década de 1940, com a criação da Comissão Econômica para a América Latina e o Caribe (CEPAL), com sede em Santiago.

O seu conteúdo básico consistia numa aproximação e desejável integração cultural, política e econômica dos países latino-americanos, em um período em que muitos intelectuais se engajaram em torno de revistas, associações culturais, clubes de debate e de estudos, na virada do século XIX para o XX, como demonstraram Susana Zanetti[5] e Beatriz Colombi.[6] Tais autoras assinalaram que os intelectuais latino-americanos, particularmente os hispano-americanos, aproximaram-se devido às viagens que realizaram, ao exílio, à diplomacia, à participação conjunta em revistas e periódicos, além da troca de correspondências, o que levou ao fortalecimento da ideia de pertencimento a um espaço cultural comum.

Por outro lado, o pan-americanismo representava a busca pela articulação econômica, política e cultural entre todos os países americanos, particularmente sob a liderança dos Estados Unidos. O projeto ganhou seus contornos iniciais com a realização da Conferência Internacional Americana em Washington, entre outubro de 1889 e abril de 1890, e durante toda a primeira metade do século XX ocupou

---

4 *Ibidem*, p. 40; FUNES, Patricia. Del Mundus Novus al novomundismo. Algunas reflexiones sobre el nombre de América Latina. In: DAYREL, Eliane Garcindo; IOKOI, Zilda M. Gricoli (coords.). *América Latina contemporânea: desafios e perspectivas*. Rio de Janeiro: Expressão e Cultura; São Paulo: Edusp, 1996, p. 77-95; BRUIT, Héctor H. A invenção da América Latina. *Revista Mestrado História*. Vassouras, vol. 5, 2003, p. 75-94.

5 ZANETTI, Susana. Modernidad y religación: una perspectiva continental (1880-1916). In: PIZARRO, Ana (org.). *América Latina: Palavra, Literatura e Cultura*. São Paulo: Memorial; Campinas: Unicamp, 1994, vol. 2, p. 489-534.

6 COLOMBI, Beatriz. *Viaje intelectual, migraciones y desplazamientos en América Latina (1880-1915)*. Rosario: Beatriz Viterbo Editora, 2004.

a agenda política e intelectual de praticamente todos os países americanos. O termo derivou-se de Pan-América e foi cunhado pela imprensa norte-americana, em meados de junho de 1889, referindo-se ao congresso que estava programado para outubro do mesmo ano, ganhando grande difusão no léxico internacional.[7]

Os olhares dos intelectuais latino-americanos se aguçaram e, "numa relação especular mutuamente fascinada, os Estados Unidos e a América Latina construíram uma série de saberes sobre si e sobre o outro, sem os quais resultaria incompreensível a emergência do anti-imperialismo latino-americano".[8]

Maria Helena Capelato asseverou que a América Latina é uma "unidade diversificada", que esteve, ao longo dos séculos XIX e XX, permeada por um dilema importante entre a unidade e o particularismo, acentuado em períodos de crise. A ideia de integração esteve presente em diversos momentos de sua história com contornos divergentes, mas com a base comum de constituir uma barreira ao domínio dos Estados Unidos sobre a América Latina. Esse cenário conflituoso estimulou os intelectuais a se enveredar por caminhos que pudessem desvendar os elementos de uma identidade "americana".[9]

Ao abordar o Brasil, Maria Ligia Coelho Prado salientou que nosso país edificou durante o século XIX uma relação ambígua com a América Latina, oscilando entre a ideia de ser e simultaneamente não ser América Latina.[10] Kátia Gerab Baggio aprofundou-se nesse tema e concluiu que

---

7 Cf. ARDAO, Arturo. Panamericanismo y latinoamericanismo. In: ZEA, Leopoldo (coord.). *América Latina en sus ideas*. México: Siglo XXI/Unesco, 1986, p. 157-158.

8 TERÁN, Oscar. El primer antiimperialismo latinoamericano. *Punto de vista-Revista de cultura*, Buenos Aires, año IV, nº 12, julio-out. 1981, p. 93 (Todas as traduções são de nossa responsabilidade).

9 CAPELATO, Maria Helena Rolim. América Latina: integração e história comparada. In: GEBRAN, Philomena; LEMOS, Maria Teresa T. B (orgs.). *América Latina: cultura, estado e sociedade*. Rio de Janeiro: ANPHLAC, 1994, p. 85.

10 PRADO, Maria Ligia Coelho. O Brasil e a distante América do Sul. *Revista de História*, São Paulo, Departamento de História – FFLCH – USP, Humanitas, nº 145,

a visão predominante de importantes intelectuais brasileiros sobre a América Hispânica, nas primeiras décadas do regime republicano brasileiro, ressaltou seus aspectos negativos e contribuiu para a construção de opiniões preconceituosas e pejorativas sobre a "outra" América, que se difundiram por inúmeros setores da população.[11]

Devemos respeitar as especificidades de Brasil e Uruguai, fundamentalmente o fato de este pertencer ao tronco hispano-americano, mas pode-se afirmar que, ao longo das primeiras décadas do século XX, o país platino também oscilou entre ser e não ser América Latina, ressaltando mais as suas diferenças do que afirmando as semelhanças com os demais países da região.

A historiografia uruguaia das últimas quatro décadas problematizou esta relação ambígua dos uruguaios com a América Latina, ao longo de boa parte de sua história como país independente. Sua questão central consistiu em discutir a construção de um imaginário social[12] que se tornou preponderante nas três primeiras décadas do século XX, atingindo seu paroxismo na década de 1920.

Entre 1870 e 1930, o Uruguai "modernizou-se" e recebeu um afluxo muito expressivo de imigrantes, majoritariamente de europeus meridionais.[13] Foram realizadas mudanças significativas na sociedade

---

2001, p. 127-149.

11 BAGGIO, Kátia Gerab. *A "outra" América: A América Latina na visão dos intelectuais brasileiros das primeiras décadas republicanas*. Tese de doutorado. São Paulo, Departamento de História – FFLCH, USP, 1998.

12 Cf. BACZKO, Bronislaw. Imaginação social. *Enciclopedia Einaudi*. Vol. 5 (Anthropos-Homem). Lisboa: Imprensa Nacional/Casa da Moeda, 1985, p. 296-332.

13 Somente para se ter uma ideia, em 1830 o Uruguai possuía cerca de 75 mil habitantes. Em 1870, a sua população atingia 375 mil habitantes, com uma elevada proporção de imigrantes. O fluxo imigratório para o Uruguai atingiu seu período mais expressivo no último quartel do século XIX, período em que, segundo o censo departamental realizado em 1889, o número de estrangeiros residentes em Montevideo representava pouco mais de 43% da população total (93.216 imigrantes para uma população de 215.061 habitantes). Essa porcentagem diminuiu paulatinamente – mas continuou significativa – nas primeiras décadas do século

uruguaia, que atingiram seu ápice com a entrada do século XX, após a ascensão ao poder estatal de um grupo político republicano reformista oriundo do Partido Colorado, denominado de batllista, capitaneado por José Batlle y Ordóñez. Batlle y Ordóñez foi presidente do Uruguai em dois mandatos não consecutivos: 1903-1907 e 1911-1915, durante os quais logrou capitanear significativas transformações no país platino.

Os batllistas, que tinham um forte respaldo das camadas médias urbanas e dos imigrantes, investiram de forma significativa na educação pública; promulgaram leis trabalhistas como a jornada laboral de 8 horas semanais, o direito de realizar greve e outras garantias para os trabalhadores; legalizaram o divórcio por vontade de qualquer um dos cônjuges; empenharam-se em uma luta pela secularização dos hospitais, dos cemitérios e do calendário; dentre outras importantes reformas.[14]

Durante a modernização do Uruguai, os dois partidos políticos denominados tradicionais (Partido Colorado e Partido Nacional ou *Blanco*) desempenharam trajetórias centrais na cena política uruguaia e demarcaram seus projetos na relação que estabeleceram com o

---

XX: 26,8% em 1908 e 16% em 1930, de acordo com os dados dos censos nacional e departamental, respectivamente, mencionados por ZUBILLAGA, Carlos. *La utopía cosmopolita. Tres perspectivas históricas de la inmigración masiva al Uruguay.* Montevideo: Facultad de Humanidades y Ciencias de la Educación, 1998, p. 35. Ver também ZUBILLAGA, Carlos. Breve panorama da imigração maciça no Uruguai (1870-1931). In: FAUSTO, Boris (org.). *Fazer a América.* São Paulo: Edusp, 1999, p. 419-460.

14 ODDONE, Juan A. A formação do Uruguai moderno (1870-1930). In: BETHELL, Leslie (org.). *História da América Latina: de 1870 a 1930.* São Paulo: Edusp, 2002, vol. 5, p. 609-631; CAETANO, Gerardo. *La república batllista.* [Ciudadanía, republicanismo y liberalismo en Uruguay (1910-1933)]. Montevideo: Ediciones de la Banda Oriental, 2011. Para estudar a época batllista, é referência obrigatória o extenso e mais completo trabalho publicado até os dias atuais por BARRÁN, José Pedro, NAHUM, Benjamin. *Battle, los estancieros y el Imperio Británico.* 8 tomos. Montevideo: Ediciones de la Banda Oriental, 1979-1987.

poder institucionalizado, o estrangeiro e os caminhos para promover a modernização do país, o mundo urbano e imigrante.[15]

Os colorados definiram suas práticas por meio de uma relação privilegiada com o poder institucionalizado, sustentando um estilo político mais contratual, bem como ampararam um projeto de modernização claramente cosmopolita, urbano e imigrante. Por outro lado, os *blancos* foram mais hesitantes em relação ao poder institucionalizado, sustentaram uma modernização mais seletiva e autorregulada, buscaram a afirmação de fronteiras mais sólidas, associando-se de forma privilegiada ao mundo rural e a seus símbolos mais localistas.

No entanto, a composição de tais partidos era bem mais complexa e existiam distintos setores que sustentavam outros projetos políticos para o Uruguai, como veremos ao tratar das trajetórias de Antuña e Quijano no próximo capítulo.

A despeito disso, o batllismo foi responsável pela consolidação de um imaginário social integrador, que elencava algumas de suas características essenciais: a primazia do "público" sobre o "privado"; a existência de uma matriz democrático-pluralista de base partidocêntrica; o caminho reformista; a primazia do mundo urbano e cosmopolita de perfil eurocêntrico; o culto à excepcionalidade uruguaia, fundamentalmente no contexto latino-americano; o respeito à legalidade; a integração social e uma propensão à ideia de fusão de culturas e sentimentos.[16]

O país caracterizava-se pelo fortalecimento das camadas médias urbanizadas, que pressionavam por mudanças democráticas e passava por um período de relativa estabilidade política e por bons índices de crescimento econômico, o que não teve continuidade ao

---

15 Cf. CAETANO, Gerardo; RILLA, José. *Historia contemporánea del Uruguay. De la colonia al Mercosur*. Montevideo: Fin de Siglo, 1994, p. 43.

16 Cf. CAETANO, Gerardo. Del primer batllismo al terrismo: crisis simbólica y reconstrucción del imaginario colectivo. *Cuadernos de CLAEH*, Montevideo, nº 49, 1989, p. 85-106. SOUZA, Marcos Alves de. *A cultura política do "batllismo" no Uruguai: 1903-1958*. São Paulo: Annablume/Fapesp, 2003.

longo da década de 1930, com o golpe de Estado liderado por Gabriel Terra, em 1933.[17]

Gerardo Caetano destacou também que o Uruguai tinha a "convicção" de que se constituía em um "'país de exceção' indiscutivelmente 'superior' a seus irmãos do continente". O país oriental[18] foi visto por muitos intelectuais e políticos do período como o "primeiro país da América", porque resolveria seus problemas de maneira institucional, em que seus habitantes respeitariam a legalidade e a democracia seria a base de uma cultura política hegemônica. Além disso, reiterava-se que a sua conformação étnica não se apresentaria como um "empecilho" ou "obstáculo" para a modernização, um dos principais contrapontos utilizados para diferenciá-lo em relação aos demais países da América Latina.[19]

Como salientou Carlos Real de Azúa, durante a segunda metade do século XIX o debate sobre a América Hispânica, em todo o continente e também no Uruguai, preocupou-se em desvendar os seus "males", empecilhos e obstáculos (*rémoras y lastres*) "raciais, culturais,

---

17 Gabriel Terra foi eleito presidente do Uruguai pelo Partido Colorado, em 1930. Durante os dois primeiros anos de seu primeiro mandato, 1931 e 1932, articulou-se a grupos sociais e políticos da sociedade uruguaia que apontavam caminhos mais centralizados e autoritários para responder aos desafios colocados pela depressão econômica. Após o golpe, em 1933, iniciou seu segundo mandato, exercido até 1938. Ver JACOB, Raúl. *El Uruguay de Terra, 1931-1938*. Montevideo: Ediciones de la Banda Oriental, 1983; CAETANO, Gerardo; JACOB, Raúl. *El nacimiento del terrismo (1930-1933)*. Montevideo: Ediciones de la Banda Oriental, 1989.

18 O termo deriva-se de Banda Oriental, como era conhecida a região ocupada pelo atual país no período colonial, por se situar no lado leste do rio Uruguai, e depois passou para o nome oficial do país: República Oriental do Uruguai.

19 CAETANO, Gerardo. Del primer batllismo al terrismo: crisis simbólica y reconstrucción del imaginario colectivo. In: ANSALDI, Waldo (ed.). *Tierra en llamas. América Latina en los años 1930*. La Plata: Ediciones Al Margen, 2002, p. 77. Ver também: *Idem*. Identidad nacional e imaginario colectivo en Uruguay. La síntesis perdurable del centenario. In: ACHUGAR, Hugo & CAETANO, Gerardo (comps.). *Identidad uruguaya: ¿mito, crisis o afirmación?*. 3ª ed. Montevideo: Trilce, 1993, p. 75-96.

religiosos, sociais, geográficos, econômicos, políticos e psicológicos", que a retardaria ou impediria de obter resultados semelhantes aos do vizinho do norte, os Estados Unidos. Os problemas estariam relacionados à herança espanhola e católica, mas também à sua constituição mestiça, negra e indígena, que teria, segundo essas concepções, deixado um legado de fanatismo, superstição, ignorância, privilégios, exploração, caudilhismo e, acima de tudo, despotismo, o que levou esses autores a identificar os povos latino-americanos como corrompidos e desordenados, "incapazes para qualquer trabalho útil e para o respeito mínimo necessário para uma pacífica convivência internacional".[20] O tema dos "males" do continente continuou a ser debatido com a entrada do século XX em todo o continente americano e no Uruguai ganhou contornos que foram utilizados para justificar o seu relativo grau de modernização e a sua "excepcionalidade" frente à América Latina.

Não pretendemos, todavia, argumentar que inexistiam outras opiniões entre os uruguaios. Nestes anos de comemorações e festividades (década de 1920 principalmente) pelo Centenário da Independência, os uruguaios travaram diversas batalhas ideológicas com um amplo conjunto de controvérsias sobre os seus principais elementos constitutivos, marcadamente a disputa pela nação e pelo passado. Foi um período rico em "tensões e controvérsias criativas",[21] e os diferentes grupos sociais e políticos uruguaios se envolveram em debates frutíferos nos diferentes locais de convivência de uma intelectualidade que formava um círculo relativamente pequeno, mas bastante atuante e conectado com os meios intelectuais de outros países, particularmente com os argentinos.

Cabe ressaltar que, particularmente a partir dos anos 1910, os "discursos-diagnósticos" que se nutriam de fontes darwinistas sociais

---

20 REAL DE AZÚA, Carlos. *Historia visible e historia esotérica. Personajes y claves del debate latinoamericnao.* Montevideo: Arca Editorial, 1975, p. 19-23.

21 CAETANO, Gerardo. *Los uruguayos del Centenario. Nación, ciudadanía, religión y educación (1910-1930).* Montevideo: Santillana, 2000, p. 13.

e evolucionistas passaram a ser criticados de maneira crescente e frequente por intelectuais europeus e americanos, insatisfeitos com as perspectivas etnocêntricas em voga, o que se ampliou principalmente ao longo das décadas de 1920 e 1930.[22] Interpretações com ênfase sobre a cultura,[23] as correntes vanguardistas, a difusão das ideias nacionalistas e fascistas, além dos ideários socialista e marxista, ampliaram o leque de perspectivas manejadas pelos pensadores do período. No Uruguai, esse embate de ideias e interpretações também ganhou corpo, com ativa participação de Quijano, Frugoni e Antuña.

Transitamos por esse cenário polêmico, procurando evidenciar a disputa, não menos significativa, que se estabeleceu no país platino entre os intelectuais em prol do ideário latino-americanista ou do pan-americanista, que visavam uma integração cultural, econômica e política.

O marco cronológico inicial deste trabalho, 1917, que possui também um aspecto simbólico da temática, refere-se ao ano da morte do autor de *Ariel*, José Enrique Rodó,[24] na Itália, e do início da campanha para a repatriação de seus restos mortais a Montevidéu, acompanhada

---

22 Cf. FELL, Eve-Marie. Primeras reformulaciones: del pensamiento racista al despertar de la conciencia revolucionaria. In: PIZARRO, Ana (org.). *América Latina: palavra, literatura e cultura*. São Paulo: Memorial; Campinas: Unicamp, 1994, vol. 2, p. 577-595. Para uma análise mais detalhada e instigante sobre tais interpretações, ver TODOROV, Tzvetan. *Nós e os outros: a reflexão francesa sobre a diversidade humana*. Rio de Janeiro: Zahar, 1993.

23 MYERS, Jorge. Gênese "ateneísta" da história cultural latino-americana. *Tempo Social*, São Paulo, Departamento de Sociologia, FFLCH/USP, vol. 17, nº 1. jun. 2005, p. 9-54.

24 De maneira bastante sintética, Rodó adaptou os personagens da peça *A Tempestade* (1611-612), de William Shakespeare, para tramar a contraposição de seus personagens principais, *Calibán* e *Ariel*, em face de *Próspero*. O primeiro, anagrama de Canibal, se caracterizava pelo utilitarismo interessado, vulgarização da cultura, individualismo medíocre e pela democracia baseada no número. Para Rodó, essas características anulavam qualquer noção de qualidade em Calibã. Assim, representava a preocupação absoluta com o triunfo material, a despeito de qualquer densidade histórica. *Ariel*, em contrapartida, representava a tradição humanista, herdeira, para o autor uruguaio, da cultura greco-latina, com seu

por uma significativa onda de homenagens e de críticas ao renomado autor de *Ariel* e à sua obra. Em 1917, Emilio Frugoni ministrou uma conferência para avaliar a figura de Rodó, que já vinha recebendo críticas no cenário uruguaio, e Carlos Quijano ajudou a fundar um centro de estudos universitários denominado Centro Ariel. Nesse momento, Frugoni e Quijano publicaram suas primeiras significativas interpretações sobre a América Latina, os Estados Unidos e os seus projetos de integração continental.

Alguns anos depois, em 1920, a revista do centro estudantil presidido por Quijano celebrou a chegada do corpo de Rodó por meio da publicação de dois volumes de estudos sobre o *maestro*, com contribuições de José Antuña e Carlos Quijano. Também nesse ano, Frugoni escreveu um texto para avaliar a orientação intelectual de Rodó.

O nosso percurso segue pela década de 1920, quando o debate se enriquece e se torna mais polêmico, uma vez que novas fontes passam a nutri-lo de forma mais persistente, como os olhares sobre o México pós-revolucionário. Continuamos nosso trajeto ao longo das décadas de 1930 e 1940, período em que o debate não arrefeceu.

Passamos pelos finais dos anos 40 e princípios dos 1950, quando ocorreram as comemorações de 30 anos da morte de Rodó e do cinquentenário da publicação de *Ariel*, período em que os três autores em questão revisaram o legado rodoniano. Quijano escreveu, em 1947, *Retorno a Rodó*,[25] enquanto Frugoni proferiu uma conferência,[26] a convite do Instituto Histórico y Geográfico del Uruguay, em 1950, que visava prestar uma homenagem a Rodó. Naquele período Antuña escreveu uma de suas mais expressivas obras, em que

---

idealismo e espiritualismo que convergiam para a ação não utilitarista dos povos que haviam sido colonizados pelos espanhóis e portugueses.

25 QUIJANO, Carlos. Retorno a Rodó. In: *Cultura, Personalidades, Mensajes*. Montevideo: Cámara de Representantes, 1992, p. 88-89.

26 FRUGONI, Emilio. *Homenaje a Rodó en el cincuentenario de "Ariel"*. Montevideo: Instituto Histórico y Geográfico del Uruguay, 1950.

analisou as repercussões de *Ariel* e do arielismo na América Latina e, particularmente, no Uruguai.[27]

O recorte final, os inquietantes anos 1960 representaram um período em que a Revolução Cubana e a chegada da Unidade Popular (UP) ao poder no Chile ocuparam o centro do debate sobre a América Latina e suas relações com os Estados Unidos, além da ascensão de ditaduras militares na Argentina e no Brasil. Frugoni[28] e Quijano voltaram seus olhares convergentes para Cuba e alertaram sobre os riscos da atuação das forças armadas na política em diversos momentos nas principais páginas dos periódicos uruguaios. Entretanto, Frugoni faleceu antes de ver os socialistas liderarem a vitória da UP no Chile, em 1970. Entre os três, somente Quijano testemunhou o golpe em junho de 1973, viu o semanário *Marcha* ser empastelado em novembro de 1974 e partiu para o exílio no México no ano seguinte, onde veio a falecer em junho de 1984.

Essa demarcação temporal tem o objetivo de responder às questões basilares que norteiam esse trabalho, acompanhando o movimento do objeto proposto. Em primeiro lugar, almejamos descortinar as visões que Frugoni, Antuña e Quijano edificaram sobre a América Latina e os Estados Unidos, e o seu engajamento em prol do latino-americanismo ou do pan-americanismo. Em segundo lugar, estamos interessados em analisar as referências que utilizaram, quais papéis preconizaram para os intelectuais, em que medida suas interpretações convergiram ou se bifurcaram e ainda ensaiar um esboço das estratégias que utilizaram para a difusão de suas obras.

Por fim, no plano das relações entre os países latino-americanos, queremos analisar de que forma as relações do Uruguai com a Argentina e o Brasil influenciaram os seus projetos de integração

27 ANTUÑA, José. *Un panorama del espíritu. El "Ariel" de Rodó* [1952]. Tomos I e II. Montevideo, Barreiro y Ramos: 1969.

28 FRUGONI, Emilio. *Meditación americanista*. Montevideo: Continente, 1959.

continental, e também tentar compreender suas motivações e objetivos ao tratar do México e de Cuba.

Antes de abordar os marcos teóricos que inspiram o presente trabalho, cabe apresentar em linhas introdutórias os autores que selecionamos, inscrevendo-os inicialmente em seus locais de ação, tarefa da qual nos ocuparemos com maior detalhamento no primeiro capítulo.

Principal arquiteto do Partido Socialista do Uruguai, fundado em 1910, Emilio Frugoni destacou-se por suas atividades intelectuais e políticas muito além da esfera intrapartidária. Frugoni deu os primeiros passos na vida pública uruguaia entre os círculos colorados, mas gradativamente ladrilhou os caminhos do que ele denominava uma política de ideias contra o tradicionalismo, e elegeu-se deputado por várias vezes. Na esfera cultural e intelectual, Frugoni foi poeta, crítico de teatro, professor de literatura no ensino secundário e de direito no universitário, além de diretor de jornais e revistas, quase sempre vinculados ao Partido Socialista. Exilado na Argentina durante o início do governo ditatorial de Terra, em 1933 e 1934, e representante diplomático do Uruguai na União Soviética, de 1944 a 1946, Frugoni buscou interpretar e adaptar o socialismo à realidade uruguaia e latino-americana, criticando as prédicas e táticas sustentadas por seus intelectuais e partidos comunistas.

José G. Antuña traçou percursos bem distintos aos de Frugoni. Desde sua juventude aproximou-se dos setores conservadores do Partido Colorado e desaprovou o projeto de secularização promovido pelos batllistas. Poeta, jornalista, ensaísta, jurista, deputado e senador, Antuña sublinhava que o americanismo representava o seu tema preferido. Líder da política cultural terrista e presidente da VII Conferência Pan-americana, realizada em Montevidéu em dezembro de 1933, Antuña foi extremamente criticado pelos grupos de oposição àquela ditadura e atualmente tornou-se um autor quase esquecido tanto pela população em geral quanto pelos estudiosos da política e da cultura no Uruguai.

Por outro lado, Carlos Quijano militou durante algumas décadas por grupos reformistas e minoritários do Partido Nacional. Líder da Asociación Nacionalista Demócrata Social (ANDS), Quijano elegeu-se deputado somente uma única vez, apesar de participar como candidato à Câmara de Representantes em quatro campanhas eleitorais. Após graduar-se em direito e receber uma bolsa de estudos do governo uruguaio para completar sua formação acadêmica em Paris, Quijano voltou ao Uruguai disposto a agitar as águas da vida política e jornalística do país. Atuou como professor de Economia Política na Universidade da República e capitaneou a fundação de importantes empreendimentos editoriais, dentre os quais os semanários *Acción* (1932-1939) e *Marcha* (1939-1974), que se tornaram os principais veículos de divulgação de suas ideias para o porvir do Uruguai e da América Latina.

Nossa operação historiográfica,[29] para retomar a expressão de Michel de Certeau, consiste em recuperar e analisar as interpretações dos três intelectuais, articulando seus discursos, que não são neutros, ao contexto histórico em que exerceram as suas atividades intelectuais e políticas.

A pesquisa, ancorada em uma mescla de história dos intelectuais e história das ideias, norteia-se pela frutífera e instigante discussão sobre a "renovação" da história política e as possibilidades instigantes da história intelectual.[30]

Antes de fazermos algumas considerações sobre o norteamento teórico de que lançaremos mão, devemos explicitar a abordagem que realizamos em relação às fontes, constituídas em sua quase totalidade de ensaios, de autointerpretação e de autodefinição, como sublinhou Carlos Altamirano. Segundo este, esses ensaios respondem

29 DE CERTEAU, Michel. *A escrita da história*. Rio de Janeiro: Forense, 1982, p. 65.

30 RÉMOND, René (org.). *Por uma História Política*. Rio de Janeiro: Editora UFRJ, 1996; DARNTON, Robert. História intelectual e cultural. In: *O beijo de Lamourette: mídia, cultura e revolução*. São Paulo: Companhia das Letras, 1990, p. 175-197.

a uma "demanda de identidade: quem somos os hispano-americanos?, – quem somos os latino-americanos? – quem somos os argentinos?, quem somos os mexicanos?, quem somos os peruanos?", e a sua elaboração pode ser encontrada desde parte dos discursos de Simón Bolívar.[31]

Os ensaios podem ter diferentes enfoques: político, sociológico, histórico, cultural, literário, religioso, econômico etc. O ensaio possui, contudo, algumas características similares, ao se constituir como uma narrativa de discurso fronteiriço, o que permite ao autor transitar entre a liberdade de interpretação e, ao mesmo tempo, referir-se à realidade em que está inserido.

Além disso, o intuito do ensaísta não é esgotar o tema proposto ou se restringir a ele. A sua narrativa não é linear e normalmente é bastante flexível, adequando-se às práticas intelectuais de um período ainda não marcado pela especialização. Segundo Casas, "a produção ensaística, ainda que sustentada em posições ideológicas divergentes, permitiu a promoção do papel central do intelectual em um processo dirigido à consolidação de identidades nacionais e continentais".[32]

Assim, em nosso percurso devemos estar atentos para a especificidade do discurso ensaístico e não devemos cometer o equívoco de exigir do autor uma abordagem mais intensiva sobre os temas. Devemos, sim, buscar no ensaio – no nosso caso, cultural-político-histórico – o seu universo de referência, o vocabulário político da época, a intertextualidade e, acima de tudo, devemos analisá-lo como uma "ação" do autor, isto é, no sentido em que se torna um objeto de luta política, pois, como destacou Marco Antônio Lopes, "os atos do

---

31 ALTAMIRANO, Carlos. *Para un programa de historia intelectual y otros ensayos*. Buenos Aires: Siglo XXI, 2005, p. 22.

32 CASAS, Saúl Luis. "Excluídos, Exilados, Enredados", los intelectuales y el ensayo histórico-social latinoamericano. (1900-1920). In: RIVAS, Ricardo Alberto; RODRÍGUEZ, Rodolfo Alberto (coords.). *Problemas latinoamericanos y alteridad en los siglos XIX y XX*. Mar del Plata: Ediciones Suárez, 2003, p. 160.

discurso são forças dinâmicas destinadas a agir e desequilibrar um conjunto de fatores numa cultura política específica".[33]

Aliás, esta é uma das importantes contribuições da história política e da história intelectual produzida nas últimas quatro décadas, cuja ideia central consiste em integrar texto e contexto em busca da historicidade, sempre que possível.[34] Não devemos nos contentar, contudo, somente com alguma contextualização, mas buscar em nossa interpretação articular o texto, o contexto, a "biografia" do autor e a intertextualidade.[35] Em outras palavras, buscaremos compreender os itinerários dos intelectuais analisados, suas sociabilidades, além das discussões intra e intergeracionais, como propôs Sirinelli.[36]

Trabalhamos também com um corpo documental constituído por artigos publicados em jornais e semanários, principalmente em relação aos escritos de Quijano – ainda que alguns de seus principais críticos tenham colocado seus artigos no cruzamento com a produção ensaística –, atentos para suas particularidades, como a materialidade do impresso, o seu conteúdo, tiragem, leitores em potencial e objetivos, conforme destacou Tânia Regina de Luca.[37]

As diversas incursões que vimos realizando nas fontes selecionadas permitiram-nos traçar as principais questões que inquietaram os

---

33 LOPES, Marco Antônio. *Para ler os clássicos do pensamento político: um guia historiográfico*. Rio de Janeiro: Editora FGV, 2002, p. 88. Ver também POCOCK, J. G. *Linguagens do Ideário Político*. São Paulo: Edusp, 2003.

34 RODRIGUES DA SILVA, Helenice. A história intelectual em questão. In: LOPES, Marco Antônio. Apresentação. *Grandes nomes da história intelectual*. São Paulo: Contexto, 2003, p. 16.

35 MOSCATELI, Renato. História intelectual: a problemática da interpretação de textos. In: LOPES, Marco Antônio. Apresentação. *Grandes nomes da história intelectual*. São Paulo: Contexto, 2003, p. 51.

36 SIRINELLI, Jean-François. Os intelectuais. In: RÉMOND, René (org.). *Por uma História Política*. Rio de Janeiro: Editora UFRJ, 1996, p. 231-269.

37 LUCA, Tânia Regina de. História dos, nos e por meio dos periódicos. In: PINSKY, Carla Bassanezi. (org.). *Fontes históricas*. 2ª ed. São Paulo: Contexto, 2006, p. 139.

três autores, que desenvolveram a maior parte de suas trajetórias na capital uruguaia, mas que, também, participaram de atividades em outros importantes centros intelectuais e políticos, latino-americanos e europeus. Desse diálogo constante com as fontes propomos a divisão do texto em três capítulos.

O primeiro capítulo busca traçar os caminhos intelectuais e políticos percorridos por Emilio Frugoni, José Antuña e Carlos Quijano, fundamentalmente entre 1917 e 1969, interessados em mapear os terrenos em que exerceram suas atividades como homens de letras e homens de política. O objetivo central do primeiro capítulo consiste em tentar reconstruir suas trajetórias ou itinerários, ao selecionar o que, a nosso ver, se apresente como mais importante para um equilibrado exame de suas obras.

O segundo capítulo focaliza algumas questões centrais a respeito do ambiente intelectual no Uruguai e das estratégias que tais autores lançaram mão para publicar e fazer circular suas obras. Em outras palavras, em tal capítulo buscamos ir além do discurso para tentar nos aproximar, ainda que de forma ligeira, do dia-a-dia destes escorregadiços personagens diante das vicissitudes do mundo editorial.

O terceiro capítulo destaca as interpretações que Frugoni, Antuña e Quijano edificaram a respeito da América Latina e os Estados Unidos, com especial atenção para as relações que construíram ao longo do século XX e para os seus projetos de integração, bem como para a transformação da ideia de América Latina em conceito em suas páginas. Tentaremos lançar luzes sobre o contexto histórico para responder à problematização central deste trabalho: por que os três autores voltaram constantemente seus olhares para as relações entre o Uruguai, os demais países latino-americanos e os Estados Unidos? Como articularam as discussões sobre a construção da nacionalidade uruguaia em um contexto regional? Criticaram a ideia de "excepcionalidade" do Uruguai? Finalmente, que papéis desempenharam nos projetos de integração continentais?

CAPÍTULO 1
Os intelectuais e a política no Uruguai: caminhos convergentes que se bifurcam

Neste capítulo pretendemos traçar os percursos individuais e paralelos realizados por Emilio Frugoni (1880-1969), José Antuña (1890-1972) e Carlos Quijano (1900-1984), através da análise comparativa de diferentes tipos de fontes, que estão constituídas por prefácios, prólogos, notas biográficas e necrológicas, biografias, além dos escritos publicados pelos próprios autores.

Essas fontes exigem um olhar cuidadoso e crítico sobre os seus conteúdos e a maneira como são apresentados ou representados. Trataremos de destacar, ainda que em linhas gerais, as suas especificidades, ao inseri-las em seus contextos de produção e de publicação, atentos para os meios em que foram impressas e divulgadas.

Em outras palavras, um estimulante desafio que se impõe ao historiador ao escrever um texto de história intelectual ou de história dos intelectuais incide sobre como lograr estabelecer ou arquitetar uma articulação não mecânica entre a noção de contexto e a de texto, em como aproximar-se das intenções, ou de forma mais modesta, das motivações do autor ao dissertar sobre um determinado tema em um momento específico. Assim, sustentamos que é imprescindível seguir o olhar do autor sobre o contexto em que vive para podermos interpretá-los – o autor, o texto e o contexto – de uma maneira mais fecunda.

Vinte anos separaram os nascimentos de Emilio Frugoni, em 1880, e Carlos Quijano, o mais jovem dos três, em 1900. Intermediário entre ambos foi José Antuña, que nasceu em 1890. Montevideanos de nascimento, suas trajetórias se entreteceram com as dos principais círculos intelectuais e políticos do Uruguai novecentista, atuando como figuras que capitanearam importantes movimentos de ação política e cultural no país.

Dessa maneira, acompanhá-los em seus sinuosos caminhos significa divisar uma significativa parte da história político-cultural uruguaia durante o século XX, em um rico período de debates fundamentais para tais homens de letras, que não podiam, e tampouco almejavam, deixar de ser simultaneamente homens de ação.

Devemos destacar inicialmente que estamos comparando três autores que tiveram uma projeção intelectual e política desigual no panorama uruguaio, mas principalmente no latino-americano. Se nos permite o leitor criar uma escala para mensurar a circulação e recepção de suas obras e ideias, em uma curva ascendente, Antuña ocuparia a base do gráfico e Quijano se localizaria em seu ápice, ao passo que poderíamos inserir Frugoni em uma posição intermediária, provavelmente mais próxima deste que daquele, especialmente quando focalizamos o alcance de sua obra no Uruguai.

Buscaremos demonstrar tal afirmação, bem como analisar e interpretar essa diferença, baseando-nos em suas trajetórias e sociabilidades políticas e intelectuais, atentos especialmente para as transformações por que passaram os círculos culturais e políticos no Uruguai, por pouco mais de meio século de batalhas, mas também de diálogos frutíferos entre os distintos grupos que se delinearam em seu território.

Emilio Frugoni: a política como missão do intelectual

Antes de dar início a uma síntese biobibliográfica de Emilio Frugoni (30/03/1880 – 28/08/1969), gostaríamos de fazer algumas considerações sobre as seis principais obras, cinco biográficas, que foram publicadas sobre o autor. A primeira delas, lançada em 1940 após a expulsão de Servando Cuadro (1896-1953) do Partido Socialista, em 1938, deve ser lida de maneira muito cuidadosa porque o autor, para defender-se, ataca Frugoni constantemente. Cuadro militou pelo socialismo de 1916 a 1938 e foi expulso devido a disputas pessoais pela direção do partido. Segundo Cuadro, na biografia que escreve sobre Frugoni, "o acento incide tanto sobre atitudes políticas como sobre características morais, pois na conduta do psicoanalisado a deficiência ou o erro político estão invariavelmente determinados por uma limitação ou uma miséria moral".[1]

Como destacou Carlos Real de Azúa, a principal obra escrita por Cuadro deve ser tomada com muita cautela, tanto pela utilização um pouco ingênua de ferramentas psicanalíticas para a interpretação da obra de Frugoni quanto pelo caráter prolixo e extremamente subjetivo das críticas direcionadas ao seu adversário socialista.[2]

No prólogo a *Poemas civiles* (1944), Roberto Ibáñez teceu uma breve biografia de Frugoni e anotou as principais facetas do político-intelectual socialista.[3] É importante ressaltar que Frugoni sublinhou no início dos anos 1960 que Ibáñez representava o seu crítico mais perspicaz.[4]

---

1 CUADRO, Servando. *Al servicio de la idea socialista. Psicoanálisis profano de la biografía del Dr. Emilio Frugoni*. Montevideo: Editorial Charrúa, 1940, p. 5.

2 REAL DE AZÚA, Carlos. Servando Cuadro. In: *Antología del ensayo uruguayo contemporáneo*. Tomo I. Montevideo: Universidad de la República, Departamento de Publicaciones, 1964, p. 259.

3 Cf. IBÁÑEZ, Roberto. Prólogo. In: FRUGONI, Emilio. *Poemas civiles*. Montevideo: Claudio García & Cia, 1944, p. 9-20.

4 Encuesta literaria de *MARCHA*. Contesta Emilio Frugoni. *Marcha*, Montevideo, ano XXI, nº 1007, 6 de maio de 1960, p. 23.

Posteriormente, em 1964, Real de Azúa publicava uma das mais importantes antologias de ensaístas uruguaios do século XX. O erudito historiador selecionou textos de 41 significativos autores, como os de Cuadro, e escreveu uma longa análise sobre Frugoni. Ainda que o historiador uruguaio não tivesse a pretensão de fazer um trabalho biográfico sobre Frugoni, o seu texto, desde nosso ponto de vista, representa uma das mais equilibradas e compreensivas interpretações de sua obra.[5]

Na década seguinte, momento em que a atmosfera nacional atingiu o seu ápice de tensão, foi publicado um importante ensaio biográfico sobre Frugoni, escrito por seu amigo íntimo e parceiro de "lutas pelo bem-estar social", Juan Edmundo Miller, em 1973, quatro anos após a morte de Frugoni.[6] Miller escolheu uma maneira bastante peculiar para abordar a biografia de Frugoni, ao criar um sujeito narrativo denominado "Prudencio Pobre", que para o autor, era o representante do *gaucho*, do *criollo*, que abandonou o violão e usou a prosa para relatar os aspectos mais importantes da vida do biografado.

Não obstante tal ficcionalização, Miller aportou preciosas informações, frequentemente sem citar a referência correspondente, sobre a vida de Frugoni, uma vez que se muniu de sua biblioteca e arquivo pessoal para a tessitura de sua narrativa.[7]

Em 1995, Gerardo Giúdice publicou a biografia mais completa sobre Frugoni escrita até os dias atuais, por meio da qual problematizou algumas das anteriores, ao buscar traçar um perfil mais complexo do intelectual e militante, ainda que sua obra não raras vezes deslize em direção à novelística e arquiteta um ator livre de contradições e hesitações.[8]

---

5 REAL DE AZÚA, Carlos. Emilio Frugoni. In: *Op. cit.*, p. 111-141.

6 MILLER, Juan Edmundo. *El sembrador (Emilio Frugoni). Trayectoria biográfica de "el gran traicionado"*. Relatos. Primera parte. Montevideo: Record, 1973, p. 15.

7 *Ibidem*, p. 17.

8 GIÚDICE, Gerardo. *Frugoni*. Montevideo: Proyección, 1995.

Mais recentemente, em dezembro de 2007, foi publicado o ensaio biográfico sobre Frugoni escrito por seu companheiro e discípulo, o jornalista Guillermo Chifflet. Chifflet realçou a presença do militante na elaboração do texto – corroborado pelo comentário de Eduardo Galeano – e selecionou algumas das facetas mais interessantes de Frugoni, embora em linhas bem gerais em algumas partes, e contribuiu para o *aggiornamento* do debate a respeito da sua trajetória político-intelectual.[9] Entretanto, como é habitual entre seus estudiosos, o olhar de Frugoni lançado sobre a América Latina e os Estados Unidos não recebeu especial atenção, o que de certa maneira contribui para manter oculta uma parte expressiva e assaz sugestiva de sua volumosa e instigante obra.

Finalmente, é de grande valia enfatizar que Carlos Quijano fez considerações sobre o percurso ativo de Frugoni em algumas oportunidades, principalmente quando seus caminhos, até então marcados por críticas recíprocas e alguns desentendimentos, se encontraram definitivamente no final dos anos 1950.

Homem de letras e de política desde muito jovem, Emilio Frugoni vivenciou o marcante ritmo de transformações por que passou o Uruguai, e fundamentalmente Montevidéu, nas últimas décadas do século XIX. Oriundo de uma família das camadas médias urbanas, filho de pai imigrante italiano, um "genovês abastado", para usar as palavras de Miller,[10] e mãe *criolla*, Frugoni recebeu um ensino laico desde o início de sua formação escolar.

Aos 16 anos de idade, ensaiou sua entrada no mundo das letras, quando dirigiu o jornal estudantil *El Bombo*. Ingressou, quatro anos mais tarde, em 1900, no curso de Direito na Universidad de la República, concluído em 1910, e publicou seu primeiro livro de poesia, *Bajo tu ventana*. Sua segunda obra de poesias, *De lo más hondo*,

---

9 CHIFFLET, Guillermo. *De la discusión nace la luz. Emilio Frugoni, desafío y referencia*. Montevideo: Letraeñe Ediciones, 2007.

10 Cf. MILLER. *Op. cit.*, p. 32.

publicada em 1902, foi prefaciada por José Enrique Rodó, que o descreveu como "um dos espíritos mais bem dotados de sua geração".[11]

Paralelamente aos estudos universitários, Frugoni lecionou literatura no ensino secundário, iniciou sua carreira na imprensa como crítico teatral dos jornais *El Día* e *Diario Nuevo* e deu seus primeiros passos no terreno da política ao participar da Guerra Civil de 1904,[12] por fileiras coloradas, o que lhe abriu as portas do Club Libertad, agrupação intelectual composta por jovens intelectuais vinculados ao partido capitaneado por Batlle y Ordóñez. Nesse importante círculo intelectual, Frugoni atuou como jurado de concursos literários e entrou em contato com as discussões políticas do Partido Colorado.

Na primeira década do século XX, Frugoni arquitetou os alicerces de seu empreendimento intelectual e político. Ao lado da suposta militância[13] colorada até 1910, ano em que liderou a fundação do Partido Socialista uruguaio, Frugoni já dava sinais de uma inclinação a outros rumos, uma vez que, em 1904, fundou o Centro Obrero Socialista e,

---

11 Cf. RODÓ, José Enrique. Prólogo a *De lo más hondo*. In: *Obras Completas*. Madri: Aguillar, 1957, p. 571.

12 Sobre a última Guerra Civil uruguaia, entre *blancos* e colorados, consultar: BARRÁN, José Pedro; NAHUM, Benjamin. *El Uruguay del novecientos*. Montevideo: Ediciones de la Banda Oriental, 1979.

13 Segundo Gerardo Caetano e José Rilla, é possível detectar traços de uma espécie de "matriz colorada" em alguns textos de Frugoni, principalmente em sua visão sobre o passado uruguaio e a reprovação do nacionalismo. Cf. CAETANO, Gerardo; RILLA, José. Izquierda y tradición: Un problema y su versión en Uruguay. In: CAETANO, José; GALLARDO, Javier; RILLA, José. *La izquierda uruguaya. Tradición, innovación y política*. Montevideo: Trilce, 1995, p. 13-70. Cabe ressaltar que, segundo Gerardo Giúdice – que não compartilha com Caetano e Rilla a ideia da militância de Frugoni no Partido Colorado –, a entrada de Frugoni no cenário político uruguaio por esse partido estava relacionada à esfera familiar e aos amigos de sua juventude. Ver GIÚDICE, Gerardo. *Frugoni*. Montevideo: Proyección, 1995, p. 34-35.

no ano seguinte, o Centro Carlos Marx, locais que cultivaram os primeiros integrantes do Partido Socialista.[14]

Três décadas mais tarde, Frugoni dava seu testemunho acerca desses cruciais anos de sua formação intelectual e política, o que, segundo Miller, seria o testemunho de sua conversão ao socialismo:

> Eu tinha no momento 18 ou 19 anos. Cursava meus estudos secundários. Celebrava-se em Montevidéu um Congresso Científico Pan-americano. Nele figuravam dois jovens intelectuais argentinos: Leopoldo Lugones e José Ingenieros. Diante do brilho deslumbrante daqueles dois jovens excepcionais seguiram os passos de nossa curiosidade juvenil. Assim despertou-se em mim a curiosidade pelo Socialismo. Assim comecei a sentir no fundo de minha consciência o adejo de um pássaro recém-nascido que desde a escuridão de um desconhecimento quase total das novas correntes políticas mundiais, eu pugnava por romper a máscara dos preconceitos das ideias prontas que por demasiado familiares são aceitas sem exame, sobretudo quando ainda não se começou realmente a viver e a raciocinar por conta própria.[15]

Exímio na arte da oratória, Frugoni ditou conferências sobre diversos temas nos ambientes acadêmicos e populares e elegeu-se o primeiro deputado socialista do Uruguai, nos finais de 1910. Na Câmara de Representantes converteu-se em um dos mais incisivos críticos do segundo mandato de Batlle y Ordóñez, exercido entre 1911 e 1915, se bem que apoiasse parte das reformas realizadas pelos batllistas.

O projeto do Partido Socialista para o Uruguai edificou-se durante as duas primeiras décadas do século XX. Como líder e principal fomentador de suas atividades, Frugoni desempenhou um papel

---

14 GIÚDICE. *Op. cit.*, p. 56-57.

15 FRUGONI *apud* MILLER. *Op. cit.*, p. 27.

central em sua elaboração, que ficou registrada nas diversas obras que publicou. Democracia ancorada no sufrágio universal, ampliação dos direitos dos trabalhadores urbanos e rurais, reforma agrária e igualdade socioeconômica foram os principais fundamentos de ação do Partido Socialista desde a sua fundação.

Os círculos operários e estudantis receberam especial atenção por parte dos socialistas, que buscaram a sua consolidação na política uruguaia em face do protagonismo compartilhado entre o Partido Colorado e o Partido Nacional.

Na segunda metade dos anos 1910, Frugoni publicou os ensaios de caráter político *Los impuestos desde el punto de vista sociológico* (1915) e *Los nuevos fundamentos* (1919), em particular este, cuja temática se baseava em sua atuação na Assembleia Nacional Constituinte, eleita em 1916, que tinha por objetivo a elaboração de uma nova Carta Constitucional – finalizada e plebiscitada em 1917 e promulgada em 1919 – para o país. Também em 1916, o parlamentar socialista voltou a publicar uma obra de poemas de crítica social, intitulada *Los himnos*.

Em meio à sua agitada primeira década de desempenho na vida parlamentar do Uruguai, começou a se desenhar o Frugoni *latino-americanista*, que nunca deixou de conviver com o homem de letras e de política, voltado também para os assuntos de outros continentes, tantas vezes alcunhado de "ajeno, europeísta, foráneo, huraño y hosco hacia lo criollo".[16]

Nos últimos anos desta década, Frugoni debutou no debate sobre a América Latina e os Estados Unidos após viajar por este país, em 1915, e publicar seu relato de viagem três anos depois, e com a morte de José Enrique Rodó, seu amigo e *maestro*, na Itália, em 1917, mas enterrado em Montevidéu somente em 1920. Tanto a viagem realizada aos Estados Unidos, acompanhado de sua mãe e de sua irmã, como

16 GIÚDICE. *Op. cit.* p. 124 (estrangeiro, europeísta, exterior, carrancudo e mal-humorado para o *criollo*).

a morte de Rodó estimularam Frugoni a dedicar especial atenção ao debate sobre a América Latina e os Estados Unidos.

Não é desnecessário assinalar que Frugoni viajou aos Estados Unidos em certa medida decepcionado por não poder realizar seu planejado sonho de conhecer a Europa, pois, devido à guerra que assolava o Velho Continente, teve que mudar seu "desejo de ver mundo", redirecionando seu itinerário para a própria América ou, com as suas próprias palavras, para a "outra América".[17]

No relato de viagem mencionado, Frugoni elaborou uma interpretação bastante interessante a respeito dos Estados Unidos, ancorado na visão rodoniana, em um período em que lançou seu olhar de forma significativa sobre a obra de Rodó, criticando-a e retomando-a.

Se por um lado a década de 1920 iniciou-se com a imposição de desafiantes obstáculos para o político Frugoni, por outro, principalmente no seu final, sua carreira intelectual e política colheu bons frutos, quando o autor colocou as questões americanistas no centro de suas atividades.

Eleito para o segundo mandato parlamentar no final de 1919, Frugoni renunciou em abril de 1921 e deixou de contribuir para o jornal do Partido Socialista *Justicia,* devido a desentendimentos que ocorreram no seio do partido, dividido em relação à adoção dos pressupostos da III Internacional. Frugoni, em situação minoritária, rechaçou-os, pois rejeitava a adoção de práticas revolucionárias e antidemocráticas no Uruguai. A ruptura tornou-se inevitável, quando a maioria dos membros decidiu fundar o Partido Comunista, e Frugoni teve que iniciar uma duradoura articulação para a reconstrução do partido, tarefa concretizada pouco antes de sua terceira eleição ao Parlamento, pelo novo Partido Socialista, em 1928. Para essa reconstrução, Frugoni buscou apoio fora do círculo partidário, como, por exemplo, no meio estudantil, ao dissertar sobre qual era o

17 Cf. FRUGONI, Emilio. En la otra América. *Nosotros*, ano XII, vol. 28, nº 107, mar. 1918, p. 333.

papel do socialismo naquele momento para os estudantes do colégio noturno do Ateneo. Além disso, passou a escrever para *El Sol*, jornal ligado ao novo partido, atividade a que se dedicou até os princípios dos anos 1960.

A conferência de Frugoni pronunciada no Ateneo sintetizou o projeto político do Partido Socialista para o Uruguai, enfatizando a necessidade de "coletivização" da propriedade. Para Frugoni, o socialismo possuía um alcance muito mais amplo do que a fórmula de Proudhon de uma sociedade mais justa e mais humana. Com suas próprias palavras: "Apressamos em declarar que atualmente somente pode ser denominado de socialista aquele que aspira à socialização da propriedade, isto é, a que a propriedade seja um direito da sociedade e não do indivíduo".[18]

Nesse entretempo, Frugoni dedicou-se à docência universitária na faculdade onde estudara, cujo maior fruto foi a fundação da disciplina de Legislação do Trabalho e Previdência Social, e publicou três obras poéticas: *Poemas montevideanos* (1923), *Bichitos de luz* (1925) e *La epopeya de la ciudad* (1927), que expunham um escritor maduro e atraído pelas fronteiras urbanas, os subúrbios e os seus desamparados. O conjunto de tais obras representou, segundo Alberto Zum Felde, sua melhor experiência literária, com um tom de "nativismo urbano e moderno".[19] O próprio Frugoni chegou a interpretar a transformação por que passara sua poesia após os primeiros passos tingidos pelo modernismo[20] do novecentos e assinalou que se distanciara da poe-

18 FRUGONI, Emilio. ¿Qué es el socialismo? *Cuadernos de Marcha*, Montevideo, nº 39, jul. 1970, p. 33.

19 ZUM FELDE, Alberto. *Proceso intelectual del Uruguay y crítica de su literatura. La Generación del Novecientos.* 3ª ed. Tomo II. Montevideo: Ediciones del Nuevo Mundo, 1967, p. 347.

20 O modernismo representou um importante e heterogêneo movimento da história literária e cultural da América Hispânica de finais do século XIX. Marcado pelas rápidas transformações das coletividades hispano-americanas, o modernismo articulou tradição e universalismo ou cosmopolitismo de uma maneira bastante

sia intimista de seus primeiros anos, ao volver seus olhos, inspirados pelos renovadores debates vanguardistas, para o horizonte nacional, "tratando de fazer poesia com assuntos *criollos*, mas sem '*criollismo*'".[21]

Em relação à nova disciplina que buscava inserir no currículo do curso de Direito e que se articulava à sua militância a favor de uma reforma da Universidade da República, Frugoni expressou o seguinte, em sua aula inaugural de 1927:

> Aspiro que esta cátedra seja em realidade um órgão vivo de extensão universitária. Aqui se estuda uma matéria que ainda não está incorporada ao plano de estudos e que pode interessar a muitos que não são estudantes. Nenhuma disciplina traz em mais alto grau que esta a palpitação da vida moderna em suas manifestações sociais ao ambiente das salas de aula.[22]

Em um ambiente intelectual latino-americano que dissertava habitualmente sobre a situação do México,[23] o Frugoni latino-america-

fecunda e conseguiu traduzir as principais características daquele período histórico. Seus principais personagens foram Rubén Darío, José Martí, José Enrique Rodó, entre outros. Cf. REAL DE AZÚA, Carlos. Modernismo e ideologías. *Punto de Vista*, Buenos Aires, ano X, nº 28, 1986, separata.

21 FRUGONI, Emilio. Una cuestión de poca monta. In: *La sensibilidad americana*. Montevideo: Maximino García, 1929, p. 122.

22 Frugoni universitario. *Cuadernos de Marcha*, Montevideo, nº 39, jul. 1970, p. 43.

23 Ver RAMA, Carlos. La Revolución Mexicana en el Uruguay. *Historia Mexicana.*,México, nº 8, out.-dez. 1957, p. 161-186; YANKELEVICH, Pablo. *Miradas australes. Propaganda, cabildeo y proyección de la Revolución Mexicana en el Río de la Plata, 1910-1930*. México: Instituto Nacional de Estudios Históricos de la Revolución Mexicana, 1997. O México recebeu apoio de grupos intelectuais uruguaios nos anos 1920, por meio do "Comité Uruguay-México", do qual participaram Carlos Quijano, a poeta Juana de Ibarborou (conhecida no Uruguai como Juana de América) e o vanguardista Fernán Silva Valdés. O comitê fora fundado em 1927 com o objetivo de difundir temas sobre a cultura mexicana no Uruguai e inaugurou a Escola México em Montevideo. Além disso, durante 1928, várias

nista voltou à cena em agosto de 1928, ao proferir duas conferências sobre o país setentrional na universidade onde lecionava. Interpretou a história mexicana da segunda metade do século XIX, passou por sua Revolução entre 1910 e 1917 e avaliou com simpatia a disputa entre o governo e a Igreja Católica pelas terras no país, além de ver os Estados Unidos como uma ameaça real à soberania mexicana.[24]

Nesse período, já preparava a publicação de *La sensibilidad americana* (1929), uma recompilação de escritos publicados durante a década de 1920, sobre aspectos das especificidades culturais latino-americanas, o papel da intelectualidade e da arte na região.

Também cabe ressaltar que essas duas obras de Frugoni foram publicadas em um período em que o autor demonstrava uma clara inclinação para a defesa de que as ideias na América, mesmo aquelas oriundas de outras coordenadas geográficas, encontravam um terreno fértil, aclimatando-se e americanizando-se de forma fecunda e original.

Os bons ventos intelectuais da década anterior não cessaram com a entrada dos anos 1930, e Frugoni optou pela renúncia ao mandato que exercia no parlamento, em 1932, ao ser eleito decano pela Facultad de Derecho y Ciencias Sociales, instituição que defendeu ao lado de parte de seus estudantes contra o golpe de Estado de 1933.

Deportado para a Argentina, país que o acolheu por pouco mais de um ano, Frugoni se aproximou ainda mais dos socialistas argentinos, atuou como professor na Universidad de La Plata – cujas aulas foram a base para a publicação de *Ensayos sobre marxismo*, livro publicado em Montevidéu, em 1936 –, ditou diversas conferências, escreveu para alguns jornais e publicou uma obra de combate ao governo de Terra, intitulada *La revolución del machete* (1934), na qual nomeou

conferências foram realizadas no Uruguai sobre o México por Alfonso Reyes e Alfredo Palacios, entre outros intelectuais.

24 FRUGONI, Emilio. *La lección de Méjico*. Montevideo: Tip. Augusta, 1928. As conferências foram publicadas em formato de folheto taquigrafado, com uma tiragem de 5.000 exemplares.

os paladinos do presidente e repreendeu de forma bastante ácida e satírica a José Antuña, registrando em forma impressa e pública o seu repúdio ao intelectual colorado, como veremos posteriormente ainda neste capítulo.

Eleito deputado novamente em 1934, voltou um pouco hesitante ao Uruguai e tornou-se um dos principais críticos do terrismo. De acordo com Giúdice, Frugoni envolveu-se em incidentes durante a posse do segundo mandato de Terra no Congresso, em meados de 1934, ao acusá-lo de traidor, e teve que se retirar do parlamento após ser agredido por alguns parlamentares e pela polícia. Posteriormente, passou a atuar ativamente na comissão formada – ainda com Terra no poder – para investigar denúncias de tortura.[25]

A trajetória frugoniana se desenrolou mediante o engajamento pela defesa da democracia, liberdade, ética e justiça social. Em tempos de ascensão de ideias e regimes autoritários na América Latina, na Europa e em outras partes do mundo, Frugoni escreveu copiosamente a favor da democracia política, econômica e social,[26] como podemos visualizar no trecho seguinte pinçado de um discurso proferido no parlamento, em que almejava alertar sobre os riscos da propagação de ideias autoritárias no ensino do Uruguai:

> Já são motivo de profundas preocupações em muitos países de nosso continente as propagandas e ensinamentos, que sob a inspiração de governos estrangeiros, têm-se

25 GIÚDICE. *Op. cit.*, p. 159.

26 Esse é o fio condutor de *Las tres dimensiones de la democracia*. Buenos Aires: Claridad, 1944. Nesse livro, compilação de textos escritos entre 1930 e 1942, Frugoni dissertou sobre a democracia na América (Uruguai e Estados Unidos) e na Europa, posicionando-se a favor da República Espanhola, da resistência francesa e dos aliados, liderados pelo trabalhismo inglês que, a seu ver, representava o principal movimento socialista contemporâneo e desempenhava um papel de inspiração e de efetiva possibilidade da concretização de um governo socialista entre as poucas nações que permaneciam democráticas. Cf. *El laborismo británico. Sinopsis histórica e interpretativa*. Montevideo: Editorial Afirmación, 1941.

> efetuado, com tendência a inculcar no espírito das novas gerações, conceitos e sentimentos que conspiram contra o destino da democracia na América. Engendram fanatismos raciais incompatíveis com a ideia da confraternidade humana, que é o elemento vital dessas nações, nascidas por e para um internacionalismo de fato, e preenchem os corações das crianças de imagens guerreiras e idolatrias encarniçadas contra os ideais de paz e liberdade.[27]

A sua renúncia, em 1938, ao decanato outorgado seis anos antes, ao ser reeleito como deputado pelo Partido Socialista, pode ser interpretada como uma saída para o dilema que fustigou o intelectual, pois se decidiu pelo sacrifício, temporariamente, de sua carreira acadêmica para se dedicar completamente à luta política.[28]

As três últimas décadas de sua vida representaram a consagração do intelectual, que se afastou por um longo período do parlamento, após 1942, ano em que tentou, sem êxito, se eleger ao Senado. Designado para ocupar uma cadeira na Academia Nacional de Letras, fundada em fevereiro de 1943, renunciou ao posto em março de 1944.[29]

Logo em seguida, partiu para Moscou, em uma viagem extensa e repleta de contratempos, onde exerceu o cargo de ministro plenipotenciário e embaixador do Uruguai, entre meados de 1944 e finais de 1946. Na capital soviética, doou livros uruguaios a algumas bibliotecas e realizou uma conferência em espanhol sobre *Ariel* para um público

---

27 FRUGONI, Emilio. *El nazi-fascismo en la enseñanza*. Montevideo: Publicaciones de la oficina de la C. Pro [sic] Congreso de Periodistas Libres, 1938, p. 3.

28 Publicou outras duas obras de caráter político de 1940 a 1944, além dos dois livros mencionados na nota 26: *La mujer ante el Derecho* (1940) e *Sobre la reforma agraria en el Uruguay* (1944).

29 Em 1960 foi eleito a uma das cadeiras da Academia de Letras, onde dois anos antes de falecer, em dezembro 1967, recebeu uma homenagem de seus pares, que o elegeram *Académico de Honor*. Ver http://www.mec.gub.uy/academiadeletras/Oc_Sill.htm. Acesso em 27/jan./2007.

de diplomatas de diversos países e hispanistas russos.[30] Nestes anos, Frugoni preparou alguns livros e publicou *De Montevideo a Moscú* (1945), pela editorial argentina Claridad.[31]

Já de volta ao rio da Prata, Frugoni mandou para o prelo suas duas mais significativas obras: *Esencia, génesis y fundamentos del socialismo* (1947) e *La esfinge roja* (1948). Os dois livros também saíram por editoras argentinas, nos quais explicitou uma visão muito crítica sobre a União Soviética, destacando a falta de liberdade política e individual, além da opressão dos operários do país, e reafirmou sua crença na construção de um socialismo democrático, inspirado no modelo contemporâneo do trabalhismo britânico.

O conjunto dessas obras merece um estudo à parte, já que representaram uma das mais importantes tentativas de desconstrução de algumas visões paradisíacas sobre a União Soviética, que se difundiu entre as esquerdas em toda a América Latina, principalmente após a crise de 1929.

Em linhas bem gerais, nessas duas obras, essencialmente na primeira, podemos afirmar que Frugoni buscava realizar uma análise bastante ampla das reais possibilidades de transformar em ações efetivas as ideias socialistas, marxianas e marxistas, especialmente na América Latina, onde se encontrava o seu público leitor. As conclusões a que chegou foram bastante desoladoras para os espíritos revolucionários ou reformistas latino-americanos, ávidos em ter informações acerca do "enigma" soviético, agora sob a pluma de uma figura de grande envergadura no cenário platino.[32]

---

30 Cf. FRUGONI, Emilio. *Homenaje a Rodó en el cincuentenario de "Ariel"*. Montevideo: Instituto Histórico y Geográfico del Uruguay, 1950, p. 8.

31 Frugoni afirmou que este período fora de extrema relevância para a sua "criação intelectual". Cf. Encuesta literaria de *Marcha*. Contesta Emilio Frugoni. *Marcha*, ano XXI, nº 1007, 6 maio 1960, p. 22-23.

32 Nos parágrafos iniciais do livro, Frugoni destacava essa expectativa dos americanos por desvendar o "mistério soviético", para usar suas próprias palavras. Cf.

O intelectual-político socialista procurou expor o lugar de onde emitia o discurso ao seu público, fundamentalmente para realçar que a viagem à União Soviética lhe havia permitido verificar que não se equivocava, desde os anos 1920, em criticar a interpretação comunista a respeito do ideário marxiano:

> Meu juízo é o de um democrata e o de um socialista. Era essa a minha posição no campo das ideias sociais e das lutas políticas quando fui à URSS. Nesta posição me mantive. Com ela voltei. Ela não me pôs lentes de aumento para o mal nem me fez separar, por *partis pris*, do bem. Quis ser fiel à verdade reflexionando-a. E ser fiel a mim mesmo, julgando-a.[33]

Por fim, Frugoni concluía, ao referir-se a uma carta que havia enviado a um amigo escritor, com uma crítica contundente ao comunismo soviético:

> a União Soviética não é para mim uma esperança (como parece sê-lo para você) porque a julgo como um trágico desvio em direção a formas de tirania política que para o mundo ocidental constituem um retrocesso. Sem desconhecer as realizações que em diversas ordens podem se admirar, meu juízo sobre a realidade e entranha política do comunismo soviético é este.[34]

Frugoni entrevia que a publicação de *La esfinge roja* lhe traria muitas críticas e situações desafiadoras, e justificou que

> [formava] parte, em certo modo, de minha função pública, em cujo exercício me considero, todavia, para com o

---

Idem. *La esfinge roja*. Buenos Aires: Claridad, 1948, p. 7.

33 *Ibidem*, p. 466.

34 *Ibidem*, p. 475.

> meu país, ao dar à publicidade estas linhas, ainda que já não desempenhe mais o cargo de diplomata, que somente deveria ser um parêntesis de dois anos e meio em minha dilatada existência de porfiado guerrilheiro da política.[35]

José G. Antuña foi um dos seus leitores e, para construir uma acerbada crítica sobre a União Soviética e o comunismo, no que toca fundamentalmente à organização de uma nova cultura totalitária, citou *La esfinge roja*, apropriando-se, acima de tudo, de suas admoestações e assinalando que era uma obra de referência à qual recorrera inúmeras vezes para traçar o "panorama integral do mundo soviético".[36]

Provavelmente essa forma de apropriação, que não deve ter sido incomum, por um representante de grupos políticos e intelectuais deliberadamente adversários e de não menos velada posição conservadora, tenha causado um determinado desconforto em Frugoni, mas como o socialista destacara na publicação do livro, ele não podia deixar de expor sua crítica visão sobre a União Soviética para acariciar setores da esquerda que propalavam a inspiração no seu modelo político.

O ex-diplomata socialista avaliou, muitos anos depois, que tais obras representavam o momento mais maduro de sua carreira intelectual, e sustentou que *La esfinge roja* fora um sucesso editorial tanto na América Hispânica, com mais de uma edição em espanhol em três meses, como no Brasil, por meio de outras "várias, mutiladas, em português, emitidas em São Paulo".[37]

No que toca à preocupação a respeito da apropriação e também elaboração do ideário socialista na América Latina, Frugoni, após

---

35 *Ibidem*, p. 10.

36 Cf. ANTUÑA, José. *Un panorama del espíritu. El* Ariel *de Rodó*. 2ª ed. Tomo II. Montevideo: Barreiro y Ramos, 1969, p. 247.

37 Cf. Encuesta literaria de *Marcha*. Contesta Emilio Frugoni. Montevideo, ano XXI, nº 1007, 6 maio 1960, p. 23.

enumerar e interpretar boa parte do seu itinerário, essencialmente em seus circuitos europeus, dedicou a décima segunda e última parte de *Génesis, esencia y fundamentos del socialismo* para analisá-lo em terras americanas.[38]

Duas de suas últimas obras latino-americanistas de importância inauguraram e encerraram a década de 1950. Convidado pelo Instituto Histórico y Geográfico del Uruguay a pronunciar uma conferência em homenagem ao cinquentenário da primeira publicação de *Ariel*, Frugoni não deixou de frisar, com certa dose de orgulho, que fora "o único poeta do meu país prologado por sua pluma" e que fora seu discípulo na juventude.[39]

Finalmente, em 1959, ano que se iniciou com a Revolução Cubana, Frugoni publicou, na Costa Rica e no Uruguai, uma síntese de seu olhar sobre a América Latina em *Meditación americanista*, no calor do debate acerca da ilha caribenha, retomando parte de suas considerações acerca do futuro da região.[40]

Nesse período aproximou-se de Quijano e, como veremos adiante, no plano das relações pessoais, estabeleceram um fecundo diálogo intelectual e político e revisaram as dissensões do passado. Fruto desses contatos foi o expressivo debate acerca do futuro nacional e, em uma perspectiva mais ampla, da América Latina.

A sua última década de vida foi marcada por desafios políticos dentro do Partido Socialista, quando sua prédica reformista foi diversas vezes colocada em xeque, e optou por seu afastamento partidário, em 1963. Entretanto, não abandonou a militância política e fundou o *Movimiento Socialista* naquele mesmo ano. Posteriormente, em 1966,

---

38 FRUGONI, Emilio. El socialismo como fenómeno histórico americano. In: *Génesis, esencia y fundamentos del socialismo*. Tomo II. Buenos Aires: Américalee, 1947, p. 209-341.

39 Cf. *Idem*. *Homenaje a Rodó en el cincuentenario de "Ariel"*. Montevideo: Instituto Histórico y Geográfico del Uruguay, 1950, p. 7.

40 *Idem*. *Meditación americanista*. Montevideo: Continente, 1959.

publicou *Carta sin sobre a los socialistas,*[41] pela qual anunciava a venda de sua biblioteca em subasta pública para custear sua última campanha ao Senado. Frugoni não logrou ser eleito e faleceu em 1969, como cidadão proscrito durante o tenso governo do colorado Jorge Areco Pacheco (1967-1972).[42]

José G. Antuña: o americanismo entre despachos, gabinetes e solenidades

José Guillermo Antuña (22/04/1890-31/12/1972), com uma atuação extremamente importante em prol do pan-americanismo, percorreu uma trajetória de destaque no cenário político do Uruguai, mas não abandonou sua inclinação de literato e estudioso da cultura uruguaia e, principalmente, latino-americana, como frequentemente gostava de ressaltar.

Reconstruir o seu percurso político-intelectual é uma tarefa bem mais desafiadora, uma vez que, ao contrário de Frugoni e Quijano, não temos conhecimento de que existam trabalhos biográficos mais completos sobre o autor. Ademais, em novo contraponto ao líder socialista e a Quijano, apenas uma obra ensaística

---

41 *Idem.* Carta sin sobre a los socialistas. In: *Cuadernos de Marcha*, nº 41, set. 1970, p. 79-80.

42 Os anos 1960 uruguaios foram marcados por um longo estancamento econômico, pelo agravamento dos problemas sociais e pela ascensão da guerrilha urbana, representada pelos *Tupamaros*, inspirada no foquismo revolucionário. Eleito vice-presidente, Pacheco chegou à presidência após a morte de Óscar Diego Gestido, no final de 1967. O seu mandato é visto atualmente como um ensaio para a posterior ditadura civil-militar implementada em 1973, por seu sucessor Juan María Bordaberry. Cf. PANIZZA, Francisco. *Uruguay: Batllismo y después. Pacheco, militares y tupamaros en la crisis del Uruguay batllista*. Montevideo: Ediciones de la Banda Oriental, 1990. Sobre as repercussões da "crise" uruguaia no cotidiano, ver TROCHON, Yvette. El sexenio crítico (1967-1973). In: *Escenas de la vida cotidiana: sombras sobre el país modelo 1950-1973*. Montevideo: Ediciones de la Banda Oriental, 2011, p. 307-372.

de Antuña – *Un panorama del espíritu. El Ariel de Rodó* (1952) – foi reeditada em 1969.

Ora, se Antuña se tornou nos dias de hoje um autor relativamente esquecido, pelo menos do público pouco familiarizado com a história uruguaia da primeira metade do século XX, poderia ser questionado – ainda que não concordemos com tal ressalva – sobre a relevância de colocá-lo em perspectiva ao lado de Frugoni e Quijano, cujas obras possuem uma expressiva ressonância nos círculos intelectuais e políticos do Uruguai até os dias atuais. Do nosso ponto de vista, mais interessante seria encontrar pistas e vestígios sobre as razões do silêncio atual que se edificou acerca de Antuña e de sua obra, fundamentalmente a partir da década de 1970, período de ascensão ao poder de uma repressiva ditadura (1973-1985).[43]

Cabe ressaltar que os movimentos acadêmicos e editoriais, antes mesmo do fim da ditadura, empenharam-se em pesquisar e publicar sobre a vida e a obra de personagens que defenderam a democracia durante suas trajetórias, ao passo que deram menor atenção, naquele momento, às figuras conservadoras ou àquelas que apoiaram – como Antuña – alguma das duas experiências ditatoriais que experimentou o Uruguai durante o século XX: 1933-1942 e 1973-1985. Ao desempenhar um papel de relevo, o próprio Congresso Nacional incentivou, no final da década de 1980, a publicação de obras de ex-parlamentares, como Frugoni e Quijano, cujas ideias e ações sempre foram ao encontro da construção democrática no país oriental.

Além deste indício importante que, a nosso ver, contribuiu de maneira bastante expressiva para um certo esquecimento de Antuña, se retrocedemos aos anos 1960, podemos encontrar outra evidência mais próxima dos princípios desse gradual processo.

Como já citamos anteriormente, Carlos Real de Azúa publicou, em 1964, uma coletânea dos principais, no seu entender, ensaístas

43 CAETANO, Gerardo; RILLA, José. *Breve historia de la dictadura*. 4ª ed. Montevideo: EBO, 2011.

uruguaios contemporâneos, que se tornou obra de referência obrigatória para os estudiosos da vida intelectual uruguaia daquele momento e posteriormente. Em tal antologia, que incluía 41 ensaístas, Real de Azúa somente mencionou o nome de Antuña uma única vez, entre parêntesis, para destacar que, assim como Alberto Zum Felde, havia direcionado seu olhar sobre os "problemas americanos".[44]

Pode ser, contudo, questionado qual era o efetivo peso da obra de Real de Azúa no período, para exercer uma influência tão marcante, que selecionava para o público leitor quais ensaístas eram relevantes e quais não o eram. Seguramente, a anedota recuperada pelos historiadores Gerardo Caetano e José Rilla delineia o papel de autoridade, ou pelo menos de grande respeito, que desempenhava Real de Azúa entre os grupos intelectuais uruguaios:

> Um breve dicionário de autores uruguaios, publicado em 1969, recolhia uma imagem de dilatada circulação no ambiente intelectual daqueles anos: "suspeita-se – dizia – que Real de Azúa leu todos os livros". Certamente inexata, a afirmação dava conta, não obstante, da propensão natural de todos aqueles que tentam se aproximar da sua vida e de seu pensamento. Real de Azúa aparece inacessível e não é uma tarefa fácil evitar a agonia que supõem suas preocupações diversas e torrenciais e o caudal de leituras que parece exceder as possibilidades da escala humana.[45]

A despeito disso, Antuña foi extremamente articulado durante praticamente toda a sua vida e sempre buscou a aproximação dos seus pares mais notáveis no mundo das letras, tanto nos círculos nacionais

44 Cf. REAL DE AZÚA, Carlos. Alberto Zum Felde. In: *Antología del ensayo uruguayo contemporáneo*. Tomo I. Montevideo: Universidad de la República, Departamento de Publicaciones, 1964, p. 184.

45 CAETANO, Gerardo; RILLA, José. Real de Azúa y la historia. El método, los temas, las hipótesis. In: REAL DE AZÚA, Carlos. *Historia y política en el Uruguay*. Montevideo: Cal y Canto, 1997, p. 5.

como nos internacionais. Oriundo de uma família das camadas médias da sociedade uruguaia, Antuña galgou posições intelectuais e políticas de destaque, que se iniciaram com seu ingresso ao curso de Direito na Universidad de la República e continuaram com seus seguidos mandatos como deputado na Câmara de Representantes.

Discípulo de Rubén Darío e Leopoldo Lugones em seus primeiros escritos, segundo o crítico e amigo Zum Felde,[46] publicou suas obras em Montevidéu, Buenos Aires, Paris e Madri. Ainda segundo o importante crítico uruguaio, Antuña frequentou, em sua juventude, do mesmo modo que Frugoni, o café literário Polo Bamba, local de encontro da boêmia montevideana, onde escritores, poetas e políticos dialogavam sobre o marxismo, o anarquismo, o idealismo e outras correntes políticas, artísticas e filosóficas que deixaram marcas profundas na geração que se formava com o início do novecentos.[47]

O conjunto de sua obra revela um pesquisador preocupado em enfocar as principais questões que agitavam o cenário nacional e principalmente o internacional. Suas primeiras publicações uruguaias – *Las juntas de gobierno* (1913), *Estadistas americanos* (1918), *La fecha de nuestro Centenario* (1921), *La cruzada y los caudillos* (1922) e *Acción parlamentaria* (1924) – privilegiaram temas históricos, políticos e legislativos.

Assim como Frugoni e Quijano, Antuña dedicou especial atenção à obra de Rodó e o homenageou em um discurso proferido no Teatro Solís, ao lado, entre outros, do próprio Quijano, em maio de 1918, durante a comemoração do primeiro aniversário do falecimento do autor de *Ariel*. O tom da fala de Antuña consistiu em exaltar a figura de Rodó, ao identificá-lo como guia das novas gerações uruguaias

46 ZUM FELDE, Alberto. *Proceso intelectual del Uruguay y crítica de su literatura*. III – La promoción del Centenario. Montevideo: Ediciones del Nuevo Mundo, 1967, p. 241.

47 Zum Felde comparou-o ao Ateneo de Montevideo, escola conhecida por preparar os homens de letras e de política orientais durante a segunda metade do século XIX, e inclusive alcunhou-o de *Ateneo de la Bohemia*. Cf. *Idem*. *Proceso intelectual del Uruguay y crítica de su literatura*. II – La generación del Novecientos. Montevideo: Ediciones del Nuevo Mundo, 1967, p. 35-39.

e latino-americanas. Dois anos depois, o texto saiu publicado em uma edição comemorativa sobre Rodó, pela *Revista Ariel*, que estava vinculada à associação universitária denominada Centro Ariel, dirigida por Quijano.[48]

Nesse período, Antuña já estava inserido no ambiente parlamentar, como deputado pelo Partido Colorado, cargo que ocupou diversas vezes durante o seu itinerário. Zeloso em relação à construção de sua carreira, Antuña publicou, em 1924, uma coletânea de suas principais atuações no parlamento, que enfatizava sua defesa dos direitos de propriedade intelectual e artística, uma habitual atenção à política internacional, particularmente com respeito ao cenário americano, entre outros discursos e projetos para o país.[49]

Com uma ativa participação na vida pública uruguaia, Antuña apoiou um dos grupos conservadores que compunham o Partido Colorado, cujo líder naquele momento, Feliciano Vieira, conseguiu eleger-se presidente para suceder a Batlle y Ordóñez, a partir de 1916. Essa facção conservadora, principal opositora ao setor batllista dentro do partido, foi alcunhada de vieirismo e foi responsável pelo freio ao reformismo batllista, durante quase uma década em que teve uma participação significativa, principalmente no poder executivo do Uruguai.

Como destacamos na introdução, o batllismo foi responsável pela promoção de profundas transformações da coletividade uruguaia e desde princípios do século XX representava a facção do Partido Colorado com maior apoio eleitoral. Em linhas gerais, as reformas batllistas engendraram um período divisor de águas, responsável, acima de tudo, pela consolidação do papel protagonista do Estado na realização de reformas. Entre as medidas mais significativas, o batllismo buscou fortalecer o sistema institucional, articulou-se com os trabalhadores urbanos na defesa de suas reivindicações

48 Ver ANTUÑA, José G. José E. Rodó. *Revista Ariel* – Órgano del Centro de Estudiantes *Ariel*, Montevideo, año I, nº 8-9, fev.-maio 1920, p. 139-144.

49 *Idem*. *Acción parlamentaria*. Montevideo: Gómez y Cía, 1924.

em face dos setores empresariais, aprovou importantes leis trabalhistas, ampliou a participação eleitoral com a adoção do sufrágio universal masculino a partir de 1916, bem como deu um novo e profundo impulso ao processo de secularização do Uruguai, o que alimentou as principais críticas dos grupos adversários.[50]

A oposição ao batllismo desenvolveu-se tanto no seio do Partido Nacional e na Federação Rural quanto entre as facções do Partido Colorado que contavam com uma maior presença de representantes empresariais e conservadores, principalmente entre os colorados riveristas e colorados vieiristas, como demonstrou Caetano.[51] Vale ressaltar que a difusão de críticas às reformas batllistas se originaram em locais bastante heterogêneos, desde os setores mais à esquerda até aos grupos mais conservadores que se articularam com a Igreja Católica na defesa de seus valores e privilégios.[52]

Ainda que não possa ser visto como um conservador sem matizes e menos ainda como religioso, o próprio Rodó foi um habitual adversário dos batllistas dentro do Partido Colorado, devido, acima de tudo, ao suposto jacobinismo que inspirava os seus projetos e ações na luta pela preponderância nos espaços públicos tais como nos hospitais, praças e cemitérios.[53] Importa lembrar para o leitor brasileiro

---

50 Sobre o processo de secularização do Uruguai, consultar: CAETANO, Gerardo; GEYMONAT, Roger. *La secularización uruguaya (1859-1919). Catolicismo y privatización de lo religioso*. Montevideo: Antillana-Taurus, 1997. Para o confronto entre os batllistas e os grupos conservadores, ver REAL DE AZÚA, Carlos. *El impuso y su freno*. Montevideo: Ediciones de la Banda Oriental, 1964; SOUZA, Marcos Alves de. O reformismo "batllista" e seu confronto com a elite conservadora (1903-1958). *Estudos de História*, Unesp – Franca, Depto. de História, vol. 7, nº 2, 2000, p. 197-214.

51 CAETANO, Gerardo. *La república conservadora (1916-1929)*. La *"guerra de posiciones"*. Tomo II. Montevideo: Fin de Siglo, 1993, p. 42-43.

52 BARRÁN, José Pedro. *Los conservadores uruguayos (1870-1933)*. Montevideo: Ediciones de la Banda Oriental, 2004.

53 SOUZA, Marcos Alves de. *Ideologia e política em José Enrique Rodó: liberalismo e jacobinismo no Uruguai (1895-1917)*. Tese de doutorado. Franca, Unesp, 2006.

que os batllistas decretaram a retirada dos crucifixos dos hospitais e cemitérios, além de coibir a realização de festas religiosas em praças públicas e reescrever o calendário festivo do Uruguai com denominações laicas, que vigoram até os dias de hoje.[54]

Antuña edificou sua carreira política entre as correntes conservadoras e elitistas que promoveram o "alto" ou o "freio" às reformas batllistas, com a eleição de Feliciano Vieira como presidente, o que se evidenciou posteriormente em seu apoio ao golpe de Estado capitaneado pelo também colorado conservador Gabriel Terra, em 1933.[55] Além disso, Antuña acolheu favoravelmente o hispanismo católico, que se transformou na argamassa de seus projetos para o Uruguai e para a América Hispânica.

Segundo José Luis Bendicho Beired, o ideário hispanista articulou gradativamente os círculos intelectuais progressistas e, acima de tudo, conservadores da Espanha e da América Hispânica em variadas esferas, ao ocupar um espaço destacado em suas polêmicas a respeito da construção das identidades nacionais, dos programas

54 Os principais feriados renomeados em 1919 foram: 25 de dezembro: dia da família; 06 de janeiro: dia das crianças; Semana Santa: Semana de Turismo; 08 de dezembro: dia das praias. Ver BARRÁN, José Pedro; NAHUM, Benjamín. El batllismo uruguayo y su reforma "moral". *Desarrollo Económico*, Buenos Aires, vol. 23, nº 89, abr.-jun. 1986, p. 121-135. Consultar também CAETANO, Gerardo. La "reforma moral" del batllismo y la reacción conservadora. In: *La república batllista. Ciudadanía, republicanismo y liberalismo en Uruguay (1910-1933)*. Tomo I. Montevideo: Ediciones de la Banda Oriental, 2011, p. 159-188.

55 As distintas agrupações dos partidos políticos lançavam candidatos próprios ao pleito eleitoral. A vitória era reconhecida ao partido (com a soma total de todas as listas) que somasse o maior número de votos. O candidato que recebia a maior votação dentro do partido vencedor era considerado o novo presidente da república. Esse sistema, conhecido como voto duplo simultâneo, vigorou entre 1910 e 1996. Cf. GONZÁLEZ RISSOTO, Rodolfo. "El doble voto simultáneo". Una experiencia singular en el Uruguay. In: *Biblioteca Jurídica Virtual del Instituto de Investigaciones Jurídicas de la UNAM*, 2011, p. 13-24. Disponível em <http://www.juridicas.unam.mx > Acesso em 02/abr./2012.

políticos-culturais e das relações internacionais, desde a segunda metade do século XIX.[56]

Anteriormente, Maria Helena Rolim Capelato enfatizou o papel da derrota espanhola diante dos Estados Unidos, em 1898, como catalisador da elaboração e propagação do ideário hispanista na Espanha e na América Hispânica. Além disso, Capelato reconstruiu as trajetórias dos mais destacados intelectuais que se arvoraram na defesa do hispanismo e demonstrou que, com poucas exceções (José Ortega y Gasset, Antonio Machado e Valle Inclán), os caminhos preferencialmente frequentados assinalaram a sua migração para posições conservadoras e autoritárias durante as primeiras décadas do século XX.[57]

As primeiras obras publicadas por Antuña traduzem suas principais inquietações a respeito da defesa das tradições hispânicas no Uruguai, que recebera um número extremamente significativo de imigrantes durante as últimas décadas do século XIX.[58] No entanto, ao contrário da maioria dos autores hispano-americanos que acolheram o hispanismo católico-conservador, Antuña não se nutriu da oposição aos Estados Unidos e ao pan-americanismo. Para o intelectual colorado, a matriz político-cultural anglo-saxônica não representava uma efetiva ameaça para a tradição hispânica, ibérica ou latino-americana.

56 BEIRED, José Luis Bendicho. Intelectuais e imprensa: a configuração de uma rede hispano-americana no espaço atlântico. *História*, São Paulo, 28 (2), 2009, p. 821-836. Para uma análise das influências mútuas do hispanismo elaborado na Espanha e na Argentina, ver: GONZÁLEZ CALLEJA, Eduardo. El hispanismo autoritario español y el movimiento nacionalista argentino: balance de medio siglo de relaciones políticas e intelectuales (1898-1946). *Hispania*. Revista – Española de Historia, Madri, vol. LXVII, nº 226, maio-ago. de 2007, p. 599-642.

57 CAPELATO, Maria Helena Rolim. A data símbolo de 1898: o impacto da independência de Cuba na Espanha e Hispanoamérica. *História*, Franca, vol. 22, nº 2, 2003, p. 35-58.

58 Consultar principalmente *Las juntas de gobierno* (1913), *La fecha de nuestro Centenario* (1921), *La cruzada y los caudillos* (1922).

Quando se aproximava o momento de comemorar a controvertida data de centenário da independência do Uruguai, Antuña impulsionou o debate acerca dessa efeméride que agitou os uruguaios durante toda a década de 1920.[59] É instigante, e no mínimo curioso, sublinhar que os uruguaios não haviam se ocupado sistematicamente da definição da data de sua emancipação frente à Espanha, às Províncias Unidas do Rio da Prata ou ao Império do Brasil. No contexto das comemorações das independências dos demais países latino-americanos e motivados por aspectos políticos e de formação de uma identidade menos porosos, os uruguaios começaram a discutir sobre o tema, de maneira tímida, nos inícios do século XX.

O debate girou em torno de duas datas principais: 25 de agosto de 1825 ou 18 de julho de 1830. O 25 de agosto articulava-se ao dia de declaração da independência em relação ao Império do Brasil durante a realização do Congreso de Florida no interior da então Província Cisplatina, mas que somente foi reconhecida em 1828 com a intermediação da Inglaterra entre o Brasil, o governo de Buenos Aires e os dissidentes orientais.[60] Por outro lado, o 18 de julho recuperava o dia do juramento à Constituição de 1830. Além disso, a realização das festividades em 25 de agosto fazia menção à liderança de Manuel Oribe, reivindicado como pai fundador das fileiras *blancas* ou nacionalistas. Por outro lado, o 18 de julho recuperava as campanhas de ocupação da região das missões operadas por Fructuoso Rivera, que se tornou o primeiro presidente constitucional do Uruguai, de 1830 a 1834.

De um lado, alguns representantes conservadores do Partido Colorado, como Antuña, mas principalmente do Partido Nacional, além dos principais representantes da Igreja Católica, apoiavam as comemorações do centenário de independência do Uruguai em 25

---

59 ANTUÑA, José G. *La fecha de nuestro centenario*. Montevideo: Escuela Naval, 1921.

60 Sobre as diversas polêmicas que marcaram a formação dos Estados na região platina, ver: PIMENTA, João Paulo G. *Estado e nação no fim dos impérios ibéricos no Prata: 1808-1828*. São Paulo: Hucitec; Fapesp, 2002.

de agosto de 1925.[61] Do outro, os grupos identificados com o reformismo, seja batllista ou de outras vertentes, como o líder do Partido Socialista, Emilio Frugoni, sustentavam que os festejos deveriam ser realizados em 18 de julho de 1930.

Segundo Carlos Demasi, antes que "conflito de datas", operava-se no debate político do país um verdadeiro "conflito de projetos", uma vez que, ao defender o dia 25 de agosto, as forças conservadoras esquadrinhavam uma "comunidade historicamente madura" precedente, que lhes permitiam pensar a nação como uma "aquisição para sempre", ao mesmo tempo em que lhes munia de argumentos que estruturavam uma visão que instituía o "fim da história". Em outras palavras, esta maneira de imaginar a comunidade nacional "estava ligada ao conceito de nação concebida como um produto já completo, que somente admite progressões sem inovações, o que implicava a neutralização das forças renovadoras que atuavam na sociedade uruguaia".[62]

Por outro lado, ao sustentar o texto constitucional como momento fundador da nação, os grupos reformistas acionavam "uma ordem a partir de um contrato que se constrói livremente por seus integrantes sem levar em consideração os antecedentes, o que vincula o projeto de comemoração de 1930 com posições universalistas e idealistas". Assim, a força da tradição como fator de integração via-se atenuada e o projeto nacional voltava-se muito mais para um futuro em construção.[63]

A Câmara de Deputados, de maioria *blanca* e com o apoio da maior parte dos congressistas colorados conservadores, votou em

---

61 Cabe lembrar que posteriormente Antuña escreveu um ensaio biográfico sobre Fructuoso Rivera, realçando a sua liderança durante o "momento fundador da nação", que foi publicado pelo Instituto de Cultura Hispânica, amparado pelo governo ditatorial de Francisco Franco na Espanha. Cf. ANTUÑA, José G. *Un caudillo, el General Fructuoso Rivera, prócer del Uruguay*. Madri: Instituto de Cultura Hispánica, 1948.

62 Cf. DEMASI, Carlos. *La lucha por el pasado. Historia y nación en Uruguay (1920-1930)*. Montevideo: Ediciones Trilce, 2004, p. 75-77.

63 *Ibidem*, p. 77.

1923 pelo dia 25 de agosto de 1825, enquanto o Senado, de maioria colorada batllista, votou pelo dia 18 de julho de 1830. Não se chegou a um consenso oficial e houve comemorações em ambas as datas.

Simultaneamente a tal debate, Antuña tornou-se membro efetivo da Sociedad Uruguaya de Derecho Internacional, onde proferiu um discurso em que elogiou a atuação de Rui Barbosa em Haia, devido à sua defesa da soberania das nações e do diálogo como forma de resolução de conflitos internacionais.[64]

Em meados da década de 1920, Antuña iniciou sua jornada pela Europa, onde estabeleceu relações duradouras com destacados círculos intelectuais franceses, espanhóis e latino-americanos, como foi cuidadoso em realçar posteriormente.[65] Aliás, Antuña habitualmente demonstrou cuidar de seus textos e sempre fez questão de selecionar e publicar as resenhas ou comentários de suas obras.

Na capital francesa, Antuña incorporou-se ao Instituto de Altos Estudos Internacionais da Faculdade de Direito da Sorbonne e deu início a uma série de importantes publicações, algumas delas com prólogos de expressivos intelectuais latino-americanos e europeus, como o peruano Francisco García Calderón e o francês Valéry Larbaud. De maneira ininterrupta, publicou, por editoras parisienses, *Los viejos ritmos* (1925), obra poética de sua juventude, *Litterae* (1926), com prólogo de García Calderón, *Palabra* (1927), com frontispício de Gabriela Mistral, *Petrarca, Laura y el Renacimiento* (1927), *L'Uruguay, le panamericanisme et la Société des Nations* (1929), coletânea de seus discursos na Sociedade das Nações, em 1929, e *Figuras y crónicas de la paz* (1930).

64 Antuña aprovou a atuação de Rui Barbosa como defensor dos interesses sul-americanos no âmbito das relações internacionais, essencialmente na busca de estabelecer contratos mais equitativos. Ver ANTUÑA, José G. Un prócer del pensamiento americano. Ruy Barbosa. In: *Palabra. Conferencias y discursos: 1915-1927*. Paris: Editorial Paris-América, 1927, p. 33-78.

65 *Idem*. Nuevos juicios notables sobre la obra de José G. Antuña. In: *Incienso y bronce*. Montevideo: Ceibo, 1943, p. 225.

No prólogo escrito para *Litterae*, García Calderón, ao reconhecer que escrevia um comentário elogioso sobre o recém-chegado uruguaio que buscava sua inserção nos círculos intelectuais latino-americanos de Paris, argumentou que Antuña propiciava ao leitor uma das mais importantes interpretações sobre a obra de Leopoldo Lugones, e Rodó, entre outros escritores latino-americanos, após deixar a ágora para ingressar "decididamente na estreita família dos escritores americanos que renunciam à improvisação, estudam com vigor constante e criam obras duráveis. Publicará novos livros, travará experiências, enriquecerá sua visão de mundo".[66]

Gabriela Mistral concordava com García Calderón ao sustentar que o intelectual uruguaio havia escrito a melhor crítica publicada até então sobre a obra de Leopoldo Lugones, assim como ao argumentar que Antuña vivia "seus anos meridionais de virilidade intelectual, de sentido pleno do mundo e de cabal pulsação de seu tempo".[67]

No final da década de 1920, a vida de Antuña dividiu-se entre a Europa e o Uruguai. Em 1928, proferiu conferências em Madri, Salamanca, Cádiz e Montevidéu, em que abordou temas sobre a formação cultural do mundo hispânico e reclamou uma sincronização entre a América e a Espanha. Os estudos linguísticos ganhavam a partir daquele momento um espaço destacado em sua obra, como vemos em *Nuestra lengua y la expresión propia americana*, apresentada no Centro Gallego de Montevideo[68] em outubro, cujo centro de

---

66 GARCÍA CALDERÓN, Francisco. Prólogo. In: *Litterae. Ensayos - Crítica - Comentarios. Paris*: A. Fabre, 1926, p. VII-VIII.

67 ANTUÑA, José G. Nuevos juicios notables sobre la obra de José G. Antuña. In: *Incienso y bronce. Op. cit.*, p. 229.

68 Segundo Carlos Zubillaga, o Centro Gallego transformou-se em um dos principais locais promotores de debates e conferências sobre o hispano-americanismo e o anti-imperialismo na América Latina, entre 1925 e 1930. Cf. ZUBILLAGA, Carlos. *La utopía cosmopolita. Tres perspectivas históricas de la inmigración masiva al Uruguay*. Montevidéu: Facultad de Humanidades y Ciencias de la Educación, 1998, p. 123-127.

gravidade girou em torno de uma aproximação com a Espanha, bem como de uma crítica às tentativas de criação de "idiomas nacionais" na América Latina.[69]

Novamente eleito deputado pelo Partido Colorado, em 1928, assumiu a presidência da Comissão de Negócios Exteriores do parlamento, na qual também atuou Quijano. No ano seguinte, viajou a Genebra como representante do Uruguai na Sociedade das Nações, onde demandou a intervenção do organismo internacional no conflito que emergia no horizonte sul-americano, entre a Bolívia e o Paraguai pelo território da região do Chaco, bem como a aproximação entre a Sociedade das Nações e a União Pan-americana.[70]

Na segunda metade dos anos 20 e durante toda a década de 30, colheu os frutos mais maduros de sua prédica a favor do pan-americanismo, corroborado por uma dinâmica atuação a favor da concretização de tal projeto de integração continental. A interpretação de seus textos nos permite inferir que Antuña se inspirou na trajetória e no discurso de Simón Bolívar, adequando-os ao discurso pan-americanista. Ao dissertar sobre Bolívar durante a fundação da Sociedad Bolivariana del Uruguay na Universidade da República, em junho de 1932, proclamou que se sentia orgulhoso de representar o "ideal bolivariano" ao integrar "aquelas assembleias do velho mundo, nas quais se procura, em meio a complicações muitas vezes dramáticas, organizar a paz e transformar a mentalidade internacional".[71]

No ano seguinte, Antuña pronunciou o discurso de abertura da VII Conferência Pan-americana, ao lado do mexicano Alfonso Reyes, realizada em Montevidéu, em 7 de dezembro de 1933, momento em

---

69 Cf. ANTUÑA, José G. *Nuestra lengua y la expresión propia americana*. Montevideo: Publicaciones del Centro Gallego, IV y V curso de conferencias, 1930.

70 Cf. ANTUÑA, José G. *L'Uruguay, le panaméricanisme et la Société des Nations*. Paris: Imprimière Michel, 1929, p. 3-4.

71 *Idem*. *Bolívar, símbolo de América. El libertador, el legislador, el apóstol*. Montevideo: Urta y Curbelo, 1932, p. 7.

que lamentou os magros resultados obtidos até então pelo pan-americanismo, mas não deixou de propor que teria reservado um fecundo porvir.[72]

Quando a sua formação católica ficou mais transparente em suas páginas, voltou a tratar de Bolívar em *Nuevas páginas bolivarianas* (1942), nas quais traçou um paralelo entre Bolívar e Rodrigo Díaz de Vivar, ocasião em que o denominou *El Cid Americano*.[73]

A década de 1930 foi assaz prolífica para o político e também para o intelectual. Personagem de reconhecida trajetória ao lado dos setores conservadores do Partido Colorado, Antuña não somente apoiou o golpe de Estado capitaneado pelo então presidente Gabriel Terra, mas atuou como um de seus principais arquitetos e divulgadores, ao presidir a Assembleia Nacional Constituinte que se reuniu para redigir uma nova Constituição para o Uruguai, em substituição à que fora elaborada em 1917 e colocada em vigência em 1919, e ao escrever o prólogo lisonjeador da compilação de discursos de Gabriel Terra, publicada no final de seu mandato, em 1938.[74]

Em linhas bem gerais, a constituição de 1917, que fora aprovada por meio de um plebiscito, além de confirmar o voto secreto com sufrágio universal masculino, consolidou os direitos trabalhistas estabelecidos pelos batllistas e a separação legal do Estado em relação à Igreja Católica. Além disso, tinha uma resolução que se tornara a pedra de toque para as críticas conservadoras: a transformação do Poder Executivo em uma instituição pluripersonal.[75] Por um lado, o presidente seria responsável pelos assuntos internacionais e pela segu-

---

72 *Idem*. *Ante la VII Conferencia I. Americana*. Montevideo: Asamblea Deliberante del Uruguay, J. Florensa, 1933.

73 *Idem*. *Nuevas páginas bolivarianas*. Montevideo: L.I.G.U., 1942.

74 Cf. ANTUÑA, José G. Prólogo. In: TERRA, Gabriel. *La revolución de marzo: principales discursos*. Buenos Aires: M. Gleizer, 1938, p. 10-26.

75 DEMASI, Carlos. *La lucha por el pasado. Historia y nación en Uruguay (1920-1930)*. Montevideo: Trilce, 2004, p. 24-28.

rança, ao ser o representante do país perante as demais nações e chefe das forças armadas e da polícia. Por outro, o Conselho Nacional de Administração, composto por nove representantes eleitos periodicamente, era o responsável por todos os demais assuntos do governo nacional, como, entre outros, educação, saúde, transportes e economia, e era o responsável pela nomeação dos seus ministros.

Em um contexto de crise que atingia a maioria dos países americanos e europeus, tal estrutura do poder executivo era vista por diversos grupos políticos opositores como ineficiente e lenta na hora de elaborar soluções para os problemas que afligiam a população do Uruguai.

No discurso pronunciado na Convenção Nacional Constituinte, em fevereiro de 1934, Antuña argumentava que o parlamentarismo não podia se sustentar por muito tempo em terras americanas:

> Na América, 21 nações resistem até agora ao parlamentarismo. Somente o Canadá adotou-o (e o Canadá não tem da América outra coisa que a expressão geográfica). O instinto indicou-os o rumo, porque quando uma das nações do continente o instituiu, quase se precipita no caos. Refiro-me ao Chile.[76]

Para Antuña, em um discurso proferido durante o encerramento de tal convenção, a nova Constituição "substituiu uma legislação trabalhista que ditou as circunstâncias eleitorais e a artéria demagógica, por uma solene e honrada declaração, de acordo com o imperativo da autêntica realidade biológica do país".[77] Além disso, o presidente da Assembleia Nacional Constituinte assinalava que "ao semear no sulco dos princípios liberais, apartamo-nos tanto do espírito jacobino como

---

76 ANTUÑA, José G. La organización del poder ejecutivo. In: *La Constitución de 1934*. Montevideo: s/e, 1934, p. 31.

77 *Ibidem*, p. 6.

da 'servidão mecânica' que os nega e que inutilmente quis imprimir o socialismo ao Estado moderno".[78]

A sua estreita relação com o terrismo – ao passo que Frugoni fora desterrado para a Argentina e Quijano perseguido – abriu-lhe as portas de diversas atividades desenvolvidas no âmbito das relações internacionais. Além do exercício de um cargo de destaque durante a VII Conferência Pan-americana, Antuña encarregou-se de diversas missões intelectuais, entre 1936 e 1938, na França, Argentina, Chile e Brasil, onde fez diversas conferências em institutos oficiais e acadêmicos.

Como veremos na última parte deste capítulo, a crítica de Frugoni a Antuña em *La revolución del machete* não deixava dúvidas sobre as posições que ocupavam nesse tenso período. Para Frugoni, os paladinos de Terra tentavam dissimular suas orientações ditatoriais ao ancorar frequentemente suas ações no respaldo da população uruguaia, que havia aprovado a ascensão do regime terrista por meio de um plebiscito, mas cuja abstenção ao pleito havia sido elevada. Além disso, o socialista classificou Antuña como um "molusco desatento" e utilizou um vocabulário agressivo para criticar sua atuação como ideólogo do terrismo, ao denominar suas formulações de "defecações [sic] doutrinárias".[79]

Simultaneamente aos logros obtidos na cena política, quando se elegeu senador, Antuña canalizou seus esforços no sentido da difusão de seu pensamento, ao publicar três obras que foram premiadas por comissões culturais vinculadas ao governo de Terra: *El nuevo acento* (1935), *El inquieto horizonte* (1937) e *Perspectivas de América* (1938). À exceção da segunda, na qual analisava principalmente a crescente e preocupante tensão europeia na forma de um relato de viagem, Antuña privilegiou o tema do americanismo, ao expor sua visão a respeito da realidade cultural e política da América Latina.

---

78 *Ibidem*, p. 9-10.

79 FRUGONI, Emilio. *La revolución del machete. Panorama político del Uruguay*. Buenos Aires: Claridad, s/d, p. 41.

Com *El nuevo acento*, publicado pela Sociedad Amigos del Libro Rioplatense, Antuña buscava interpretar a "origem intelectual dos acontecimentos" de uma América que estava empenhada em batalhar por sua "emancipação espiritual", que o autor lia como independência cultural.[80] Ao publicar *Perspectivas da América*, em 1938, Antuña compilou uma série de textos publicados ao longo da década de 1930 e que demonstravam sua interpretação a respeito das interrogantes colocadas pelo período entre a crise de 1929 e o estopim da Segunda Guerra Mundial em toda a América Latina.

Nas três décadas seguintes, a sua atuação na vida política uruguaia tornou-se intermitente, fundamentalmente com o fim do governo ditatorial, em 1942, e com a ascensão do governo de Luis Batlle Berres, entre 1947 e 1951, que impulsionou o chamado neobatllismo. Batlle Berres fora opositor ao golpe dos terristas e se exilou em Buenos Aires com a família. Retornou ao Uruguai e assumiu a presidência da Câmara dos Deputados, entre 1943 e 1945.[81] Durante o seu mandato reformou-se a Constituição de 1942, que havia substituído a de 1934, com a retomada da divisão do poder executivo em duas instituições: o presidente da república, de um lado, e o Conselho Nacional de Governo, do outro, composto por nove membros eleitos. Consistia na retomada dos pressupostos antipersonalistas que haviam motivado a adoção do sistema colegiado anteriormente, entre 1916 e 1933.[82]

Se, de um lado, o cenário político mostrava-se pouco favorável para Antuña, de outro, ele continuou a publicar algumas obras

---

80 ANTUÑA, José G. *El nuevo acento*. Montevideo/Buenos Aires: Sociedad Amigos del Libro Rioplatense, 1935, p. 41.

81 Para uma análise inicial da primeira restauração democrática no Uruguai, ver FREGA, Ana; MARONNA, Mónica; TROCHON, Yvette. *Baldomir y la restauración democrática (1938-1946)*. Montevideo: Ediciones de la Banda Oriental, 1987.

82 Cf. D'ELÍA, Germán. *El Uruguay neo-batllista (1946-1958)*. Montevideo: Ediciones de la Banda Oriental, 1987. O Conselho Nacional de Governo ficou em vigor entre 1952 e 1967.

importantes, como o livro de poesias *Cantos de Atlántida y del mar* (1940), os ensaios *Incienso y Bronce* (1943) e *Un caudillo. El General Fructuoso Rivera* (1948), além do mais amplo estudo realizado sobre *Ariel* de que temos conhecimento, *Un panorama del espíritu. El "Ariel" de Rodó* (1952). Este livro foi escrito durante as comemorações dos 50 anos de publicação do ensaio de Rodó e, em 1969, foi republicado por uma empreitada editorial governamental, denominada Biblioteca Artigas – Colección de clásicos nacionales, que buscava levar ao público, de maneira mais efetiva e acessível algumas das principais obras publicadas no país, segundo a comissão organizadora.

Antuña foi convidado por essa empresa editorial para escrever o prólogo dos três tomos da compilação de conferências e discursos de Juan Zorrilla de San Martín (1855-1931), personagem que havia percorrido o mundo das letras e também da política nacional desde as últimas décadas do século XIX, e que era conhecido como o poeta da pátria, cujas três principais obras, *La leyenda patria* (1879), *Tabaré* (1888) e *La epopeya de Artigas* (1910), focalizavam distintos aspectos e personagens da formação da nação uruguaia:

> Da profunda unção de seu credo está recheada sua obra e sua vida. Mas pelas imaculadas atitudes públicas do crédulo ascendia à torre de sua inspiração. Toda a sua obra ilumina-se do resplendor de uma palavra arrancada aos arcanos de sua fé.
>
> Zorrilla honrou ao espírito, à beleza, à virtude e à sagrada influência da inteligência, isto é, à poesia mesma da divina poesia. Não passará enquanto dure a pátria, sua paisagem e sua história.[83]

---

83 ANTUÑA, José G. Juan Zorrilla de San Martín, El tribuno. In: ZORRILLA DE SAN MARTÍN, Juan. *Conferencias y discursos*. Tomo I. Montevideo: Biblioteca Artigas – Colección de Clásicos Uruguayos, 1965, p. XIV.

Antes, porém, sua carreira intelectual fora finalmente condecorada ao ser eleito para ocupar uma cadeira da Academia Nacional de Letras em abril de 1959, um ano antes de Emilio Frugoni, que a acatou ao contrário do líder socialista.[84] Também durante a década de 1960, o autor continuou a participar de congressos sobre temas da cultura e linguística do mundo hispânico, além de escrever algumas obras sobre crítica cultural, como a interpretação que faz sobre o caráter quixotesco da América Hispânica.[85]

Enfim, cabe destacar, como já mencionamos, que, com evidentes notas de vaidade, Antuña sempre recolheu – certamente selecionou – e também publicou em vários de seus livros comentários feitos por importantes intelectuais sobre suas obras precedentes.[86]

Carlos Quijano: a política por meio da escrita

Figura de maior projeção intelectual na arena nacional e latino-americana, Carlos Quijano já foi tema de vários bons trabalhos com respeito ao seu percurso de significativa atuação como agitador cultural e político, durante quase setenta anos de combate pela edificação do Uruguai moderno. Ainda sexagenário, Quijano começou a ser reconhecido como tal e também como guia intelectual das gerações que se formaram no país, entre 1939 e 1969. Um dos primeiros estudos mais sugestivos acerca de seu desempenho foi publicado na já mencionada *Antología del ensayo uruguayo contemporáneo*, escrita por Real de Azúa.[87]

---

84 Cf. http://www.mec.gub.uy/academiadeletras/Oc_Sill.htm. Acesso em 27/jan./2007.

85 ANTUÑA, José G. *Cervantes y el Quijote en tierras de América*. Madri: s/e, 1960.

86 Antuña sentiu a necessidade de argumentar, ao ser homenageado após a premiação de *El nuevo acento*, que "ninguém que me conheça poderá suspeitar de mim a mais remota porção de vaidade". Cf. ANTUÑA, José G. Pequeña historia de una vocación. In: *El inquieto horizonte*. Montevideo: Talleres Gráficos Institutos Penales, 1937, p. 11.

87 Ver REAL DE AZÚA, Carlos. *Antología del ensayo uruguayo contemporáneo*. Tomo II. Montevideo: Universidad de la República, Departamento de Publicaciones,

Dois anos depois, 1966, o crítico Emir Rodríguez Monegal, ao publicar um estudo sobre a literatura uruguaia dos últimos vinte e cinco anos, realçou o papel de Quijano como regente de uma orquestra que criou novos acordes e experimentou novos ritmos, da qual o próprio Rodríguez Monegal havia sido um componente ativo, apesar de se distanciar daquele grupo durante os anos 1960.[88]

Para completar uma das tríades mais fecundas e aguerridas do campo cultural uruguaio nas décadas de 1960 e 1970, Ángel Rama escreveu no início dos inquietantes anos 1970 um texto em que reivindicava a paternidade de Quijano a respeito da formação da "geração crítica" uruguaia.[89] Além disso, ao se exilar na Venezuela e trabalhar para a Biblioteca Ayacucho, em 1976, buscou ampliar o alcance do magistério de Quijano para toda a América Latina.[90]

Essas peças fundamentais, escritas por intelectuais que trabalharam com Quijano no semanário *Marcha*, concertaram o seu reconhecimento como uma das figuras sobressalentes do painel político-intelectual uruguaio, em um período de crescente deterioração do diálogo entre os distintos setores da sociedade nacional, devido às medidas coercitivas adotadas por grupos conservadores colorados, já na segunda metade dos anos 1960, os quais antecederam a ditadura civil-militar instaurada em 1973.

A partir de meados dos anos 1980, outros autores, vinculados ou não aos projetos editoriais dirigidos por Quijano, volveram seus olhares para a sua dinâmica atuação na "cidade das letras". Em 1984, Hugo

---

1964, p. 319-358.

88 RODRÍGUEZ MONEGAL, Emir. *Literatura uruguaya de medio siglo*. Montevideo: Alfa, 1966.

89 RAMA, Ángel. La generación crítica. In: BENVENUTO, Luis (org.). *Uruguay hoy*. Buenos Aires: Siglo XXI, 1971, p. 325-402.

90 *Idem*. Carlos Quijano, maestro americano. In: *Cultura, personalidades, mensajes*. Montevideo: Cámara de Representantes, 1992, p. 31-33. Originalmente publicado em *El Nacional*, Caracas, 13 dez. 1976.

Alfaro publicou um propositivo e em alguns momentos intimista ensaio biográfico sobre Quijano e o semanário *Marcha*, mas, por outro lado, dedicou a maior parte de sua análise para a crise da democracia uruguaia dos anos 1970.[91]

Quase simultaneamente, os historiadores Gerardo Caetano e José Pedro Rilla publicaram, pela mesma editora, o mais cuidadoso e completo trabalho a respeito da formação intelectual e política de Quijano, durante seus primeiros trinta e três anos, destacando que sua "vasta trajetória percorre – e identifica – praticamente todas as peripécias históricas do Uruguai contemporâneo".[92] Referência imprescindível para qualquer estudioso de Quijano, o trabalho publicado pela frutífera dupla de historiadores foi desenvolvido ao longo do processo de reabertura democrática no final da última ditadura oriental – de 1973 a 1985, que sufocara senão a produção pelo menos a publicação da crítica e historiografia no cenário nacional.

Logo após a edição de tal obra, o crítico cultural e docente Pablo Rocca iniciou a pesquisa sobre o papel capital de Quijano na criação de *Marcha*, que se tornou um dos principais veículos de discussão cultural uruguaia e hispano-americana, e que desempenhou um papel crucial na formação dos mais expressivos intelectuais do Uruguai de meados do século XX.[93]

Também na segunda metade da década de 1980, Caetano, Rilla, Ardao, entre outros historiadores, trabalharam em conjunto com alguns familiares de Quijano, sob o amparo da Câmara de Representantes, com o objetivo de compilar e selecionar grande parte dos textos publicados por Quijano. Parte dos prólogos foi escrita

---

91 ALFARO, Hugo R. *Navegar es necesario. Quijano y el semanario "Marcha"*. Montevideo: Ediciones de la Banda Oriental, 1984.

92 CAETANO, Gerardo; RILLA, José Pedro. *El joven Quijano (1900-1933). Izquierda nacional y conciencia crítica*. Montevideo: Ediciones de la Banda Oriental, 1986, p. 9.

93 ROCCA, Pablo. *35 años en* Marcha. *Crítica y literatura en* Marcha *y en el Uruguay: 1939-1974*. Montevideo: IMM-División Cultura, 1992.

por Ardao, parceiro de jornada de Quijano desde os anos 1930 em seus empreendimentos editoriais, os quais nos permitem visualizar as principais inquietações que os aproximaram em suas trajetórias.[94] Além disso, possibilitam-nos, por outro lado, observar o reconhecimento de Ardao do papel desempenhado por Quijano como orientador intelectual de toda uma geração que sempre se viu envolvida com a necessidade de pensar e propor novos caminhos para o Uruguai e, por que não, para as demais nações latino-americanas.

Finalmente, antes de terminar essa extensa e necessária reflexão a respeito da reiterada visita de significativos intérpretes uruguaios nos campos lavrados por Quijano e tentar suscitar outros olhares acerca de sua trajetória, entrecruzada com a de *Acción* e *Marcha*, gostaríamos de destacar que mais recentemente três estimulantes obras trouxeram novas aproximações de sua trajetória como um dos principais artífices dos círculos culturais e políticos uruguaios do século XX.

Luisa Peirano Basso, por um lado, enfocou, acima de tudo, a primeira fase da publicação de *Cuadernos de Marcha*, entre 1967 e 1974, que fazia parte de um plano de ampliação editorial do semanário *Marcha* e tinha como proposta tratar alguns temas de maneira mais profunda, como veremos no próximo capítulo.[95]

Por outro, os textos compilados pelos pesquisadores uruguaios Horacio Machin e Mabel Moraña[96] revelam um panorama muito rico sobre o semanário e alguns de seus personagens mais brilhantes, com cuidadosas e fundamentadas pesquisas a partir da leitura das princi-

---

94 ARDAO, Arturo. Prólogo. In: *América Latina, una nación de Repúblicas*. Montevideo: Cámara de Representantes, 1989, p. XVII-XLI; *Idem*. Introducción general. In: *Los golpes de Estado (1933-1942)*. Montevideo: Cámara de Representantes, 1989, p. XVII-XLV.

95 PEIRANO BASSO, Luisa. *Marcha de Montevideo y la formación de la conciencia latinoamericana a través de sus cuadernos*. Buenos Aires: Javier Vega, 2001.

96 MACHIN, Horacio; MORAÑA, Mabel (eds.). *Marcha y América Latina*. Pittsburgh: Instituto Internacional de Literatura Iberoamericana/Universidad de Pittsburgh, 2003.

pais fontes, além de alguns testemunhos e entrevistas não menos instigantes. Mais recentemente, Ximena Espeche também tem dedicado atenção ao lugar de *Marcha*, principalmente no cenário intelectual e literário uruguaio, como habitualmente ocorre com os estudiosos sobre o tema.[97]

Caçula entre os três intelectuais enfocados, Carlos Quijano (21/03/1900-10/06/1984) cresceu em um cenário nacional marcado pelo "impulso" batllista das duas primeiras décadas do século XX, seguido do "freio" ou congelamento das reformas políticas, sociais e econômicas no final da década de 1910, após a reorganização e definição de interesses comuns entre as forças conservadoras coloradas e *blancas* contra o reformismo, visto como perigoso e ameaçador.

Aos 17 anos, o jovem Quijano já demonstrava uma inclinação para a crítica literária, corroborada e exercida de 1918 a 1923, ao lecionar literatura no ensino secundário, que se encontrava vinculado à Universidade da República (UDELAR), paralelamente aos seus estudos em Direito pela mesma universidade. Ativo participante de movimentos estudantis em sua juventude, Quijano, entre outros estudantes, arquitetou a criação do Centro de Estudiantes Ariel, em 1917. Dois anos depois, ancorados no discurso rodoniano e na Reforma Universitária hispano-americana,[98] começaram a publicar sua revista, que esteve sob a direção de Quijano, de 1919 a 1924.

---

97 ESPECHE, Ximena. *Marcha* del Uruguay: hacia América Latina por el Río de la Plata. In: ALTAMIRANO, Carlos (dir.). *Historia de los intelectuales en América Latina. Los avatares de la "ciudad letrada" en el siglo* XX. Buenos Aires: Katz Editores, 2010, p. 211-234.

98 A Reforma Universitária iniciada na cidade argentina de Córdoba criticou o poder das oligarquias argentinas e latino-americanas e reivindicou a democratização e modernização do ensino universitário, com a maior participação dos estudantes na sua direção e renovação dos conteúdos ministrados. Além disso, a Reforma Universitária de 1918 propunha a aproximação entre os estudantes latino-americanos e foi responsável pela elaboração de um significativo discurso anti-imperialista. Cf. PORTANTIERO, Juan Carlos. *Estudiantes y política en América Latina. El proceso de la reforma universitaria (1918-1938)*. México: Siglo XXI, 1978; BUCHBINDER, Pablo. *¿Revolución en los claustros?*:

Para Gerardo Caetano e José Rilla, ao compará-lo aos círculos ateneístas do século XIX, "mais do que um núcleo de índole gremial, era o *Centro Ariel* um cenáculo cultural e literário, integrado como se pode apreciar, por vários membros da juventude dourada montevideana".[99]

Responsável pela redação do programa de tal agremiação estudantil e de sua revista, o então jovem intelectual começou a imprimir em suas páginas interpretações com tintas arielistas, que se matizaram posteriormente quando passaram a ser revisadas e criticadas sob sua própria pena. Além disso, o seu programa convocava os jovens à ação, que jamais foi colocada em segundo plano durante todo o seu itinerário: "somos idealistas, confiamos no poder da vontade, pedimos ação, move-nos o otimismo e defenderemos um conceito de pátria que, sem perder a cor local, possa se fundir no amplo conceito de América".[100]

A *Revista Ariel* continuou a ser editada por mais de 11 anos e, em fevereiro e março de 1920, publicou dois números em homenagem a Rodó, com contribuições de diversos intelectuais, que haviam participado anteriormente da recepção dos restos mortais do *maestro*, dentre os quais o seu colega de juventude José Antuña.

A década de 20 foi bastante fecunda para o jovem estudante. Premiado com uma bolsa de estudos, por seu destacado desempenho discente, viajou a Paris para estudar economia e ciência política na Sorbonne, de meados de 1924 a princípios de 1928, onde conheceu diversos estudantes e renomados intelectuais hispano-americanos e europeus. Além disso, continuou a participar de movimentos e agrupações universitárias e escreveu copiosamente para o diário montevideano *El País*, que estava vinculado aos grupos reformistas do Partido

---

La Reforma Universitaria de 1918. Buenos Aires: Sudamericana, 2008; ODDONE, Juan A.; PARÍS, Blanca. *La universidad uruguaya del militarismo a la crisis, 1885-1958*. Tomo II. Montevideo: Universidad de la República, 1971, p. 108-118.

99 CAETANO, Gerardo; RILLA, José. *El joven Quijano (1900-1933). Izquierda nacional y conciencia crítica*. Montevideo: EBO, 1986, p. 21.

100 QUIJANO, Carlos. Programa. *Revista Ariel*. Montevideo, ano I, nº 12, 1920, p. 4.

Nacional, e para o argentino *La Nación*, uma vez que também viajara como correspondente desses importantes jornais.

Na capital francesa, participou, ao lado de outros destacados jovens intelectuais oriundos, acima de tudo, da América Hispânica, da fundação da Asociación General de Estudiantes Latinoamericanos de Paris (AGELA),[101] em 1925, que, segundo Quijano, tinha um duplo papel de assessorar a vida dos estudantes da América Latina na capital francesa, ao mesmo tempo em que os incentivava a estudar a realidade latino-americana, como os desdobramentos da Revolução Mexicana, as ações norte-americanas na América Central e no Caribe, além das nem sempre amistosas relações entre os países da região.[102]

Pouco tempo depois de sua fundação, a AGELA promoveu um ato de apoio ao governo mexicano de Plutarco Elías Calles contra os Estados Unidos, do qual participaram jovens e renomados intelectuais, tais como Victor Raúl Haya de la Torre, Francisco García Calderón, José Ingenieros e Miguel de Unamuno. Todos discursaram a favor do México e Quijano aprovou o ensaio de reforma agrária que marcava o ritmo da marcha pós-revolucionária, além de classificar a Revolução Mexicana como socialista e criticar o imperialismo norte-americano.[103]

Tamanha manifestação de apoio rendeu-lhe – e ao argentino Ingenieros – um convite oficial para visitar o país latino-americano.[104]

---

101 Sobre a AGELA, ver TARACENA, A. La Asociación de Estudiantes Latinoamericanos de París (1925-1933). *Anuario de Estudios Centroamericanos*, San José, Universidad de Costa Rica, 1989, p. 61-80.

102 QUIJANO, Carlos. La Asociación General de Estudiantes Latinoamericanos en París. Su obra y su programa. In: *América Latina, una nación de Repúblicas*. Montevideo: Câmara de Representantes, 1989, p. 21-26. Publicado originalmente em *El País*, 4 de maio de 1927.

103 *Idem*. ¿Existe un imperialismo yanqui?. In: *América Latina, una nación de Repúblicas*. Montevideo: Câmara de Representantes, 1989, p. 11-19 (*El País*, 13 de agosto de 1925).

104 Cabe ressaltar que os governos mexicanos, a partir da presidência de Venustiano Carranza, em 1914, se empenharam em difundir uma imagem positiva do país

Quijano e Ingenieros passaram duas semanas no México, onde, essencialmente, frequentaram os ambientes selecionados por seus anfitriões e escreveram posteriormente sobre o que testemunharam na viagem.

Quijano consolidou seu discurso latino-americanista e anti-imperialista, que sustentava desde suas primeiras páginas montevideanas, ao participar do Congresso Anti-imperialista celebrado em Bruxelas, em 1927, com a participação de intelectuais comprometidos com as lutas políticas do período, como Henri Barbusse, Romain Rolland, Albert Einstein e José Vasconcelos, entre outros. Durante o congresso, Quijano envolveu-se em desentendimentos com os peruanos Haya de la Torre e Luis Alberto Sánchez, ao debater sobre as reais possibilidades das democracias, a formação cultural latino-americana e a inserção da América Latina no concerto internacional das nações.[105]

No ano seguinte, com a publicação pela própria AGELA, em 1928, de *Nicaragua, ensayo sobre el imperialismo de los Estados Unidos*, às vésperas de sua viagem à Havana, onde participou de manifestações que criticavam a VI Conferência Pan-americana, Quijano, ancorado em seus estudos de economia política, elaborou robustas críticas às ações norte-americanas no país centro-americano.[106]

De regresso a Montevidéu, exerceu seu único mandato parlamentar até começos de 1932, pelo Partido Nacional, quando iniciou

---

setentrional e buscaram o apoio dos intelectuais. Cf. YANKELEVICH, Pablo. En la retaguardia de la Revolución Mexicana. Propaganda y propagandistas mexicanos en América Latina: 1914-1920. *Boletín Americanista*, Barcelona, nº 49, 1999, p. 245-278. Ver também: *Idem*. Las campañas pro México: estrategias publicitarias mexicanas en América Latina (1916-1922). *Cuadernos Americanos. Nueva Época*, ano IX, vol. 1, 49, jan.-fev. 1995, p. 79-95.

105 CAETANO, Gerardo; RILLA, José. *El joven Quijano (1900-1933). Izquierda nacional y conciencia crítica*. Montevideo: Ediciones de la Banda Oriental, 1986, p. 186-187.

106 QUIJANO, Carlos. *Nicaragua. Ensayo sobre el imperialismo de los Estados Unidos*. Paris: Agencia Mundial de Librería, 1928. O texto foi original e gradualmente publicado em *El País* durante 1927.

sua árdua e muito criticada batalha a favor da reforma do tradicional partido, que era visto como a principal agrupação conservadora do Uruguai. Para esse fim, liderou a fundação da Agrupación Nacionalista Demócrata Social (ANDS), em 1928, cujo programa se orientava pela defesa da consolidação da democracia política e social no país, reforma agrária e anti-imperialismo. Dessa forma, Quijano e a ANDS trilhavam caminhos convergentes ao *Radicalismo Blanco*, liderado por Lorenzo Carnelli, e ao *Nacionalismo Independiente*, liderado por Martín Martínez e Washington Beltrán, que discrepavam acerca das principais orientações do Partido Nacional, notadamente de seu projeto de modernização mais seletiva e autorregulada.

Antes da ANDS e do *Nacionalismo Independiente*, o *Radicalismo Blanco* procurava reorientar os pressupostos do Partido Nacional, que estava composto por diversos agrupamentos heterogêneos. Os três setores divergentes buscavam ressaltar as origens oficiais do partido, fundado nos inícios da década de 1870 e criticavam setores conhecidos como principistas ao poder institucionalizado e algumas vezes militarizado dos colorados, bem como reprovavam as práticas clientelísticas de coparticipação e suborno (*cohecho*) entre os dois partidos tradicionais. Os principistas entraram em cena, entre 1870 e 1872, no contexto do final da *Revolución de las Lanzas*, com a chamada Paz de Abril, em que setores *blancos* reclamavam participação política no país. Formado por um grupo heterogêneo de jovens intelectuais *blancos* e colorados, oriundos do ambiente urbano, o grupo reivindicava a adoção de princípios na prática política, ancorados na tentativa de construção de uma democracia representativa liberal, amparada no respeito à Constituição de 1830 e à legalidade, bem como o fim de disputas caudilhistas no Uruguai.[107] Entretanto, sofreram represálias e seguiram rumos bastante distintos. Entre seus representantes estavam José Pedro Varela, que assumiu a direção da Instrução Pública,

---

107 CAETANO, Gerado; RILLA, José. *Historia contemporánea del Uruguay. De la colonia al Mercosur.* Montevideo: Editorial Fin de Siglo, 1994, p. 55-56.

durante o governo ditatorial do colorado Lorenzo Latorre, entre 1876 e 1879, e aprovou a lei de ensino gratuito, laico e obrigatório, e Julio Herrera y Obes, que se tornou presidente do país em 1890, também pelo Partido Colorado.

Já na passagem das décadas de 1910 para 1920, alguns agrupamentos nacionalistas buscaram revisar o legado dos principistas na tentativa de criticar o regime de coparticipação entre o Partido Colorado e o Partido Nacional no Conselho Nacional de Admistração do Colegiado, que existiu entre 1916 e 1933, e de propor um caráter reformista e antipersonalista ao partido. Nesse contexto foi criado o *Radicalismo Blanco*, em 1921, por Lorenzo Carnelli, mas que foi expulso pela direção nucleada em torno de Luis Alberto Herrera, em 1925, quando liderou a criação do Partido Blanco Radical.[108]

Para Caetano e Rilla, Quijano se encaminhou lentamente para o Partido Nacional, que então abrigava em seu seio alguns setores importantes de orientação esquerdista, como vimos, devido aos laços de amizade que mantinha com alguns de seus membros, como Washington Beltrán, um dos diretores do diário *El País*, fundado em 1918, que foi morto durante um duelo com o ex-presidente Batlle y Ordóñez em 1920.[109]

Finalmente, como destacaram uma vez mais Caetano e Rilla, havia uma dose de "possibilismo" na aproximação de Quijano – e dos demais fundadores da ANDS – a Lorenzo Carnelli e ao Partido Nacional, pois poderiam canalizar suas inquietações para reformá-lo, já que no clima eleitoral de 1921 emanava uma grande confiança na

---

108 ZUBILLAGA, Carlos. *Las disidencias del tradicionalismo. El Radicalismo Blanco.* Montevideo: ARCA/CLAEH, 1978; PÉREZ SPARANO, Juan Antonio. El cisma. Refundación blanca y reacción nacionalista. In: *Una historia secreta: ni blancos todos, ni nacionalistas todos.* Montevideo: La República, 2008, p. 95-123.

109 Cf. CAETANO, Gerardo; RILLA, José. *El joven Quijano (1900-1933). Izquierda nacional y conciencia crítica.* Montevideo: Ediciones de la Banda Oriental, 1986, p. 72-76, 206-207.

vitória iminente. Era a oportunidade de derrotar os colorados, que presidiam o executivo nacional desde 1865.[110]

Quijano e a ANDS receberam diversas críticas a respeito de sua tentativa de promover a transformação do Partido Nacional e tiveram que arquitetar constantes respostas e justificativas de suas intenções, desde os começos dos anos 30 até a vitória dos *blancos* nas eleições presidenciais de 1958, em dolorosos reconhecimentos do esforço em vão realizados anteriormente.

Com a publicação do jornal *El Nacional*, entre agosto de 1930 e novembro de 1931, Quijano retomou sua duradoura e importante trajetória como diretor de significativas publicações periódicas e, além disso, como agitador cultural e político, que foi cimentada durante a direção dos semanários *Acción* (1932-1939) e *Marcha* (1939-1974).

Segundo o testemunho de Hugo Alfaro, seu companheiro na feitura do semanário *Marcha*, Quijano foi "um apaixonado pelo murmúrio dos linotipos" e jamais abandonou a vida jornalística, desde que fundou o diário *El Nacional*, tornando-se um mestre das novas gerações.[111] A sua trajetória passou a se confundir, desde os anos 1930, com a de seus empreendimentos periódicos, mas não se limitava a eles.

Já a vida política de Quijano, no que tange à participação direta nos quadros partidários, teve um fim precoce na década de 30, pois o candidato a deputado não conseguiu se reeleger nas eleições de final de 1931 e tampouco obteve êxito em duas outras eleições posteriores pela ANDS em 1946 e 1950.

Como veremos com mais detalhes posteriormente, Frugoni censurou a filiação de Quijano ao Partido Nacional e asseverou que a sua reforma era infrutífera. A poeta, pedagoga e crítica literária Luisa Luisi concordou com Frugoni e enviou uma carta a Quijano publicada em *Acción*, em que aprovou a defesa da democracia uruguaia

110 *Ibidem*, p. 37.

111 ALFARO, Hugo. *Navegar es necesario. Quijano y el semanario* Marcha. Montevideo: Ediciones de la Banda Oriental, 1984, p. 9.

sustentada por Quijano. Por outro lado, deixou evidente a sua opinião a respeito da vinculação de Quijano com os *blancos*:

> Se seu grupo, Dr. Quijano, tivesse concorrido às eleições com um lema puramente esquerdista, estou convencida de que haveria acrescentado seus contingentes em uma proporção que lhe surpreenderia. O fato de que seus votos fossem somar com os da parte mais conservadora e direitista de seu partido retirou-lhe a maior parte da eficácia de sua prédica, tão elevada e nobre, tão em harmonia com minhas próprias ideias e de muitos que pensam como eu.[112]

Luisi enviava essa carta após o golpe de 1933, quando os denominados herreristas do Partido Nacional haviam se articulado às facções terrista e riverista do Partido Colorado para a sua concretização, o que também sinalizava que os projetos dos grupos conservadores colorados e nacionalistas não eram muito discrepantes entre si. Já os grupos opositores – ANDS, Partido Radical Blanco, Nacionalismo Independente, Batllistas, socialistas e comunistas – não conseguiram realizar alianças mais duradouras na luta contra a ditadura.

Ao longo de todo o seu percurso como líder da ANDS, Quijano teve que justificar sua vinculação ao Partido Nacional e ao Nacionalismo Independente, ao mesmo tempo em que defendia ideários esquerdistas e inclusive conclamava pelas páginas de *Acción* a formação de uma Frente Popular no Uruguai, inspirada nos exemplos da França, Espanha e Chile.[113]

---

112 Cf. Una carta de Luisa Luisi. *Acción*, Montevideo, ano II, nº 54, 16 de set. 1933, p. 1.

113 Ao abordar as eleições internas do Nacionalismo Independente, Quijano assinalava o seguinte: "Enquanto o herrerismo, reacionário e fascistizante naufraga no desprestígio, o Nacionalismo Independente dará mostras de sua vitalidade em uma luta de tendências cordial e democrática". Cf. Las elecciones del Nacionalismo Independiente. *Marcha*, Montevideo, ano I, nº 20, 3 nov. 1939, p. 5.

Marcha publicou, em 1950, o fragmento de um discurso proferido por Quijano em 1946, pelo qual reivindicava que fazer política significava ir além dos quadros partidários e das eleições, acima de tudo, pelo estudo dos problemas nacionais e pela edificação de projetos adequados para o país. Além disso, Quijano assinalou porque continuava vinculado ao nacionalismo:

> Nacionalistas enquanto constituímos a força mais categórica e permanente orientação anti-imperialista que atua no país. Enquanto estamos atados através do turbilhão das horas ao federalismo artiguista. Enquanto somos os inimigos, não mais os adversários, dos antipátria articulados ao estrangeiro e dos intervencionistas, que se queira ou não são a rediviva encarnação daqueles que trouxeram as invasões portuguesas, traíram a Artigas e se curvaram ao conquistador lusitano. Daqueles que mais tarde andaram com os chapéus na mão pelas chancelarias europeias requisitando o protetorado francês ou inglês para os nossos povos. Daqueles que mais próximos dos dias atuais marcharam nos flancos dos invasores do Paraguai depois de ter entrado nos flancos dos invasores na pátria.[114]

Durante todo esse período, Quijano trilhou outros caminhos da esfera política, ao fincar raízes no jornalismo e na crítica para repensar todo o quadro político, econômico, social e cultural do Uruguai, propondo novas direções para a edificação de uma nação que, a seu ver, possuía alicerces frágeis e excessivamente condicionados pelo concerto internacional, que havia mostrado a fragilidade de sua proclamada democracia e institucionalidade.

Paralelamente às atividades jornalísticas, assim como Frugoni, foi professor na faculdade onde se graduou, nas disciplinas de Finanças e Economia Política, entre 1932 e 1936, além de pesquisador

114 Decía Carlos Quijano hace cuatro años (Fragmento de un discurso de Carlos Quijano en noviembre de 1946). *Marcha*, Montevideo, ano XII, nº 547, 6 set. 1950, p. 3.

da Faculdade de Ciências Econômicas e Administração, onde orientou diversos estudantes em pesquisas acadêmicas.[115]

No entanto, Quijano afastou-se da vida acadêmica no final de 1936. Continuou como diretor de *Acción* e passou a ensaiar o empreendimento de *Marcha*, ao lado de, entre outros intelectuais, Arturo Ardao e Júlio Castro. Segundo Ángel Rama[116] e Pablo Rocca,[117] *Marcha* promoveu a reestruturação do cenário cultural e intelectual do Uruguai, a partir de 1939. Seus membros, capitaneados por seu principal arquiteto, foram responsáveis pela formação da *generación crítica*, também denominada de *generación de Marcha*, segundo a proposta de Rama, ou *generación del '45*, como queria Rodríguez Monegal, em referência à sua direção das páginas culturais de *Marcha*.

De 1939 a 1974, as 1676 edições do semanário, publicadas às sextas-feiras, foram escritas pelos personagens mais renomados dos círculos intelectuais uruguaios, como, entre outros, os escritores Juan Carlos Onetti e Mario Benedetti, os críticos literários Ángel Rama e Emir Rodríguez Monegal, os historiadores Arturo Ardao, Carlos Real de Azúa e Juan E. Pivel Devoto, o pintor Joaquín Torres García, além do pedagogo Julio Castro e do próprio Quijano.

Marcha era vendida em Montevidéu, Buenos Aires, Paris e em outras cidades americanas e europeias, principalmente a partir do final dos anos 1950. Segundo Luisa Peirano Basso, baseando-se em dados fornecidos por Hugo Alfaro, as tiragens do semanário giravam em torno de 30.000 exemplares na década de 1970 e o seu provável número de leitores ascendia à cifra de 120.000 por semana.[118]

---

115 SCARONE, Arturo. *Uruguayos contemporáneos. Nuevo diccionario de datos biográficos y bibliográficos*. Montevideo: Barreiro y Ramos, 1937, p. 401-402.

116 RAMA, Ángel. La generación crítica (1939-1969). In: BENVENUTO, Luis Carlos (org.). *Uruguay hoy*. Buenos Aires: Siglo XXI, 1971, p. 323-402.

117 ROCCA, Pablo. *35 años en Marcha. Crítica y literatura en* Marcha *y en el Uruguay: 1939-1974*. Montevideo: IMM-División Cultura, 1992.

118 PEIRANO BASSO, Luisa. *Marcha de Montevideo y la formación de la conciencia latinoamericana a través de sus cuadernos*. Buenos Aires: Javier Vega, 2001, p. 39.

Os seus editoriais – porta de entrada para a leitura do semanário – eram geralmente escritos por Quijano que, de maneira bastante assídua, visitou os temas referentes ao Uruguai e à América Latina. Em grande parte dos exemplares, Quijano empunhou sua pluma para levar aos seus leitores artigos ensaísticos que os colocavam a par das discussões mais efervescentes do cenário nacional, latino-americano e mundial.

Sobre o seu estilo narrativo, pode-se argumentar, com Real de Azúa, que Quijano escreveu simultaneamente diversas obras nos editoriais de *Acción* e *Marcha* e elaborou uma maneira bastante singular e fecunda para expressar seu ideário:

> Quijano foi adestrando a ferramenta de um estilo expositivo sem par entre nós, "jornalístico" pelo estrito ajuste funcional, mas "ensaístico" em sua medula pela liberdade, invenção e o acento pessoal que o normatiza, e finalmente "literário" pelo seu sustentado nível de excelência.[119]

Dentre os seus temas preferidos, os projetos de integração continental ou regional receberam especial atenção, alicerçados em suas preocupações sobre como promover o fortalecimento da economia uruguaia em conjunto com a de outros países latino-americanos, essencialmente ao recomendar a aproximação entre o Uruguai e a Argentina para formar um bloco conjunto com maior poder de negociação no mercado internacional.

Poderíamos enumerar vários textos em que o redator-chefe de *Marcha* dirigiu seu olhar para tal tema, mas certamente nenhum deles seria tão elucidativo como a série de editoriais publicados no semanário, entre maio e junho de 1941, intitulada *Proposiciones para fundar una política internacional*. Ao reafirmar seu diagnóstico sobre o Uruguai, Quijano destacava o seguinte:

---

119 REAL DE AZÚA, Carlos. Carlos Quijano (1900). In: *Antología del ensayo uruguayo contemporáneo*. Tomo II. Montevideo: Universidad de la República, 1964, p. 320.

> O país não somente carece de uma política internacional. Carece também – e é talvez mais grave – de consciência dos problemas internacionais. Não possui tradição a respeito disso, carece de técnicos, de informações e de educação. É uma terra virgem, sujeita a arrebates e a improvisações.[120]

Vale destacar que pouco tempo depois, em 1944, Quijano publicaria uma extensa obra por meio da qual desaprovava os doze anos anteriores da política exterior do Uruguai, que, no seu entender, estava viciada "por ilegalidades flagrantes e por não menos flagrantes inconstitucionalidades". Além disso, agregava que o país havia tolerado tudo isso, por um lado, "porque as agitações da crise que o atormentavam levaram-no a buscar amparo na primeira oferta que estava à mão", por outro, porque havia no ar uma "pasmosa perda de consciência da legalidade que nos aflige".[121] Quijano se referia ao período aberto pelo governo eleito de Gabriel Terra, em 1931, sucedido pela ditadura iniciada pelo próprio Terra (1933-1938), por seu sucessor Alfredo Baldomir (1938-1942) e pelos primeiros anos do retorno da "democracia", presidido pelo também colorado Juan José de Amézaga.

Fruto de sua formação intelectual em direito e em economia política, do magistério na Faculdade de Ciências Econômicas e do fundamentado e cuidadoso estudo a respeito da economia uruguaia, Quijano desempenhou cargos em instituições econômicas, como a de diretor do Banco Internacional de Reconstrução e Fomento, a partir de 1947, além de ser um dos juristas mais importantes na especialização financeira e cambiária.[122]

---

120 QUIJANO, Carlos. Proposiciones para fundar una política internacional. *Marcha*, Montevideo, ano III, nº 99, 06 jun. 1941, p. 5.

121 *Idem*. *Evolución del Contralor de Cambios en el Uruguay. Un estudio de legislación positiva*. Montevideo: s/e, 1944, p. 323-324.

122 REAL DE AZÚA, Carlos. Carlos Quijano. In: *Antología del ensayo uruguayo contemporáneo*. Tomo II. Montevideo: Universidad de la República, 1964, p. 322.

Quijano fincou raízes na preconização do latino-americanismo como política de integração do continente americano, criticou o pan-americanismo e as ações dos Estados Unidos na América Latina, mesmo durante a existência da política da boa vizinhança.

Ainda segundo Real de Azúa, que também integrou os quadros de *Marcha*, Quijano – a quem chamava de *Don Quijano de la Marcha* – sustentou um "nacionalismo popular latino-americanista, inclinado ao uso informal de um marxismo aberto e hostil a todo totalitarismo dogmático, anti-imperialista, neutralista e 'terceirista' nas contingências da vida internacional".[123]

Até o fechamento definitivo de *Marcha* pelo governo ditatorial, em 22 de novembro de 1974, Quijano atuou ativamente à frente do semanário que durante trinta e cinco anos promoveu indeléveis transformações na esfera cultural e política uruguaia, uma vez que por suas colunas passaram inúmeros personagens que, certamente, faziam parte de um dos círculos intelectuais mais expressivos do país.

Perseguido, partiu para o exílio em meados da década de 1970 e viveu no México até os últimos dias de sua vida, onde dirigiu a publicação da segunda fase de *Cuadernos de Marcha* e atuou como professor da UNAM.

Itinerários cotejados

Para ensejar uma concisa recapitulação comparativa entre Frugoni, Antuña e Quijano, devemos selecionar, em um primeiro momento, os critérios de que lançaremos mão para operá-la de maneira estruturada e elucidativa, ao longo de todo o texto que se segue. Nesse sentido, pensamos que essa comparação não pode se distanciar da análise das diferentes gerações em que se formaram e emergiram como homens públicos, seus trajetos políticos por diferentes

---

123 *Ibidem*, p. 319.

e adversários partidos e, principalmente, os grupos intelectuais aos quais se dirigiram ou, como em alguns casos, atuaram como "despertadores" ou como o "fermento das gerações seguintes", para usar as palavras de François Dosse.[124]

Dosse concorda em grande medida com Jean-François Sirinelli, particularmente ao insistir sobre a fecundidade e o caráter estruturante do marcador geracional e da sociabilidade intelectual como ferramentas para a interpretação desses personagens denominados de intelectuais.

Ainda que o texto escrito por Sirinelli mereça uma crítica a respeito de como o historiador francês estabelece uma determinada separação nem sempre palpável entre o intelectual criador e "mediador" cultural e o intelectual *engagée*, a indicação de que é necessário trabalhar com o mapeamento dos itinerários transitados pelos intelectuais, em diálogo com o conceito de geração e de sociabilidade, inspira boa parte do desenvolvimento da presente narrativa.[125]

Igualmente a produção bibliográfica de Helenice Rodrigues da Silva formula uma significativa contribuição para desviar a lupa do historiador de um tratamento inadequado em relação ao "pequeno mundo dos intelectuais", segundo a consagrada fórmula de Sartre, publicada após a morte de Camus, em janeiro de 1960. Concordamos com as críticas que a historiadora tece a respeito do modo como Sirinelli manuseia a noção de redes de sociabilidade, ao argumentar que não vai muito além de afirmar a sua existência e destacar que o seu estudo deve abarcar "as evoluções de posições [que] se processaram, dentro de quais configurações sociais, institucionais e culturais as solidariedades se constituíram".[126]

---

124 DOSSE, François. *La marcha de las ideas. Historia de los intelectuales, historia intelectual.* Valencia: PUV, 2007, p. 51.

125 SIRINELLI, Jean-François. Os intelectuais. In: RÉMOND, René (org.). *Por uma História Política.* Rio de Janeiro: Editora UFRJ, 1996, p. 231-269.

126 RODRIGUES DA SILVA, Helenice. A história intelectual em questão. In: LOPES, Marco Antônio. Apresentação. *Grandes nomes da história intelectual.* São Paulo:

Esta instigante argumentação é, para o bem do enriquecimento da atividade interpretativa, mais ampla e possui outros autores que não podem ser elididos. No centro da linha de fogo situa-se Pierre Bourdieu, com um arsenal nada desprezível, em defesa de uma sociologia da cultura e dos intelectuais.[127] Uma das principais contribuições de Bourdieu foi destacar a formação de verdadeiros campos de batalha durante o processo de constituição dos grupos intelectuais, que buscam impor o seu instrumental teórico-prático, "o poder simbólico", particularmente sobre os demais grupos em disputa por este poder e em geral sobre todo o conjunto da população.[128]

Coincidimos com a crítica de Dosse a Bordieu de que o campo intelectual não pode ser visto como "um campo de batalhas totalmente estruturado ao redor de estratégias conscientes, a partir das quais os intelectuais somente se reagrupariam por razões de reconhecimento, em proveito de legitimidade e tomada de poder". No centro da questão estaria a ideia de que os campos podem adquirir autonomia na definição de regras e *habitus* próprios, estruturados por meio de configurações que se autocontrolam.[129] A proposta de Dosse, que não nega a existência do cálculo e dos interesses conscientes nas relações entre os intelectuais, sustenta que o campo intelectual, mais do que um campo de batalhas, seria "um campo magnético muito composto e, além

---

Contexto, 2003, p. 22. Ver também: *Idem*. *Fragmentos da história intelectual: entre questionamentos e perspectivas*. Campinas: Papirus, 2002. Consultar, além disso, a obra de Sirinelli criticada pela historiadora brasileira: SIRINELLI, Jean-François. *Intellectuels et passions françaises. Manifestes et pétitions au XX*e *siècle*. Paris: Fayard, 1990.

127 Cf. BOURDIEU, Pierre. *Intelectuales, política y poder*. Buenos Aires: Eudeba, 1999.

128 *Idem*. *O poder simbólico*. 2.ª ed. Rio de Janeiro: Bertrand Brasil, 1998.

129 *Idem*. *As regras da arte: gênese e estrutura do campo literário*. São Paulo: Companhia das Letras, 1996.

disso, flutuante no tempo, o que exige um olhar de historiador"[130] – ou, de forma mais modesta, uma perspectiva histórica.

Qual era o tipo de intelectual que tomava corpo no Uruguai das três primeiras décadas do século XX? Tratava-se, de acordo com o modelo proposto por Julien Benda (1927),[131] de uma luta desinteressada pela verdade, justiça e razão? Como era possível defini-las de forma abstrata? Como definir uma vocação para o universal ou mesmo a própria natureza do que era considerado como tal? Anteriormente a Bourdieu, era possível a atuação do intelectual isento de suas paixões, crenças e valores?

Ante o espelho de Benda, os intelectuais uruguaios e latino-americanos projetariam-se com imagens bastante distorcidas e irreconhecíveis. Além disso, como realçou Patricia Funes, ainda não é possível falar em campo cultural e campo político definidos na América Latina durante os anos 1920, uma vez que "estão em um processo embrionário de organização", marcados por uma alta "porosidade e interpenetração entre ambos, o que não deixa de tensionar a análise e complicar, em outra direção, a consideração sobre o caráter 'intelectual' de algumas figuras".[132]

Em relação aos marcadores geracionais, Caetano e Rilla destacaram que "existe em nosso meio uma forte tradição de estudos sobre as gerações, em particular os referidos aos fenômenos culturais e 'ambientes' ideológicos". Ainda que se apresente como uma "categoria escorregadia", dentre outros, Carlos Real de Azúa e Ángel Rama – bem como Zum Felde e Rodríguez Monegal – foram extremamente sensíveis em delineá-las e apontar o repertório de "ideias

---

130 DOSSE, François. *La marcha de las ideas. Historia de los intelectuales, historia intelectual.* Valencia: PUV, 2007, p. 57.

131 BENDA, Julien. *A traição* dos *intelectuais* [1927]. São Paulo: Peixoto Neto, 2007.

132 FUNES, Patricia. *Salvar la nación: intelectuales, cultura y política en los años veinte latinoamericanos.* Buenos Aires: Prometeo, 2006, p. 65.

e crenças", a "*utillaje mental*" que permitiu a elaboração de suas distintas visões de mundo.[133]

Entre o nascimento de Frugoni, Antuña e Quijano transcorrem vinte anos que, em um primeiro momento, devem ser tomados em conta para a análise de algumas de suas principais inquietações e também para a maneira como interpretam a realidade nacional e continental.

Ainda que habitualmente os principais intérpretes da vida intelectual uruguaia inscreveram a Frugoni na famosa "geração dos novecentos", o intelectual socialista começou a produzir a parte mais substantiva de sua obra em prosa e em poesia a partir da segunda metade da década de 1910, período em que Antuña e Quijano davam os primeiros passos nesse sentido. Assim, as relações de Frugoni com tal geração devem ser matizadas, não obstante tenha participado com Rodó e Carlos Reyles do cenáculo colorado *Club Libertad*.[134]

É necessário também prestar maior atenção para os entretons do percurso e da obra de Antuña, que em taxonomia inflexível pode ser situado no ramo da geração de promoção do centenário, como assinalou seu amigo e intérprete, Alberto Zum Felde. O crítico uruguaio, contudo, criterioso em sua interpretação lembrou que o seu pensamento possuía uma clara filiação modernista e intelectualmente poderia ser inserido naquela geração que raiava com o nascimento do século XX.[135]

Por outro lado, Quijano nasceu com o século XX, adentrou a cena pública nos finais dos anos 1910 e tornou-se um dos principais porta-vozes de um discurso autorreferencial da geração que emergia na década do centenário oriental e também da maior parte das nações

---

133 CAETANO, Gerardo; RILLA, José. *Historia contemporánea del Uruguay. De la colonia al Mercosur*. Montevideo: Fin de Siglo, 1994, p. 150-151.

134 ARDAO, Arturo. Despedida a Emilio Frugoni. In: *Etapas de la inteligencia uruguaya*. Montevideo: Universidad de la República, 1971, p. 419.

135 ZUM FELDE, Alberto. *Proceso intelectual del Uruguay*. III – La promoción del Centenario. 4ª ed. Montevideo: Librosur, 1985, p. 241.

latino-americanas. Como usualmente destacaram todos os seus estudiosos, o jovem intelectual, pouco antes de partir rumo a Paris, em princípios de 1924, publicou no diário *El País* sua profissão de fé geracional, que não estava circunscrita ao Uruguai, mas ampliava seu alcance ao continente:

> Efetivamente o que traz esta nova geração para o convulsionado cenário?
>
> Em primeiro lugar, o repúdio à geração anterior, tarada pelo positivismo e corroída por toda classe de interesses. Claro está que dessa geração anterior se salvam aqueles que tiveram também o valor de repudiá-lo e superá-lo: Vasconcelos, Ingenieros, Rojas, fundador da fracassada Aliança da nova geração na Argentina, etc. Repúdio ao positivismo, portanto, e orientação filosófica idealista. Além disso, socialismo isento de todo dogmatismo sectário, nacionalismo antiarmamentista e liberalismo democrático. Por último, hispano-americanismo como postulado básico em matéria internacional ou como instrumento eficaz de redenção social e difusão da cultura. Estes são os elementos comuns, princípios e meios do movimento.[136]

Não queremos menosprezar o lugar das marcas geracionais, pois os três não são rigorosamente contemporâneos, mas somente propor alguns matizes em seus enquadramentos. Sensíveis ao contexto de reconfiguração do Uruguai, devido, acima de tudo, à entrada maciça de imigrantes provenientes da Europa meridional, Frugoni, Antuña e Quijano registraram em seus textos os renovadores debates que o processo engendrou em todas as esferas da sociedade uruguaia. Esta conjuntura exerceu maior influência em Frugoni e em Antuña, uma vez que cresceram durante o seu período de auge, ao passo que Quijano

---

136 QUIJANO, Carlos. La nueva generación. In: *Cultura, personalidades y mensajes*. Montevideo: Cámara de Representantes, 1992, p. 37-38.

começava a sentir os efeitos da emigração, que, segundo César Aguiar, já se tornava um tema – e um problema, como destacará Quijano – importante a partir das primeiras décadas do novecentos.[137]

Se nos é permitido pensar em episódios fundadores de suas visões de mundo, que devem ser articulados a esta faceta conjuntural, tanto as transformações que imprimiram os batllistas no país quanto o movediço panorama internacional aproximaram-nos e desempenharam um papel inquestionável no desenho ou reconfiguração de suas temáticas e das maneiras como passaram a olhar o mundo que os cercava. Se de um lado convergiam em criticar os batllistas, mesmo que por razões bastante divergentes, por outro lamentavam a belicosidade europeia. Além disso, Quijano ingressava em um ambiente universitário que fervilhava no final da década de 1910 e que canalizaria seus anseios com proclamações de que havia chegado a "hora americana".[138]

Claro está que a convergência de suas agendas político-culturais não significa que tenham elaborado interpretações comuns ou pelo menos paralelas aos problemas que, mais do que instigá-los, os espreitava, como fica bastante evidente em suas trajetórias políticas e nas respostas que elaboraram para os grandes desafios enfrentados pelo Uruguai.

---

137 AGUIAR, César. *Uruguay, país de emigración*. Montevideo: Ediciones de la Banda Oriental, 1982. Segundo Quijano, era possível observar o fenômeno emigratório do Uruguai desde os princípios do século XX, uma vez que a entrada de novos imigrantes se tornava cada vez mais tênue, ao passo que o movimento contrário, sobretudo, em direção à Argentina, crescia gradativamente. Quijano atribuía esse movimento aos problemas a respeito da distribuição fundiária do país, orientada preferencialmente pelas atividades pecuárias, ao apoio cada vez menor do governo para a edificação de colônias agrícolas e à saturação do ambiente urbano concentrado em Montevideo. Cf. QUIJANO, Carlos. Emigración e inmigración. *Marcha*, Montevideo, ano VI, nº 198, 27 ago. 1943, p. 4-5. Ver também os outros três artigos publicados até o número 201.

138 ACHUGAR, Hugo. La hora americana o el discurso americanista de entreguerras. In: PIZARRO, Ana (org.). *América Latina: palavra, literatura e cultura. La emancipación del discurso*. Vol. 2. São Paulo; Campinas: Memorial; Unicamp, 1994, p. 635-662.

De forma introdutória e esquemática, podemos identificar alguns períodos-chave para pensar as relações entre tais intelectuais-políticos. Até finais dos anos 1920 é possível vislumbrar uma aproximação marginal entre Quijano e Antuña, particularmente em alguns dos círculos intelectuais universitários no Uruguai e provavelmente também na Europa. Com Frugoni, por um lado, Antuña não parece ter maiores contatos, uma vez que politicamente militavam em direções extremamente opostas, apesar de ainda não haver sinais de grandes enfrentamentos. Por outro, Quijano e Frugoni começaram a construir uma relação polifônica e baseada no respeito mútuo.

Os três intelectuais foram eleitos em 1928 para o parlamento, onde polemizaram frequentemente e definiram algumas de suas principais orientações políticas, ideológicas e, em certa medida, intelectuais. Estes três anos de encontros e desencontros constantes desempenharam o papel, como gostaríamos de ressaltar, de acionadores de indeléveis rivalidades, particularmente entre Frugoni e Antuña, mas também deste último com Quijano, e de uma relação mais ambivalente e evidentemente mais cordial entre o parlamentar socialista e o "nacionalista".

Tais deputados militavam por partidos políticos adversários: Antuña e Quijano pelos "tradicionais" Partido Colorado e Partido Nacional, respectivamente, e Frugoni pelo Partido Socialista, que buscava desviar-se das disputas entre tais partidos, a seu ver, enraizadas em antigos ranços *criollos*, e projetar a construção de novos caminhos para a política do país.

Cabe relembrar, contudo, que Antuña compunha um dos principais agrupamentos conservadores do Partido Colorado e desde meados da década de 1910 mostrava-se bastante crítico do projeto reformista batllista. Por sua vez, Quijano apostava na renovação ou reconstrução, como realçava, do Partido Nacional, ao liderar a fundação da Asociación Nacionalista Demócrata Social, cujo programa colidia com os setores majoritários do partido. Quijano também criticava os batllistas, mas por não terem realizado uma necessária reforma agrária no Uruguai.

Dessa aposta de Quijano na transformação do Partido Nacional brotavam as principais críticas de Frugoni, muito mais do que de divergências ideológicas, que naquele período eram interpretadas por Quijano como uma incompreensão de Frugoni e que o nacionalista buscava justificar.

No final dos anos 1950, quando a aproximação entre os dois estava selada, Quijano concordaria com seu crítico a respeito da impossibilidade de renovação do Partido Nacional, exatamente no momento em que tal partido ascendia ao governo da nação, em 1958, após quase um século de predomínio colorado. Na parte final do texto escrito para Frugoni, em que tratava de responder ao problema das possibilidades políticas para o Uruguai, Quijano propunha uma aliança entre distintos partidos e grupos de esquerda, cujo eixo de conexão seria o socialismo, e formulava uma espécie de *mea culpa*, por meio da qual reconhecia a validade das críticas do socialista:

> Promover, desde seu interior, a reforma dos grandes partidos, a esta altura de nossa própria experiência, definitivamente encerrada, é infecundo recalcar a inutilidade desta empresa.
>
> Afiliar-se a um dos partidos menores, pode resolver um problema de consciência. O de alguns. O meu, por exemplo. Não acredito que na caminhada contra o tempo em que estamos empenhados para evitar o pior – já se sabe o que é o pior – esta solução, desde um ponto de vista geral, seja eficaz.
>
> [É preciso] intentar sobre a base de organizações constituídas – se é que além do socialismo existem outras – a criação de uma frente nacional, das denominadas esquerdas.[139]

139 QUIJANO, Carlos. Noviembre, es un Punto de Partida. A Emilio Frugoni. *Marcha*, Montevideo, ano XX, nº 933, 17 out. 1958, p. 4. Além disso, Quijano sentiu a necessidade de realçar que a ANDS desde 1931 não votava sob o mesmo lema do Partido Nacional, uma vez que até 1942 sustentou o abstencionismo.

Retrocedamos, todavia, três décadas para analisar de forma um pouco mais meticulosa os contatos entre Frugoni, Antuña e Quijano na Câmara de Representantes. Como demonstrou Carlos Demasi, tal instituição ocupava um papel central na vida cívica uruguaia e possuía um grande prestígio tanto pelos homens de política como pela população em geral: "a atividade parlamentar era o cenário onde se verbalizavam os principais conflitos da sociedade, o que gerava um contexto que contribuía para aumentar a complexidade da análise de qualquer incidência que se desenrolava neste âmbito".[140]

Em março de 1929, o ambiente de debate na Câmara de Representantes tornou-se bastante tenso. Quijano iniciava o mês com um pedido de explicações ao ministro de Relações Exteriores, Rufino T. Domínguez, que havia enviado um representante, assim como o presidente da República, ao *Te Deum* realizado na capital uruguaia em comemoração ao acordo firmado entre o governo italiano e o Vaticano, que reestabelecia o poder temporal dos papas.[141]

Na sessão do dia 13 de março, em presença do ministro, Frugoni, Antuña e Quijano discutiram de maneira exaltada e inclusive trocaram alguns insultos, que revelavam uma disputa não somente nos assuntos particularmente relacionados à política, em seu sentido mais estreito, mas também a respeito de suas orientações ideológicas.

Frugoni criticou os participantes de tal ato religioso com as seguintes palavras:

> Meu interesse é deixar constância de que esse orador sagrado [Reverendo Speletta], segundo essa síntese, entre muitas coisas que disse, fez a apologia do grande governante italiano – são textuais palavras da crônica – graças

---

140 DEMASI, Carlos. *Op. cit.*, p. 47.

141 *Diario de Sesiones de la Cámara de Representantes*. Tomo 350. Montevideo: Imprenta Nacional, 1930, p. 136. Citaremos a partir daqui como DSCR.

> ao qual o Papado conseguiu recuperar finalmente o que havia perdido, em 20 de setembro de 1870.
>
> Eu senti, senhor presidente, rebelar-se no fundo de minha indignação, o anticlericalismo e o antifascismo de que estou orgulhoso.[142]

Quijano, coincidente com Frugoni, apoiava-o, ao definir-se como um "liberal notório" e proclamar que a religião deveria ser um assunto privado. Além disso, nutria o argumento de Frugoni ao apelar à tradição liberal do Uruguai para criticar a ação do poder executivo, que colocava em risco mais de meio século de lutas a favor da secularização do país.[143]

Por outro lado, Antuña defendeu o ato do executivo e destacou que o governo de Mussolini havia sido sagaz e realista ao reconhecer a soberania do Vaticano. Enquanto Antuña discursava, Quijano interrompeu-o logo após ouvir o nome do governante italiano, com a seguinte resposta de Antuña:

> O senhor deputado Quijano ouviu-me mal quando supõe que eu defendo a ditadura de Mussolini.
>
> Além disso, o senhor deputado Quijano porta-se mal em interromper-me, sem que eu tenha expressado a totalidade do meu pensamento.[144]

Antuña, que também debatia com o colorado batllista Luis Batlle Berres, prosseguiu seu discurso e reforçou a defesa da legitimidade do episódio ao destacar que o Uruguai não rechaçava os representantes

---

142 DSCR. Tomo 350. Montevideo: Imprenta Nacional, 1930, p. 385.

143 *Ibidem*, p. 385. Para uma introdução ao processo de laicização do Uruguai, ver CAETANO, Gerardo; GEYMONAT. *La secularización uruguaya (1859-1919). Catolicismo y privatización de lo religioso.* Montevideo: Santillana/Taurus, 1997.

144 DSCR. Tomo 350. Montevideo: Imprenta Nacional, 1930, p. 389.

legais de governos ditatoriais, seja o italiano ou qualquer outro, como, no seu entender, o soviético e o mexicano. Além disso, para provocar seus adversários, Antuña sustentou que o México era governado por uma ditadura abominável.

Em seguida, Antuña e Frugoni trocaram insultos de maneira irônica e o deputado colorado provocou o socialista ao argumentar que se orientava, ou como supunha Antuña, desnorteava, por um "estreito sectarismo", com imediata reprovação de Frugoni, como bem ilustra o debate reproduzido a seguir, segundo a versão taquigráfica do diário da sessão parlamentar:

> — Antuña: O estreito espírito sectário do Partido Socialista e do grupo de espíritos que o acompanha nestes momentos.
>
> — Frugoni: O único espírito amplo nesta câmara é o do senhor deputado católico.
>
> — Antuña: Neste momento sim; isto é, não o único porque felizmente neste momento estou em boa companhia.
>
> — Frugoni: Para possuir um espírito amplo é preciso deixar de ser católico.
>
> — Antuña: Este é o equívoco ancestral do senhor deputado, do qual não conseguiu se libertar, porque está cristalizado. (Murmúrios).[145]

Antuña prosseguia sua argumentação, com interrupções de Frugoni e Quijano, contra o que entendia ser o renascimento do "jacobinismo" no Uruguai, contra o qual travava uma verdadeira batalha dentro do próprio Partido Colorado, particularmente contra os batllistas que tinham o anticlericalismo como uma de suas bandeiras mais conhecidas.

---

145 *Ibidem*, p. 393.

Na sessão do dia seguinte, os ânimos continuaram exaltados e Frugoni assinalou que Antuña havia dado aos parlamentares uma "estupenda exibição de habilidade jurídica e parlamentar, que veio, por outra parte, para confirmar o alto conceito intelectual que sempre tive a respeito do doutor Antuña".[146] Novamente o debate entre Frugoni e Antuña foi marcado por acusações e ironias recíprocas e atingia o seu ápice de tensão, uma vez que os presidentes da Câmara de Representantes tiveram que intervir em alguns momentos para acalmar os ânimos exaltados dos debatedores e de seus partidários.

Ao defender-se da acusação de ser sectário, Frugoni contrapôs: "É nada menos que o deputado católico! A mim me parece um pouco cômico ver a um católico acusar-nos de ter preconceitos ancestrais". O deputado socialista acrescentava que a estreiteza da visão de mundo dos católicos se enraizava na "aceitação da herança dos séculos", além da "impostura e do erro porque vocês têm que acatar sem análise e sem crítica textos sagrados que foram escritos há muitos milhares de anos e não se sabe por quem".[147]

Por sua vez, Antuña argumentava que o socialismo era "anacrônico" e que estava "cristalizado realmente em um preconceito anticatólico", além de presumir que era o portador da verdade, que Antuña denominava ironicamente de "verdade marxista". O deputado colorado também tentava debilitar a argumentação de Frugoni, ao sustentar que o deputado socialista "traz a uma assembleia política, sem tempo nem preparação especial nesse assunto, argumentos puramente verborrágicos e artificiosos".[148]

Durante tal discussão, Frugoni mencionou o desempenho de Antuña na Sociedade das Nações e reprovou o seu pedido de intervenção desta organização internacional no México:

---

146 *Ibidem*, p. 430.

147 *Ibidem*, p. 433-438.

148 *Ibidem*, p. 438.

> [...] ele opina que não se pode tolerar que o governo do México fuzile a alguns generais católicos que se alçam em armas apoiando-se na confiança que neles depositaram o próprio governo, ao passo que permanece completamente tranquilo quando na Itália se assassina a Matteoti ou se mata a pauladas a Améndola, ou se assaltam as cooperativas, ou se incendeiam os lares proletários, ou se comete toda classe de tropelias.[149]

Antuña ironizou as palavras de Frugoni, incorporando a denominação que lhe era dirigida por seus adversários políticos: "O senhor deputado católico não estava em assembleia quando se assassinou a Matteoti". Além disso, criticou a posição de Frugoni frente à situação mexicana e expressou a sua opinião sintética, mas indicadora acerca dos últimos governos pós-revolucionários daquele país, que expressou como justificativa de sua atuação na Sociedade das Nações: "A tirania do México é a mais sangrenta, a mais desonrosa para a civilização e a mais abominável". E agregava que era pior que a ditadura italiana, "porque aplica a pena de morte sem processo prévio".[150]

A polêmica não terminou neste momento e Frugoni acusou o jornal *El bien público*, dirigido por Antuña, de admirar o fascismo, bem como propôs ao ministro de Relações Exteriores que indicasse o nome do deputado colorado como representante do Uruguai no

---

149 *Ibidem*, p. 439.

150 *Ibidem*, p. 439. O anticlericalismo do governo de Plutarco Elías Calles gerou uma rebelião liderada pela Igreja Católica e foi acolhida por um número assaz expressivo, principalmente de mexicanos de localidades interioranas, que pegou em armas para lutar contra as tropas federalistas. Calles buscou aprofundar as medidas anticlericais que os liberais mexicanos do século XIX já vinham implementando, mas que ganharam maior atenção com a Revolução Mexicana (1910-1917). No entanto, as medidas tomadas pelo seu governo desagradaram o clero, que realizou uma greve de culto a partir de julho de 1926. A situação se tornou gradativamente mais dramática e somente em 1929 houve um acordo entre as partes beligerantes. Consultar: MEYER, Jean. *La cristiada*. 11ª ed. 3 vols. México: Siglo XXI, 1993.

Vaticano. Antuña respondeu que não aceitaria tal nomeação e assinalou que a presentearia a outro legislador que se encontrava naquela sessão, mas não o nomeou. Em seguida replicou Frugoni: "Você presenteia a mão de dona Inês".[151] Neste momento, segundo a versão taquigráfica dos debates parlamentares, houve hilaridade e algumas interrupções, como também havia ocorrido anteriormente.

A partir desse momento, Quijano incorporou-se ao debate e criticou a habilidade que Antuña, no seu entender, havia empregado para desviar do tema central daquela sessão. A crítica de Quijano a Antuña continuava da seguinte forma:

> — com este talento que me deleito em reconhecer e que me honro em admirar...
>
> — muito obrigado. [resposta de Antuña]
>
> — ... desviou com grande habilidade logo em seguida o debate em direção ao terreno religioso e adotou um pouco nesta Câmara o papel do mártir ou o do perseguido.[152]

Finalmente, o debate foi postergado, após Quijano censurar a aliança entre o Vaticano e o fascismo e interpelar a Antuña sobre suas considerações a respeito de tal tema. Antuña limitou-se a argumentar que a premissa do deputado *blanco* era falsa.[153]

Tal discussão extrapolou a arena parlamentar, como demonstrou uma carta publicada por Antuña no jornal que dirigia *El bien público*, no dia dois de abril de 1929:

---

151 Em referência ao livro do espanhol José Martínez Ruiz, *Doña Inés*, publicado em 1925. Dona Inês era uma aristocrática senhora espanhola que se apaixonou por um jovem poeta. Por não poder se relacionar com o poeta, abandona sua fortuna e foge para a Argentina, onde funda um colégio para a população carente. Ao ver um jovem leitor, Dona Inês se recorda do jovem poeta que deixara para trás.

152 *Ibidem*, p. 452.

153 *Ibidem*, p. 454.

> A presidência na Catedral! Um horror. Nossos jacobinos, com a camisa ao vento, põem o grito no céu e na Câmara. Mas você, amigo Quijano, quais foram os frutos de sua cura de ausência, e que fez na França, o solo da harmoniosa tolerância...? [...] Não, você em quem tanto cremos e de quem tanto se espera [...] não pode abrigar uma aspiração tão miúda. [...] Você está longe dessa tresnoitada rajada jacobina...[154]

Os três deputados envolveram-se em diversas outras discussões posteriormente, às vezes por filigranas, e trocaram acusações de ausências frequentes nas reuniões da Comisión de Asistencia, Trabajo y Previsión Social, no seio da qual se desenrolava o longo e dissonante debate acerca da fixação do salário mínimo. Quijano acusou Antuña de ausentar-se usualmente, ao passo que o deputado colorado conservador direcionava a mesma denúncia tanto a Frugoni quanto a Quijano.[155]

As diferenças entre Frugoni e Quijano contra Antuña intensificaram-se a partir de então e foram nutridas pelo golpe de 1933, quando o colorado galgou posições no cenário político e intelectual oficial, ao passo que Frugoni foi desterrado para a Argentina, de 1933 a 1934, e Quijano capitaneou um grupo de jovens intelectuais que combatiam a ditadura terrista por meio da imprensa. Em tal período, embora ainda não seja possível divisar uma aproximação política entre Frugoni e Quijano, ambos exerceram atividades políticas e intelectuais de grande paralelismo e não deixaram de propor desafios recíprocos, e também de tecer algumas críticas que seriam reavaliadas algumas décadas mais tarde, quando suas rotas convergiram, em outros contextos da história uruguaia.

Em diversos momentos podemos detectar críticas veladas ou deliberadas entre eles, particularmente sobre Antuña. *Acción* e *Marcha*

---

154 ANTUÑA *apud* CAETANO, Gerardo; RILLA, José. *El joven Quijano (1900-1933). Izquierda nacional y conciencia crítica*. Montevideo: EBO, 1986, p. 78.

155 DSCR. Tomo 354. Montevideo: Imprenta Nacional, 1930, p. 228.

criticaram habitualmente os paladinos do terrismo e inclusive utilizaram meios iconográficos, como a capa da edição de 13 de março de 1942, que estampava uma foto dos "homens da ditadura", intitulada *Antaño y Hogaño*. O nome de José G. Antuña aparecia em destaque, ao lado de, entre outros, Luis Alberto Herrera e Pedro Manini Ríos, principais representantes do Partido Nacional, à esquerda de Terra.[156]

Por outro lado, apesar da aproximação canalizada pela oposição ao governo de Terra, as relações entre Frugoni e Quijano continuavam bastante ambivalentes, uma vez que as críticas recíprocas que teceram anteriormente ainda não estavam arrefecidas e superadas, como podemos ver no seguinte trecho, extraído de *Acción*, seis meses após o golpe:

> Alguns personagens, cujo ódio nos honra, têm falado que estou em não sei quais maquiavélicas e ocultas combinações com o senhor Frugoni. Não tenho, como se compreenderá, maiores motivos de amizade com o senhor Frugoni. Ele foi nosso inimigo arrebatado e injusto, mas a causa comum que agora nos une faz com que, por nossa parte, apaguemos tudo. Se do outro lado não querem apagar, pior para eles. E como nos são atribuídos estes propósitos, é conveniente que se saiba, de uma vez por todas, que perdi minha cátedra e meu salário porque acreditava que sobretudo na ditadura, ensinar o direito em um instituto oficial é um sarcasmo e porque, além disso, parecia-me também, no mínimo absurdo, que enquanto o decano estivesse no desterro – esse decano que havia sido preso nos mesmos umbrais da universidade ao deixá-la – a faculdade mantinha sua rotina normal e pacificamente, e que chegava ao cúmulo de oferecer, como se tratasse de preencher uma vaga qualquer, a cátedra que esse decano desempenhava. Ademais, também é conveniente destacar que, ao tomar esta atitude, que no princípio foi aplaudida com fervoroso entusiasmo, no final, como em tantas outras ocasiões da minha vida, fiquei

156 Cf. Antaño y Hogaño. *Marcha*, Montevideo, ano IV, nº 129, 13 mar. 1942, p. 1.

> sozinho. Este desespero que às vezes me acomete pela sorte do país e que alguns amigos que conheci nos últimos tempos sabem que não é somente por causa da ditadura, deve ser oriunda também do conhecimento que gradualmente tenho de alguns "revolucionários".[157]

Possivelmente Quijano fazia referência aos homens do terrismo que não podiam deixar de ver a Quijano e, acima de tudo, a *Acción* com apreensão e desconfiança devido ao teor das críticas divulgadas por suas páginas. Além disso, pode-se perceber que as disputas pela liderança da oposição ao regime terrista dificultavam uma maior articulação dos setores de esquerda, aos que Quijano denominou ironicamente de revolucionários, e que poderiam ser representados tanto por alguns grupos socialistas rivais de Frugoni, como o liderado por Servando Cuadro, quanto ao Partido Comunista. Não é desnecessário lembrar que os comunistas propagaram as críticas mais ácidas sobre a trajetória de Quijano pelo Partido Nacional, como destacaram Caetano e Rilla.[158]

Entre as décadas de 1940 e 1960, Frugoni e Quijano estreitaram suas relações e passaram a nutrir uma fecunda amizade, além dos habituais contatos intelectuais e políticos, ao passo que Antuña percorreu caminhos distintos, particularmente ao associar-se intelectualmente a projetos e institutos oficiais.

Se começamos essa breve confrontação entre os percursos políticos-culturais explorados por Frugoni, Antuña e Quijano pela análise das gerações em que nasceram e iniciaram suas atividades, gostaríamos de terminá-la de uma maneira não muito usual, mas que do nosso ponto de vista pode ser bastante ilustrativa. Referimo-nos aos momentos

---

157 QUIJANO, Carlos. Personal. *Acción*, Montevideo, ano II, nº 54, 16 set. 1933, p. 8.

158 CAETANO, Gerardo; RILLA, José. *El joven Quijano (1900-1933). Izquierda nacional y conciencia crítica*. Montevidéu: EBO, 1986, p. 82.

em que tais autores faleceram e de como estes eventos articularam-se de uma forma bastante peculiar aos seus diferentes contextos.

Frugoni falecia aos 89 anos de idade no final de uma década inquestionavelmente transformadora, tanto em âmbito nacional como internacional. Em um período de especial paralelismo entre as trajetórias das nações latino-americanas, no Uruguai a conjuntura era de tensão, cuja combatividade afligia os distintos setores da sociedade nacional, fundamentalmente a partir de 1965, que ficou conhecido como o "ano terrível".[159] Após dois mandatos presidenciais consecutivos do Partido Nacional (1958-1962; 1962-1966), que colocaram fim à restauração batllista, os colorados não batllistas venceram as eleições presidenciais e tiveram que lidar com uma profunda crise em todos os setores da coletividade uruguaia, que se caracterizava pelo ceticismo e desencanto em relação à democracia partidocrática uruguaia.[160]

Como já destacamos, ao esboçar a biografia de Frugoni, o socialista fora proscrito do Uruguai pelo governo de Jorge Pacheco Areco, em 1968, mas não havia deixado o país, onde desempenhara sua permanente e vigorosa militância. Entre outras medidas que apontavam para a ascensão dos setores autoritários no país, o governo de Pacheco Areco realizou a dissolução do Partido Socialista, empastelou o diário *Época*, que era dirigido por Eduardo Galeano, e o semanário socialista *El Sol*. Começou a realizar perseguições políticas no país e adotou as controvertidas "medidas de segurança", desde junho de 1968 até março do ano seguinte, que foram retomadas a partir de junho de 1969. Como enfatizou o redator de *Marcha* e amigo de Quijano, Carlos Martínez Moreno, que escrevia no calor da hora, o poder executivo

159 VÁRIOS AUTORES. *El fin del Uruguay liberal (1959-1973)*. Montevideo: Ediciones de la Banda Oriental, 1990, p. 28-29.

160 PANIZZA, Francisco E. *Uruguay: batllismo y después. Pacheco, militares y tupamaros en la crisis del Uruguay batllista*. Montevideo: Ediciones de la Banda Oriental, 1990. Ver também REAL DE AZÚA, Carlos. Política, poder y partidos en el Uruguay de hoy. In: VÁRIOS AUTORES. *Uruguay hoy*. Buenos Aires: Siglo XXI, 1971, p. 143-321.

interveio nos entes autônomos, no ensino secundário, decretou a proibição em se nomear os tupamaros na imprensa e estimulou o registro de ações consideradas suspeitas nas vizinhanças.[161]

Logo após sua morte, o destacado grupo de intelectuais nucleado em *Marcha*, que em alguns casos também desempenhavam atividades no circuito universitário, buscou recuperar a figura de Frugoni e levou à venda algumas publicações que reivindicavam a sua batalha pela construção de uma sociedade distinta para aquele determinado contexto.

Dois números de *Cuadernos de Marcha* foram dedicados ao intelectual socialista, em julho (nº 39) e setembro (nº 41) de 1970, e no início do ano seguinte Quijano realçaria seu inigualável exemplo:

> *Maestro* de vida e *maestro* de esperança, ensinou-nos com seu exemplo a perseverar sem triunfar, a virtude do orgulho e o valor da modéstia. Ensinou-nos também que o marxismo – materialismo histórico e materialismo dialético – é o único humanismo fecundo e o mais alto idealismo. Além disso, revelou-nos como o amor pela terra e por seu povo pode ser chaga e alegria.[162]

Também em 1971, Arturo Ardao, cofundador de *Marcha* e professor de história das ideias na Universidad de la República, publicava uma obra em que abordava as orientações ideológicas das mais destacadas gerações uruguaias. Na última parte do livro, subtitulada *Del positivismo al idealismo*, Ardao despedia-se de Frugoni com as seguintes palavras, que se inscreviam no crítico período por que passava o país:

---

161 MARTÍNEZ MORENO, Carlos. Crepúsculo en Arcadia: La institucionalidad y su derrumbe a la uruguaya. In: VÁRIOS AUTORES. *Uruguay hoy*. Buenos Aires: Siglo XXI, 1971, p. 403-455.

162 QUIJANO, Carlos. Frugoni y su tiempo. In: *Cultura, personalidades y mensajes*. Montevideo: Cámara de Representantes, 1992, p. 301 (originalmente publicado em *Marcha*, 5 de fevereiro de 1971).

> Esta sombria época que tantas coisas levou e que se está levando o Uruguai do passado, tinha que levar também a Emilio Frugoni. Do Uruguai que morre, era ele a última insigne encarnação do que tinha de melhor. Porque ele desapareceu, sabemos já que aquela morte plural de toda uma forma histórica nacional terminou de cumprir-se. Mais que toda uma época, é todo um Uruguai que morre com ele.[163]

Por outro lado, José Antuña ganhara um presente para comemorar seu aniversário de 80 anos que ocorreria em 1970, uma vez que seu copioso livro sobre José Enrique Rodó, sua principal obra *Ariel* e a sua repercussão em diversos rincões da América Latina, publicado inicialmente em 1952, fora escolhido para ter uma segunda edição pela controvertida empreitada editorial da Biblioteca Artigas - Colección de Clásicos Uruguayos.

Segundo Pablo Rocca, foram publicados 128 títulos por esse grupo, com prólogos dos mais destacados intelectuais, como, por exemplo, Carlos Real de Azúa, Emir Rodríguez Monegal, Ángel Rama e Carlos Martínez Moreno, entre 1950 e 1968. No entanto, a partir deste ano, após o assassinato do estudante Líber Arce e dos frequentes desencontros entre um governo cerceador e grupos intelectuais e políticos notoriamente participativos, as fissuras entre a maior parte da intelectualidade e o Executivo colorado tornaram-se irremediáveis.[164]

Sinal dos tempos - e uma peça a menos para montar o quebra-cabeças que nos propusemos -, precisamente em 1969 Antuña reeditava *Un panorama del espíritu: el Ariel de Rodó*, como a 136ª obra clássica da Biblioteca Artigas, cujo "prólogo" reproduzia a crítica elogiosa

---

163 ARDAO, Arturo. Despedida a Emilio Frugoni. In: *Etapas de la inteligencia uruguaya*. Montevideo: Universidad de la República, 1971, p. 418.

164 ROCCA, Pablo. La política oficial del libro: Hablar sobre la nada. In: *Siete sobre Siete*, Montevideo, nº 89, 16 maio 2005, p. 5.

do também conservador Raúl Montero Bustamante, publicada pela *Revista Nacional*, em 1953.

Em 31 de dezembro de 1972, faleceria José G. Antuña, aos 82 anos, quando a situação do país parecia rememorar as vésperas do golpe de Estado de 1933 – exatamente quatro décadas atrás – e que se mantinha vivo na memória da população uruguaia, fundamentalmente entre aqueles que foram os seus principais opositores, como, entre outros, o grupo nucleado em torno de Quijano, Ardao e Julio Castro, que haviam fundado *Acción* em 1932 e *Marcha* em 1939, e que na virada dos anos 1960 para os 1970 ocupavam os papéis de maior destaque no cenário intelectual uruguaio.

Assim, naquele contexto de grande apreensão e de fraturas, ainda que ganhasse uma reedição como clássico nacional, a obra de um autor que fora um dos principais articuladores políticos e intelectuais da primeira experiência ditatorial uruguaia do século XX não tinha outro destino que o fundo da gaveta ou algumas esquecidas prateleiras das bibliotecas.[165]

Por fileiras combativas, Quijano mantinha-se intacto e cada vez mais persistente na luta contra os governos de Jorge Pacheco Areco e de Juan María Bordaberry, por meio de *Marcha* (1939-1974), *Cuadernos de Marcha* (1967-1974) e *Biblioteca de Marcha* (1969-1974). Três frentes de batalha que se uniam contra os ventos autoritários e

---

165 Apesar de anedóticos, peço licença pelo tom pessoal para relatar dois episódios – possivelmente impressionistas – que experimentei durante a concretização da pesquisa. Em julho de 2005, quando ingressava pela primeira vez na Biblioteca Nacional do Uruguai, deparei-me com a obra "clássica" de Antuña sobre *Ariel*, reeditada em 1969, cujas 700 páginas ainda não haviam sido folheadas naquela instituição, uma vez que se mantinham unidas devido ao tipo de impressão que lhe havia sido destinada. Em meados de dezembro de 2007, ao transitar pela famosa Feira de Tristán Narvaja em Montevideo, encontrei pela primeira vez uma obra de Antuña à exposição, nada mais nada menos que o premiado *El nuevo acento* de 1935, que era vendido em conjunto com outras obras de menor interesse por vinte pesos uruguaios, o que corresponderia a quase dois reais. Coincidentemente ou não suas páginas ainda se mantinham unidas e despertavam pouco interesse.

ditatoriais que pairavam sobre os céus do Uruguai. Com o empastelamento de *Marcha*, em 22 de novembro de 1974, Quijano partiu para um longo exílio no México, a partir de 1975, onde retomou a publicação de *Cuadernos de Marcha* e trabalhou na Universidad Nacional Autónoma de México (UNAM). Não conseguiu retornar ao Uruguai a tempo de presenciar a derrocada do regime ditatorial, em 1985.

Entretanto, pouco antes do seu falecimento no exílio, em 1984, sua biografia já despertava o interesse de alguns estudiosos, como, por exemplo, os jovens historiadores Gerardo Caetano e José Rilla, o ex-marchista Hugo Alfaro, Pablo Rocca e seu amigo de longa data e "discípulo", Arturo Ardao. A ação de todos eles contribuiu de maneira inquestionável para o estudo dos caudalosos discursos de Quijano e também para a retomada de grande parte de sua indelével obra. Além disso, os *Cuadernos de Marcha* voltaram a ser editados no Uruguai, de 1985 a 1999, bem como foi fundado o semanário *Brecha*, por ex-integrantes de *Marcha*, com expressiva participação de Hugo Alfaro. Vale ressaltar que o semanário é publicado até os dias de hoje.

Finalmente, é bom lembrar que o próprio Estado uruguaio buscou homenagear Carlos Quijano, quando por exemplo, publicou um selo de comemoração ao centenário de seu nascimento em março de 2000 e ao classificá-lo como um ilustre cidadão.

CAPÍTULO 2
Estratégias editoriais e circulação de textos

Uma fértil história dos intelectuais e das ideias necessita transpor a análise dos textos escritos, ir além do discurso, isto é, precisa englobar a análise de outras esferas que possibilitem a difusão, circulação e a recepção do discurso de um determinado autor pelo público leitor.

Buscamos neste capítulo trilhar um caminho ainda timidamente visitado pela historiografia uruguaia, ao colocar em primeiro plano os circuitos mais importantes que conectaram Frugoni, Antuña e Quijano aos seus leitores, com especial ênfase para as estratégias de que lançaram mão para publicar e fazer circular seus impressos. Em outras palavras, enfatizaremos as esferas da divulgação e circulação de textos, ao passo que, devido às dificuldades de fontes, somente destacaremos alguns sinais da recepção de suas ideias, principalmente entre uma parte significativa dos setores intelectuais.

Como veremos em seguida, tais autores não pouparam esforços em fazer chegar suas reflexões a diversos setores da sociedade uruguaia, por meio de distintos canais, além de buscar também ampliar o alcance de circulação de suas obras em direção a outros países hispano-americanos e, em alguns casos, europeus. Até o presente momento não foi possível observar a efetiva circulação de suas obras no Brasil, com algumas exceções pontuais.

Selecionamos como ponto de partida suas opiniões a respeito do papel dos intelectuais na vida da cidade, isto é, acerca de suas responsabilidades como agentes de cultura e também de política, em um período em que tais esferas possuíam abundantes e frutíferas interconexões.

Intelectuais, cultura e política

A análise das trilhas exploradas por Frugoni, Antuña e Quijano traz à tona a relação dos intelectuais com a cultura e com a política, e, portanto, com o poder. Tal questão tornou-se o cerne das interpretações elaboradas pelos estudiosos que se dedicaram a pensar o papel desempenhado pelos intelectuais em seus distintos locais de atuação.

Entre os autores uruguaios, bem como em outros meridianos, duas correntes interpretativas receberam maior destaque. De um lado, aquela representada pelo cientista político Juan Rial, que sugeriu um processo de cooptação dos intelectuais do país pelos partidos políticos e pelo Estado, ao longo de todo o século XX, como atores que arquitetavam a legitimação de seus discursos e programas.[1]

De outro, Ángel Rama propôs que é "indispensável manejar uma relação mais fluida e complexa entre as instituições ou classes e os grupos intelectuais", que podem "servir" a um poder, mas que querem, ao mesmo tempo, expressar formas de poder que reivindicam em seu principal palco de atuação a "cidade letrada".[2]

---

1 RIAL, Juan. Los intelectuales y la política en el Uruguay. Soberbia y expiación. In: SOARES, Maria Susana Arrosa (coord.). *Os intelectuais nos processos políticos da América Latina*. Porto Alegre: Editora da UFRGS, 1985, p. 45.

2 RAMA, Ángel. *A cidade das letras* [1984]. São Paulo: Brasiliense, 1985, p. 47-48. Ver também sua obra anterior, considerada mais "otimista" pelos críticos literários: *Transculturación narrativa en América Latina* [1982]. Montevideo: ARCA/ Fundación Ángel Rama, 1989.

Vale ressaltar que tais textos, inicialmente publicados fora das fronteiras uruguaias, chegaram às estantes das livrarias em meados dos anos 1980. Essas análises respondiam tanto às inquietações de muitos intelectuais a respeito dos caminhos a percorrer para a (re) construção das democracias latino-americanas, após experiências conectadas de governos ditatoriais, quanto ao arrefecimento de suas antecedentes articulações a movimentos comprometidos com causas revolucionárias, que sofriam fraturas notoriamente angustiantes.

Pouco tempo depois, Hugo Achugar tangenciou a interpretação de Rama, ao argumentar que a política cultural do Estado uruguaio consistiu em estimular a "captação ou cooptação" dos intelectuais, entre as décadas de 1910 e 1920, com o objetivo de convalidar um projeto de construção nacional, mas também como canal de subvenção de suas atividades, abrindo-lhes um caudaloso veio de expressão de suas visões de mundo.[3]

Tal momento de reflexão foi bastante fecundo e suas sementes haviam sido plantadas há algumas décadas, pois os olhares dos intelectuais e de seus críticos estiveram voltados para esses personagens desde pelo menos finais do século XIX. No entanto, em alguns períodos, a efervescência do presente, bem como a necessidade de construir delimitações autorreferenciais, estimulou a ampliação do debate acerca dos intelectuais.

Possivelmente, não há dois outros momentos na história dos intelectuais latino-americanos em que se podem divisar paralelos tão curiosos como os que se traçaram durante os anos 1920/1930 e 1960/1970.[4]

---

3 ACHUGAR, Hugo. Letras. La década del veinte: Vanguardia y Batllismo. El intelectual y el Estado. In: VÁRIOS AUTORES. *Vida y cultura en el río de la Plata*. Tomo I. Montevideo: Universidad de la República, Departamento de Publicaciones, 1987, p. 99-116.

4 ANSALDI, Waldo; FUNES, Patricia. Viviendo una hora latinoamericana. Acerca de rupturas y continuidades en el pensamiento en los años veinte y sesenta. *Cuadernos del CISH*, Universidad Nacional de La Plata, Facultad de Humanidades y Ciencias de la Educación, ano III, nº 4, 2º sem. 1998, p. 13-75.

Ainda que transitassem em contextos distintos, os intelectuais desses períodos produziram um copioso exame acerca de seus papéis como homens comprometidos com a vida cívica e, ao propor um espectro de condutas desejáveis, propalaram discursos que tinham como rumo a transformação de suas respectivas comunidades nacionais. Além disso, chegaram inclusive a preconizar uma espécie de anti-intelectualismo, principalmente entre as correntes revolucionárias que se nutriam pelas expectativas trazidas pela Revolução Cubana.[5]

Na América Latina, foi bastante evidente a vinculação estreita da intelectualidade à política, desde o início do século XIX, o qual, segundo Elías Palti, foi vivido como o "tempo da política".[6] Esse quadro gradualmente ganhou novos matizes já no final daquele século, devido à ampliação do setor jornalístico e editorial em alguns países, como na Argentina ou, em menor grau, no Brasil e no Uruguai.

Em linhas bem gerais e respeitando as singularidades locais, podemos traçar alguns paralelos entre a vida intelectual uruguaia e a brasileira, nas primeiras décadas do século XX, uma vez que, devido às limitações impostas ao mercado editorial de ambos os países, os intelectuais apoiaram-se em atividades jornalísticas, institucionais e políticas, apesar do país platino não possuir uma diplomacia tão bem articulada como a brasileira ou como a mexicana pós-revolucionária, que amparavam grande parte do labor intelectual.

Os governos uruguaios de finais do século XIX e começos do XX investiram maciçamente na alfabetização, mas o seu público leitor em números absolutos quase sempre impôs um limite à ampliação dos

---

5 GILMAN, Claudia. *Entre la pluma y el fusil. Debates y dilemas del escritor revolucionario en América Latina*. Buenos Aires: Siglo XXI, 2003, p. 164-231.

6 PALTI, Elías J. *El tiempo de la política. El siglo XIX reconsiderado*. Buenos Aires: Siglo XXI, 2007.

projetos editoriais nacionais, uma vez que a população uruguaia era de pouco mais de 1 milhão de habitantes no final dos anos 1910.[7]

Além disso, o mercado editorial uruguaio enfrentou outras dificuldades para a sua expansão durante pelo menos toda a primeira metade do século XX. Inicialmente, devido à concorrência de publicações espanholas e francesas, nas primeiras décadas do século XX. A partir dos anos 1930, o mercado livreiro do Uruguai foi disputado pelas edições argentinas, que se expandiram rapidamente durante e após a Guerra Civil Espanhola.[8]

A despeito disso, os jornais passaram a ter ampla circulação e a atingir grandes tiragens tanto no Uruguai quanto no Brasil, impulsionados pela modernização das oficinas gráficas, pela redução dos seus preços e também pela demanda de informação de seus públicos leitores em formação e em ascensão, além da circulação de outros gêneros de impressos que atuavam como meios de difusão da leitura.[9]

---

7 Segundo o censo nacional realizado em 1908. Além disso, o censo classificava pouco mais de 60% da população uruguaia como alfabetizada. Cf. ACEVEDO, Eduardo. *Anales históricos del Uruguay*. Tomo V. Montevideo: Casa A. Barreiro y Ramos, 1934, p. 437.

8 A Guerra Civil (1936-1939) asfixiou as possibilidades de publicação na Espanha, favorecendo a ascensão do mercado editorial argentino, que destinava mais de 40% de sua produção de livros e folhetos para o mercado externo durante a década de 1940. Cf. RIVERA, Jorge B. *El escritor y la industria cultural*. Buenos Aires: Atuel, 1998, p. 97. Ver também DE DIEGO, José Luis. 1938-1955. La "época de oro" de la industria editorial. In: DE DIEGO, José Luis (dir.). *Editores y políticas editoriales en Argentina, 1880-2000*. Buenos Aires: Fondo de Cultura Económica, 2006, p. 91-123; SOARES, Gabriela Pellegrino. Novos meridianos da produção editorial em castelhano: o papel de espanhóis exilados pela Guerra Civil na Argentina e no México. *Varia História*, Belo Horizonte, vol. 23, nº 38, jul.-dez. de 2007, p. 386-398.

9 Para uma análise mais apurada do cenário brasileiro, consultar: ABREU, Márcia; SCHAPOCHNIK, Nelson (orgs.). *Cultura letrada no Brasil: objetos e práticas*. Campinas: Mercado de Letras, 2005; DUTRA, Eliana de Freitas. *Rebeldes literários da República: história e identidade nacional no* Almanaque Brasileiro Garnier *(1903-1914)*. Belo Horizonte: Editora UFMG, 2005.

Dessa forma, diante de um mercado editorial cambiante e ainda assaz sensível às flutuações financeiras internas e externas, e também às políticas culturais adotadas pelos governos do Uruguai e do Brasil, eram escassos os exemplos de intelectuais que podiam se dedicar exclusivamente às atividades literárias.

Outro ponto de contato entre os intelectuais uruguaios e brasileiros inscreve-se na hipótese de Nicolau Sevcenko de que os "escritores-cidadãos" brasileiros das primeiras décadas republicanas, desejosos de "fruir mecenato" e orientar os caminhos a serem seguidos pela sociedade, "já de longe traziam a predisposição para uma prática mal velada de tutela", que não deixava de responder a uma expectativa da população em geral.[10]

Com o desenrolar dos anos, os intelectuais uruguaios articularam-se em busca de maior autonomia e poder de participação política. Segundo Achugar, o artigo 100 da Constituição uruguaia de 1917 amparava a criação dos entes autônomos que passariam a atuar como grupos de pressão, representados pelos núcleos empresariais, industriais, comerciais, rurais e também os artísticos. Nessa direção, foi criado o Teseo, importante círculo intelectual da década de 1920, sob a direção de Eduardo Dieste e composto por, entre outros, Alberto Zum Felde, Justini Zavala Muniz e Emilio Oribe, cuja marca principal era a pluralidade de orientações ideológicas e políticas. Contudo, as opiniões dos seus integrantes canalizavam-se no sentido da vontade de atuar na esfera das decisões políticas, uma vez que "vão propor, além de certos aspectos específicos, a necessidade de participar [...] na administração pública ou, para ser mais exato, a participação das associações profissionais no poder decisório a respeito da distribuição de bens e da produção nacional".[11]

---

10 SEVCENKO, Nicolau. *Literatura como missão: tensões sociais e criação cultural na Primeira República*. 2ª ed. São Paulo: Brasiliense, 1985, p. 106-08.

11 ACHUGAR, Hugo. Letras. La década del veinte: Vanguardia y Batllismo. El intelectual y el Estado. In: VÁRIOS AUTORES. *Vida y cultura en el río de la Plata*. Tomo I.

Concordamos com Patricia Funes, ao assinalar que a década de 1920 promoveu a redefinição da agenda intelectual no caleidoscópico cenário latino-americano moderno. Nesse período, a palavra de ordem consistia em defender a ação dos homens de letras na vida pública, o que lhes proporcionava conduzir as agendas político-culturais e estabelecer os múltiplos canais de comunicação entre a tradição e o mundo moderno, passando a se ver como um grupo delimitado e autoreferente.[12]

Além disso, a historiadora argentina destacou que os intelectuais do entreguerras oscilaram entre a distopia spengleriana e a pedagogia comprometida barbussiana, que propunha por meio da revista *Clarté!* edificar uma espécie de "Internacional do Pensamento". Por um lado, a desilusão, desencanto e decadência do mundo ocidental. Por outro, a prédica do comprometimento do intelectual com as transformações sociais, pois, como destacava a frase reproduzida nas múltiplas revistas *Clarté!* (*Claridad* na Argentina) latino-americanas, "fazer política é passar dos sonhos às coisas, do abstrato ao concreto. A política é o trabalho efetivo do pensamento social, a política é a vida [...] Não fazer política é sustentar a política imperante".[13]

Outro fator que pode enriquecer a interpretação sobre o engajamento dos intelectuais na vida política uruguaia relaciona-se com a notória politização de seus habitantes, destacada pelos historiadores

---

Montevideo: Universidad de la República, Departamento de Publicaciones, 1987, p. 106-107.

12 FUNES, Patricia. *Salvar la nación. Intelectuales, cultura y política en los años veinte latinoamericanos*. Buenos Aires: Prometeo Libros, 2006, p. 52-55.

13 *Apud* FUNES, Patricia. *Op. cit.*, p. 32.

Gerardo Caetano e José Rilla,[14] Germán Rama,[15] e Marcos Alves de Souza.[16] Esses autores compartilharam o argumento de que a participação dos uruguaios na esfera política ocorreu de modo habitual e significativo durante a primeira metade do século XX. Caetano e Souza afirmam, além disso, que a construção da identidade nacional uruguaia, principalmente em contraposição à Argentina, realçou o gosto dos uruguaios em participar da política, mediante a filiação aos partidos ou a mobilização constante da população, com a realização quase anual de eleições e plebiscitos, e também pelo predomínio da vida pública sobre a privada.

Portanto, as interpretações que realçam as formas de cooptação e de predomínio – ou de quase determinação – das estruturas sociais e políticas sobre as atividades desempenhadas pelos intelectuais, como sugeriu Juan Rial, mostram-se duvidosas e rarefeitas, ao menosprezar a esfera dos anseios e interesses que esses atores demonstraram durante seus percursos na vida político-cultural do Uruguai.

Frugoni, Antuña e Quijano pensaram frequentemente sobre o papel desempenhado pelos intelectuais e preconizaram distintas maneiras de exercício de suas atividades nos círculos intelectuais do período, articulando-as às suas próprias trajetórias, que se orientavam ora por estratégias comuns, ora diversas ou mesmo opostas.

Traço comum entre os três, a inserção ou, para sermos mais exatos, a fundação e direção de empresas jornalísticas desempenhou o papel de suporte de divulgação de suas ideias e também o de combate

---

14 CAETANO, Gerardo; RILLA, José. La partidocracia uruguaya. Historia y teoría de la centralidad de los partidos políticos. *Cuadernos del CLAEH*, Montevideo, nº 44, 1987, p. 76-95. Ver também: CAETANO, Gerardo. Lo privado desde lo público. Ciudadanía, nación y vida privada en el Centenario. In: BARRÁN, José Pedro & CAETANO, Gerardo PORZECANSKI, Teresa. *Historias de la vida privada en el Uruguay. Individuo y soledades (1920-1990)*. Montevidéu: Santillana, 1998, p. 19-60.

15 RAMA, Germán. *La democracia uruguaya*. Montevideo: ARCA, 1995.

16 SOUZA, Marcos Alves de. *A cultura política do "batllismo" no Uruguai: 1903-1958*. São Paulo: Annablume/Fapesp, 2003.

e trampolim para as suas atividades políticas, como, por exemplo, a criação de *El Día* por José Batlle y Ordóñez e *El Bien* Público por Juan Zorrilla de San Martín, no final do século XIX, e de *El País* pelos nacionalistas independentes durante a segunda década do XX.

O balanço realizado por Quijano sobre o primeiro aniversário de *El Nacional*, em 3 de agosto de 1931 – quatro meses antes do seu fechamento definitivo, devido à derrota eleitoral sofrida e a questões financeiras –,[17] não deixava dúvidas a respeito da centralidade dos jornais como canal de ação política no Uruguai, bem como em outros países:

> Homens novos em política, de uma geração que ainda aguarda a sua hora, quase desconhecidos, temos feito frente, não obstante, às exigências múltiplas [...]. Tínhamos que dizer nossa palavra e o fizemos, e se fosse necessário começar de novo, sem vacilações o faríamos. Aí está nossa obra: sem dinheiro, sem amigos influentes, um grupo de homens jovens, cujos integrantes estão beirando os trinta anos, criou este diário [...], enfrentaram os problemas vivos da realidade nacional para dizer suas soluções e lançaram, em um ano de esforços, as bases de uma obra que temos o direito de acreditar estável e útil.[18]

Simultaneamente, Frugoni financiava a publicação do diário *El Sol*, vinculado ao Partido Socialista, ao passo que Antuña dirigia *El Bien Público*, os quais também foram veículos das disputas que eles travavam na Câmara de Representantes, desde 1928.

---

17 O jornal *El Nacional* foi fundado para ampliar o espaço de debate e o programa político da ANDS. No entanto, os esforços de seus diretores e colaborabores não foram suficientes para manter a sua publicação após a derrota dos candidatos da ANDS capitaneados por Quijano, no final de 1931, que redirecionaram seus esforços para a confecção do semanário *Acción*.

18 QUIJANO *apud* CAETANO, Gerardo; RILLA, José. *El joven Quijano (1900-1933). Izquierda nacional y conciencia crítica*. Montevideo: Ediciones de la Banda Oriental, 1986, p. 219.

Em um período movediço e muito pouco reconfortante, Frugoni e Quijano, apesar de raramente definirem-se como intelectuais, habitualmente projetaram seus olhares sobre os personagens que circulavam pelo mundo das letras, ao passo que Antuña não ocultava certa satisfação em fazer parte de uma república nacional ou internacional das letras. O intelectual colorado atuou frequentemente em defesa dos direitos autorais, pela formação de uma consciência profissional do escritor e selecionou os prólogos que destacavam invariavelmente a sua fertilidade e fama como homem de letras.[19]

Em uma coletânea de poesias escritas ao longo dos anos 10 e 20, publicada durante seu primeiro ano de estadia em Paris, Antuña assinalava, em alusão ao título *Los viejos ritmos*, que cantava "o velho ritmo da esperança" e criticava a poesia de combate:

> ¿Poesía de combate?
> ¿Cláusulas para la proclama Triunfal?
> ¿Pólvora para las muchedumbres,
> Arco tenso; escudo o violento carácter Mental?
> No. Mi poesía es íntima y humilde y crepuscular.[20]

Contudo, a sua visão sobre a convivência entre o homem de letras e o homem político tinha outras tonalidades, como podemos observar no discurso que proferiu em uma festa de despedida que lhe fora oferecida por seus amigos no Club Uruguay, em 21 de junho de 1925, pelo qual expôs sua visão acerca dos deveres do homem público:

> Na vida pública e parlamentar estou certo de haver cumprido sempre com meu dever fundamental de cidadão e patriota, mas estive muito distante de ser um triunfador, como acabou de definir-me a palavra fraternal, acaso porque careço de

19 ANTUÑA, José G. Pequeña historia de una vocación. In: *El inquieto horizonte*. Montevideo: Talleres Gráficos Institutos Penales, 1937, p. 16.

20 *Idem*. *Los viejos ritmos*. Paris: Imprimérie Artistique A. Fabre, 1925, p. 5.

> certa capacidade orgânica para a conquista do êxito equívoco e fácil, e porque sempre detestei em política, o torpe, o vulgar e o vil.[21]

Tanto em *Litterae* (1926) quanto em *El inquieto horizonte* (1937), Antuña enfocou esse tema, criticou a aproximação dos homens de letras ao comunismo e também ao sindicalismo, logo após alertar sobre as "ações dissolventes" dos intelectuais, evidenciando as suas orientações bastante conservadoras:

> Que tenham sido ácratas alguns intelectuais, de acordo com a pragmática nieszscheana [sic] da "nova estimação dos valores" ou anarquistas fanáticos de uma ideologia ou certa superstição cientificista, isso é problema deles! [*¡allá ellos!*] Mas que se tornem comunizantes, somente explica-se por analfabetismo ou obturação mental, uma vez que o comunista, como seu gêmeo o sindicalista, é o anti-intelectual por definição.[22]

Nessa mesma obra, publicada quando era senador pelo Partido Colorado, Antuña propunha os temas prioritários que, segundo ele, deveriam ocupar a agenda dos intelectuais latino-americanos, como, por exemplo, "o idioma, a raça, a cultura e a arte americana", sobre os quais discutira com Miguel de Unamuno, durante a sua estadia na Espanha.[23]

Por trilhas bem opostas caminhava Frugoni. Em 1925, escrevia o poema *Torres de Marfil*, no qual proclamava a necessidade dos intelectuais – "profetas" – ocuparem-se dos assuntos públicos:

---

21 *Idem*. Viaje a Europa. In: *Palabra. Conferencias y discursos: 1915-1927*. Paris: Editorial Paris-América, 1927, p. 241.

22 *Idem*. Pequeña historia de una vocación. In: *El inquieto horizonte*. Montevideo: Talleres Gráficos Institutos Penales, 1937, p. 14-15.

23 *Idem*. *El inquieto horizonte*. Montevideo: Talleres Gráficos Institutos Penales, 1937, p. 75.

> Abandonad las torres de marfil ¡oh ***poetas!***
> La gran voz de los tiempos necesita ***profetas***
> Que la hagan penetrar en el alma del mundo
> Llevando a todas partes su sentido profundo.
> [...]Salid de vuestras torres; descended a mezclaros
> ¡oh ególatras marmóreos, "decadentes" y raros!,
> Con la gente que cumple sus misiones normales,
> Y el polvo del camino que alzan sus pies inmortales.
> [...]¡Torres ebúrneas! Torres que encarnan el orgullo
> Del esteta anacrónico en medio del murmullo
> Universal, del vasto jadeo del taller
> Donde se está forjando todo lo que ha de ser.[24]

Dois anos depois, ao ver-se envolvido em uma divergência com o batllista do diário *El Día* Mateo Legnani – por ter afirmado que Frugoni, por sua "fobia antibatllista", deveria ter-se dedicado à poesia e não ter sequer metido o dedo no terreno da política –, o socialista uruguaio, mais do que refutar tal acusação, destilou uma visão bastante provocativa em relação ao profissionalismo das letras, que corroborava a mensagem anterior:

> Se eu tivesse sensibilidade moral de literato (não há ninguém mais imbecil que o literato), me sentiria desarmado ante seu empenho em exaltar minhas faculdades poéticas, e sob condição de que me continuasse considerando poeta, estaria disposto a conceder-lhe que não deveria me meter em política.
>
> No entanto, acredito que sou imune ao vírus do profissionalismo literário, que costuma corromper as almas e corroer o espírito dos homens até reduzi-lo, como fazem com o coração da madeira determinados insetos diminutos, a um punhado de serragem de vaidade, de egocentrismo e egoísmo.

24 FRUGONI, Emilio. Torres de Marfil. In: *Poemas civiles*. Montevideo: Claudio García & Cia, 1944, p. 41-43. Grifos nossos.

> [...] Desde que Aristóteles disse que "o homem é um animal político", ficou reconhecido aos poetas o direito de fazer política. A menos que se entenda que os poetas não são homens... Se não o são, dificilmente poderão ser poetas.
>
> [...] Além disso, nos tempos atuais, aquele que se afasta das agitações populares e rechaça as contendas civis não vive completamente sua experiência de homem, não adquire a plenitude de uma personalidade prolífera, não chega a ser homem completo, portanto, tampouco pode chegar a ser poeta completo.[25]

Com um tom mais sereno e menos enredado em uma disputa política direta, ao redigir *La nueva función de la intelectualidad y del arte americanos* (1929), Frugoni registrava as divergências mais visíveis e gerais entre aqueles que proclamavam a autonomia ou o distanciamento dos intelectuais com respeito à política, e os grupos, entre os quais se inseria, que reivindicavam a fusão do homem artístico com o cidadão. Para Frugoni, se, por um lado, os intelectuais oitocentistas tiveram que se "sacrificar" para edificar as novas nações que se emancipavam e, no seu entender, careciam de homens suficientes para realizar uma empresa de notória amplitude, por outro, embora os intelectuais pudessem obter certa autonomia nas primeiras décadas do século XX, sua missão – dizia Frugoni – deveria cumprir-se em sua ação a favor da vida cívica:

> Não quero internar-me nos domínios da velha polêmica sobre os fins da Arte. Admito que a Arte somente existe por si e para si. Porém, uma arte que se mantém deliberadamente distante das mais profundas preocupações da alma coletiva e que se torna impermeável às inquietações da hora, não é a arte forte e vigorosa que corresponde a

25 *Idem*. Carta aberta a Legnani. *Cuadernos de Marcha*, Montevideo, nº 39, jul. 1970, p. 73-75 (originalmente publicada em *Imparcial*, em 1927).

> um mundo jovem. Pode ser uma arte de decadência e desilusão, explicável na Europa, onde os organismos e as psicologias gastaram-se e desequilibraram-se no frenesi angustiante das grandes convulsões sociais, das grandes penúrias, das mais trágicas incertezas...
>
> Todavia, aqui na América a Arte deve ser outra coisa. Aqui deve ter um intenso calor de humanidade, deve estar repleta da vontade de rimar com as preocupações espirituais do momento e não pode encerrar-se em uma atmosfera distinta da atmosfera social que todos respiramos, inclusive o artista. Não se pode sentir ofuscada para que a sombra dos problemas continentais e humanos desça até suas águas mais vibrantes. Além disso, não se deve esquecer que é possível satisfazer a finalidade estética, que lhe dá a razão de ser, sem prescindir dos sentimentos e ideias que vivem por direito próprio na alma e na personalidade da moderna arte americana, consubstanciados com ela, e vibrando, portanto, espontaneamente como cordas da mesma harpa, com que ela canta seu hino de beleza e de vida.[26]

Na mesma direção, Frugoni acrescentava que na Europa, devido a uma "infinita divisão do trabalho", os intelectuais podiam consagrar-se exclusivamente às atividades artísticas, ao passo que na América Latina a situação era diferente. Frugoni corroborou a fórmula de um dos líderes oitocentistas pela unificação italiana, Giuseppe Mazzini (1805-1872) – "as nações, ateliês da humanidade" –, e preconizou a busca de uma arte própria americana:

> Se vamos ter uma arte própria, há de ser nem tanto para se individualizar em suas modalidades exteriores, mas por sua resposta às condições e necessidades históricas de nossa existência coletiva. O verdadeiro americanismo

26 *Idem*. La nueva función de la intelectualidad e del arte americanos. In: *La sensibilidad americana*. Montevideo: Maximino García, 1929, p. 77. Arte em maiúsculo no original.

> é internacionalismo e humanismo. Não reside no aspecto pitoresco das coisas nem nos modos superficiais ou externos à vida. Seu caráter próprio e definitivo deve vir de sua idealidade, que naturalmente é coisa do espírito. Se lhe falta essa idealidade, esse espírito, nós teremos *nativismos* ou *regionalismos* com um interesse geográfico mais ou menos acentuado, mas não teremos arte americana.[27]

Frugoni preconizava, dessa forma, a construção de um americanismo que reafirmasse o caráter cosmopolita e humanístico da América Latina, em comunhão com as esferas mais vibrantes da vida dos seus habitantes. Além disso, o intelectual socialista inscrevia suas críticas aos movimentos nativistas e regionalistas que, a seu ver, ao enfatizar certos localismos perdiam a oportunidade de edificar uma efetiva arte que compartilhasse características comuns entre todas as regiões latino-americanas e do Globo.

Frugoni e Antuña uma vez mais divergiam claramente sobre tal polêmica. Ancorado em controvertidas considerações de Taine e Buckle sobre a América, Antuña advertia a todos aqueles que pensavam com Edgard Quinet, que na América do presente havia "germens de vida nova" e que novas direções se desenhavam no seu horizonte cultural, sobre a dificuldade da tarefa. Não obstante sua defesa do hispanismo, os supostos males teriam origens no legado deixado pelos ibéricos e nas formações humanas e sociais que se edificaram com o tempo:

> Até o presente, tão somente desfrutamos da herança intelectual, pobre, ainda que generosa, que nos legaram os conquistadores, que é a herança de ferro de um passado legendário e heróico, sempre palpitante através das origens coloniais e através do nebuloso cosmopolitismo invasor.
>
> [...] É desatendendo a pessimistas e analíticos externos, que se anunciou o germe primeiro da alma americana.

27 *Ibidem*, p. 79.

> Apesar da confusão de raças e costumes, do estado amorfo de nossa sociabilidade e de todo o exótico que indetermina o ambiente, nós sentimos como no distante amanhecer, a consciência da alma genuína de nossa América...
>
> E este período embrionário e de formação que alenta a ilusão de uma grandeza por chegar, pode frutificar, acaso, em uma "literatura distinta" por sua originalidade? Acaso na bruma desse vago despertar, pode o poeta, o artista, o novelista alçar com audácia as asas de seu gênio?
>
> [...] Não se pode exigir racionalmente essa autonomia em toda a sua magnitude, dadas as manifestações de vida da incipiente sociedade de um continente ainda inorgânico e desagregado. Não poderia surgir senão uma arte resultante de fatores psicológicos inferiores ou, por outra parte, exclusivamente a pintura de uma exuberante natureza, como se àquela lhe satisfizesse o mero contingente dos motivos naturais.[28]

Fica evidente que Antuña elaborava uma interpretação não somente a contrapelo do pensamento de Frugoni, mas de todo um movimento que se articulava na América Latina em busca da denominada "emancipação do discurso" e da arte, que já era possível de ser observada mesmo antes dos movimentos vanguardistas que brotavam em toda a região.[29]

Além disso, a citação de Antuña revelava uma visão de que a arte e a cultura só poderiam vir da Europa, que os "povos americanos" eram "inferiores" e que, na América, só a natureza era exuberante e própria. Antuña expressava novamente o seu olhar extremamente conservador sobre a América Latina, pois, segundo ele, nossa única herança provinha dos colonizadores e ainda por cima, herança pobre

28 ANTUÑA, José G. Sobre la autonomía literaria de América. In: *Litterae. Ensayos, Crítica, Comentarios.* Paris: Impremérie Artistique A. Fabre, 1926, p. 210-212.

29 Cf. PIZARRO, Ana (org.). *América Latina: palavra, literatura e cultura.* Vol. 2: *A emancipação do discurso.* São Paulo: Memorial; Campinas: Unicamp, 1994.

apesar de generosa. No entanto, como veremos no próximo capítulo, devemos matizar essa interpretação de Antuña, pois ele passará a exaltar a tradição católico-conservadora ibérica a partir de finais da década de 20.

Frugoni e Antuña publicavam esses textos durante a segunda metade dos anos 20, período em que os movimentos vanguardistas latino-americanos colhiam frutos significativos, bem como se ampliava o número de vozes, acima de tudo, entre os grupos comunistas que defendiam a reestruturação dos círculos artísticos e literários em torno do realismo socialista. Vale lembrar que Frugoni foi um crítico habitual desse movimento em harmonia com suas censuras ao ideário e às práticas comunistas. Além disso, o artigo publicado por Antuña em Paris constitui uma peça-chave para podermos entender porque ele foi relativamente esquecido nos anos 60/70, um período de força da intelectualidade de esquerda, que reivindicava com maior ênfase a valorização dos caracteres próprios latino-americanos e a fusão dos homens de letras com a dita cultura popular.

Quijano, que não era "literato" ou poeta como Frugoni e Antuña, coincidia sobretudo com o socialista uruguaio a respeito da imperativa ação dos intelectuais na vida política de todas as nações latino-americanas. Entretanto, Quijano realçava a necessidade de um olhar de "especialista" ou mais fundamentado sobre as demandas dos países da América Latina.

Após destacar, como mencionamos no capítulo anterior, o caráter associativo e anti-imperialista da Associação Geral de Estudantes Latino-americanos (AGELA), Quijano destacou que as reuniões semanais dos seus membros representaram um exemplo de frutífero estudo dos problemas latino-americanos mais urgentes:

> Permitam-nos dizer que estas conversações semanais têm, a nosso ver, uma extrema importância e serão de um fecundíssimo resultado. Acreditamos que pela primeira vez se estudam de uma maneira científica e objetiva, por

> latino-americanos, os problemas vitais de nosso continente. Acreditamos que é a primeira vez que se tenciona esse esforço de compreensão e de mútuo conhecimento, de maior utilidade que todas as declarações e todos os manifestos sobre nossa solidariedade, e que constitui a base imprescindível para toda a ação política futura na América. Acreditamos que esta obra somente será suficiente para que a AGELA não seja esquecida e para que sua ação se prolongue a todos os futuros movimentos políticos de nosso continente.
>
> [...] *Aprendre* ou *perir*, dizia nestes dias em referência aos problemas da Europa, um velho mestre da política. A divisa é da mais urgente aplicação na América. Contra a demagogia estúpida, contra o charlatanismo, contra a ignorância, contra a estreiteza regionalista, produto precisamente desta ignorância que se nega a ver, e às vezes nem suspeita sobre o que está fora da fronteira das pátrias pequenas, se não quisermos perecer, é necessário que nos concentremos em estudar, estudar e estudar.[30]

Em 1928, já de volta ao Uruguai, Quijano reafirmou a necessidade do estudo profundo dos problemas vitais de cada país latino-americano e realçou que era necessário reconhecer a centralidade dos temas econômicos na vida das principais nações do mundo, como ocorria nos Estados Unidos, na União Soviética, na França e no México pós-revolucionário. Para Quijano, o México tentava resolver desde o final de sua Revolução (1910-1917) o problema da reforma agrária que era, a seu ver, "substancialmente um problema econômico".[31]

---

30 QUIJANO, Carlos. La Asociación General de Estudiantes Latinoamericanos en París. Su obra y su programa. In: *América Latina, una nación de Repúblicas.* Montevideo: Câmara de Representantes, 1989, p. 23 (artigo publicado originalmente em *El País*, em 4 de maio de 1927).

31 *Idem.* La Facultad de Ciencias Económicas. In: *Cultura, personalidades y mensajes.* Montevideo: Cámara de Representantes, 1992, p. 69-71 (originalmente publicado pela *Revista Histórica del Partido Nacional*, em 3 de agosto de 1928).

Herdeiro e personagem dos ventos transformadores que agitavam o ambiente universitário do Uruguai desde 1908, que se acentuaram a partir de 1918, o jovem Quijano buscou frisar o lugar das novas gerações hispano-americanas entre a cultura e a política. Ao citar nomes como o do peruano fundador da Aliança Popular Revolucionária Americana (APRA)[32] Víctor Raúl Haya de la Torre, do chileno Óscar Schnake, dos argentinos Julio González, Alejandro Lasta e Eduardo Araújo, além do cubano Julio Antonio Mella, Quijano salientava que as novas gerações estavam empenhadas em articular os ambientes universitários e operários. Para o jovem intelectual uruguaio, a marca geracional que os distinguia provinha do "repúdio à geração anterior obcecada pelo positivismo e corroída por toda classe de interesses", com exceção de, entre outros, José Vasconcelos, José Ingenieros e Ricardo Rojas. Do mesmo modo, as novas gerações defendiam o "hispano-americanismo como postulado básico em matéria internacional ou como instrumento eficaz de redenção social e difusão da cultura.[33]

No caso específico do Uruguai, Quijano assinalou a escassez de estatísticas, de estudos de economia política e sobre sua política exterior, baseados em dados a respeito de sua balança de pagamentos, sem os quais não se poderia, no seu entender, traçar qualquer projeto de política social:

---

32 A fundação da APRA foi liderada por Haya de la Torre, quando se encontrava exilado no México, em 1924. A linha norteadora desse importante movimento político-intelectual do Peru foi o indo-americanismo e seus principais objetivos foram a luta contra o imperialismo dos EUA, a unidade política da América Latina ou Indo-América, a nacionalização de terras e de indústrias, a internacionalização do Canal do Panamá e a "solidariedade com todos os povos e grupos oprimidos do mundo". Em 1931, a APRA transformou-se no Partido Aprista Perua (PAP). Cf. HAYA DE LA TORRE, Víctor Raúl. *El antimperialismo y el APRA*. Santiago: Ediciones Ercilla, 1936, p. 33-41.

33 QUIJANO, Carlos. La nueva generación. In: *Cultura, personalidades y mensajes.* Montevideo: Cámara de Representantes, 1992, p. 37-38 (originalmente publicado por *El País*, em 11 de fevereiro de 1924).

> Somos um país, portanto, que não temos nenhuma base para iniciar uma política social. Fala-se agora - vamos tocar um tema palpitante, para animar um pouco o ambiente - do problema do salário mínimo. No entanto, o salário mínimo não pode ser decidido por um simples decreto - se vocês permitem a palavra - pelos legisladores. É um problema de uma transcendência social e econômica vastíssima, que demanda uma decisão baseada em dados econômicos, que inexistem nesse sentido. [...]
>
> Tomemos qualquer outro problema fundamental do país: o regime de impostos. É uma das coisas mais complexas, mais abstrusas e menos científicas que conheço.
>
> [...] Vejam, portanto, a necessidade urgente que temos em criar de uma vez por todas uma Faculdade de Ciências Econômicas, que seja o centro de direção, de controle fiscal e de previdência nessa matéria de ciência econômica e ciência financeira. Eu diria mais - sem que isto implique que saia do tema. Entendo que o problema fundamental de nossa democracia está ligado precisamente à criação de técnicos em matéria de economia. Tudo o que é denominado "a crise atual dos parlamentos" - vocês a conhecem tão bem quanto eu - deriva-se precisamente disso, de que os parlamentos costumam estar integrados por gente que não conhece os problemas econômicos e, como não conhecem os problemas econômicos, as coisas fundamentais e vitais do país não se resolvem.[34]

Um dos desenlaces parciais de tal visão expressada por Quijano ocorreu durante o debate sobre o projeto de emissão de dívida pública para a realização de obras de infraestrutura viária e hidrográfica, em 11 de abril de 1930. O empréstimo de banqueiros norte-americanos ou britânicos levantou uma expressiva polêmica entre os parlamentares.

34 *Idem*. La Facultad de Ciencias Económicas. In: *Cultura, personalidades y mensajes*. Montevideo: Cámara de Representantes, 1992, p. 72-73.

Durante aquela sessão, Frugoni posicionou-se totalmente contra o empréstimo e argumentou que o Uruguai deveria guiar-se por um dever moral, antes que por supostas necessidades, ao passo que Quijano, embora reprovasse a contratação do empréstimo com os Estados Unidos, não se opôs ao projeto, uma vez que sustentava que era necessário modernizar a infraestrutura do país e, portanto, sua economia.[35]

Além disso, Quijano reclamou um tratamento mais fundamentado sobre o tema e criticou parte do discurso do deputado socialista por sua falta de conhecimento técnico e pela estreiteza de sua visão naquele momento. Para Quijano, às vezes era necessário pedir um empréstimo, ainda que tal operação revelasse a debilidade de um Estado que não podia contar com capitais nacionais para a realização de projetos fundamentais para a nação.[36]

Plano cultural e sociabilidades intelectuais

Até aqui sustentamos a evidente articulação entre a esfera cultural e a esfera política no Uruguai durante as primeiras décadas do século XX. Daqui em diante iremos focalizar algumas transformações por que passaram esses planos, com especial ênfase sobre as redes de sociabilidade de Frugoni, Antuña e Quijano.

Se o *Ateneo* de Montevidéu desempenhou um papel de destaque para a gênese dos intelectuais e políticos de proa do Uruguai de finais do século XIX, por outro lado, a ampliação do ensino primário e secundário facilitou o acesso da população à denominada cultura letrada. Além disso, a Universidad de la República (UDELAR), ao lado dos círculos jornalísticos, passaram a desempenhar um papel gradativamente mais destacado para a formação dos novos grupos políticos e intelectuais nos princípios do século XX.

35 *Diario de Sesiones de la Cámara de Representantes*. Tomo 361. Montevideo: Imprenta Nacional, 1931, p. 464.

36 *Ibidem*, p. 544-545.

A ebulição de iniciativas para a renovação e ampliação desses grupos respondia às profundas modificações que a imigração e a urbanização acelerada imprimiam sobre a sociedade nacional, especialmente na capital, e buscava expor suas divergências em relação às disputas político-intelectuais protagonizadas por *blancos* e colorados.

Frugoni foi o regente de uma dessas iniciativas ao liderar a fundação do Centro Obrero Socialista, em 1904, bem como do Centro Carlos Marx, que estava destinado a formar grupos de estudos sobre as obras escritas pelo intelectual alemão, dentre outros. A fusão desses centros, em 1905, operou como um dos principais antecedentes que possibilitou a fundação do Partido Socialista, em 1910.

Entretanto, a sociabilidade de Frugoni foi mais diversificada, pois neste mesmo período participou ao lado de Rodó e do escritor conservador Carlos Reyles (1868-1938) como jurado de concursos literários do "colorado" Club Vida Nueva, anteriormente denominado Club Libertad, o que de certa maneira lhe propiciara colaborar como crítico teatral para o jornal *El Día*.

Enquanto Frugoni concluía seus estudos na Faculdade de Direito e Antuña ingressava na mesma instituição, a UDELAR passava por um processo de reforma universitária, que levantou, em 1908, algumas das principais questões reivindicadas uma década depois pela Reforma Universitária cordobesa de 1918.[37]

Se avançamos por esses dez anos, chegamos ao período em que Quijano ingressou em uma universidade marcada pelos ecos nem sempre correspondidos de um novo impulso reformista. Para o jovem intelectual, o sistema universitário uruguaio se distanciava do "povo" e havia se transformado em uma "fábrica de profissionais". Defendeu que a universidade deveria ir além, ao se transformar em "um grande centro de cultura, um grande centro de pesquisa científica *aprofissional*, se nos é permitido o termo". Carregou um pouco nas tintas ao

37 Cf. ODDONE, Juan A.; PARÍS, Blanca. *La universidad uruguaya del militarismo a la crisis, 1885-1958*. Tomo II. Montevideo: Universidad de la República, 1971, p. 108-118.

afirmar que o ambiente universitário na "América" tinha uma grande obrigação, pois "não há, fora das universidades, nenhum outro foco de cultura. O fracasso, a decadência da universidade em nosso meio, é o fracasso ou a decadência de toda a cultura do país".[38]

Ao comparar o ensino universitário do Uruguai e da França, a balança pendia para o país europeu, onde Quijano havia frequentado as aulas de François Simiand e André Gide, em que estudou, para além da balança de pagamentos, os processos de redistribuição e cooperação, como não deixou de salientar. Além disso, segundo Quijano, ao contrário da França, onde as profissões liberais eram vistas como qualquer outro tipo de ofício ou trabalho, no Uruguai os chamados "doutores" eram, "à falta de outra coisa, a nobreza da sabedoria, uma espécie de mandarinato americano". A visão de Quijano concluiu por uma espécie de anti-intelectualismo, como poderia parecer até aqui? Não, pois afirmou em seguida que "seria injusto negar que em nossas inorgânicas repúblicas os *doutores* são geralmente, senão os únicos, eficazes fatores de civilização. Entretanto, é necessário reconhecer que nosso ensino *doutoral* não é suficiente para responder às exigências de nossas modernas sociedades".[39]

Com uma visão nem sempre livre dos diagnósticos pejorativos sobre os países latino-americanos, Quijano carregava nas tintas para apoiar a sua tranformação em um órgão que respondesse às principais demandas da realidade nacional. Assim, sua trajetória convergiu com a de Frugoni nos finais dos anos 1920 e durante os 1930 no sentido da democratização do ensino universitário, uma vez que lecionaram simultaneamente na Universidade Popular uruguaia. Além disso,

---

38 QUIJANO, Carlos. La Reforma Universitaria y la Facultad de Derecho de Montevideo. In: *Cultura, personalidades y mensajes*. Montevideo: Cámara de Representantes, 1992, p. 49-50 (originalmente publicado por *El País*, entre os meses de junho e julho de 1928).

39 *Ibidem*, p. 53-54.

foram eleitos representantes dos alunos nos foros universitários em vários momentos.

Em 1936, a redação de *Acción* expressou sua opinião acerca das Universidades Populares, após sofrerem restrições por parte do governo de Gabriel Terra:

> As Universidades Populares – fazemos nossas as palavras de *Jornada* – constituem o esforço mais desinteressado e profundo do povo à procura de sua própria cultura. Nada foi criado nesta última época que inspire mais o aplauso e a admiração. É obra do povo, do verdadeiro povo, que busca seu caminho nesta hora incerta para o seu próprio destino.[40]

Em linhas gerais, o ambiente cultural uruguaio ganhou novos contornos durante o período entreguerras, que, não obstante a fundação de revistas nutridas por mananciais vanguardistas e em alguns casos mais preocupadas com questões estéticas, se iniciou permeado pela convergência com a esfera estatal, como argumentou Hugo Achugar.[41]

Durante a década de 1930, podemos discernir algumas bifurcações mais combativas no cenário cultural e intelectual uruguaio. Se, por um lado, Antuña galgava uma posição de cúpula nos círculos oficiais, por outro, a fundação do semanário *Acción*, da Asociación de Intelectuales, Artistas, Periodistas y Escritores (AIAPE) e de *Marcha*,

40 El ataque a las universidades populares. *Acción*, Montevideo, ano V, nº 133, 27 jun. 1936, p. 4.

41 Ver ACHUGAR, Hugo. Paisajes y escenarios de la vida privada, literatura uruguaya entre 1920 y 1990. In: BARRÁN, José Pedro – CAETANO, Gerardo – PORZECANSKI, Teresa. *Historias de la vida privada en el Uruguay. Individuo y soledades (1920-1990)*. 2ª ed. Montevideo: Santillana, 1998, p. 209-215. Sobre a vanguarda no Uruguai, consultar: RODRÍGUEZ MONEGAL, Emir. El olvidado ultraísmo uruguayo. *Revista Iberoamericana*, Madri, nº 118-119, jan.-jun. 1982, p. 257-274; ROCCA, Pablo. Las rupturas del discurso poético (De la vanguardia y sus cuestionamientos, 1920-1940). In: RAVIOLO, Heber; ROCCA, Pablo (dirs.). *Historia de la literatura uruguaya contemporánea. Una literatura en movimiento (Poesía, Teatro y otros géneros)*. Tomo II Montevideo: Ediciones de la Banda Oriental, 1997, p. 9-59.

além do projeto editorial Sociedad Amigos del Libro Rioplatense, propiciaram a Quijano e a Frugoni, dentre outros expressivos intelectuais do período, participar de círculos intelectuais que não se ancoravam em iniciativas estatais, e que construíam importantes pontes com a intelectualidade de outros países.

Vale destacar que, inicialmente com *Acción* e posteriormente com *Marcha*, Quijano nucleou um grupo claramente heterogêneo de intelectuais que desempenhou um papel de destaque a respeito das direções a serem seguidas pelo meio cultural e político do país. Além dos fundadores Quijano, Arturo Ardao e Julio Castro, frequentaram seus quadros: Juan Carlos Onetti, Emir Rodríguez Monegal, Ángel Rama, Eduardo Galeano, Carlos Martínez Moreno, Carlos Real de Azúa etc. Além disso, tais semanários habitualmente mantiveram canais de comunicação com intelectuais e políticos de outros países americanos e europeus, particularmente aqueles que ocupavam posições de luta pela democracia, a favor das emancipações coloniais ou que sofriam perseguições políticas, como os membros da Aliança Nacional Libertadora, capitaneada por Luis Carlos Prestes e diversos grupos de esquerda na Argentina, como a Fuerza de Orientación Radical de la Joven Argentina (FORJA).

A AIAPE foi criada em Montevidéu, em 1936, após a fundação da unidade inicial na Argentina. Seus principais representantes foram Antonio Grampone, Paulina Luisi, Arturo Prunell, Frugoni, Quijano, Eugenio Petit Muñoz, Luisa Luisi e Justino Zabala Muniz, que a promoveram nas páginas de *Acción* e *Marcha*. A AIAPE perseguia o objetivo comum de congregar seus representantes em torno da luta pela democracia, a favor da República Espanhola, e "orientar o movimento intelectual do país, no sentido da defesa da cultura diante da ameaça que para ela representam o fascismo e demais forças regressivas".[42]

---

42 AIAPE (Agrupación de Intelectuales, Artistas, Profesionales, Periodistas y Escritores). *Acción*, Montevideo, ano V, nº 140, 20 out. 1936, p. 2. Ver também: CELENTANO, Adrián. Ideas e intelectuales en la formación de una red sudamericana antifascista.

Para citar três exemplos, em setembro de 1938 *Acción* publicou uma conferência de Guillermo García Moyano sobre a nacionalização do petróleo no México pelo governo de Lázaro Cárdenas, durante o ato organizado pela AIAPE.[43]

Em 1941, *Marcha* estampou outro pedido de mobilização por parte dos intelectuais, por meio da pluma de Sofía Arzarello, que enfocou as proezas de Luis Carlos Prestes:

> É possível que ainda hoje se pergunte se o intelectual deve ocupar um lugar na luta. [...] Em momentos em que o mundo sangra, o reclamo é dramático. Deve o intelectual ocupar seu posto na luta! Esta é o choque entre dois elementos: a força que vem do passado e segue adiante, e a força que arranca do presente e segue para trás. Ambas entranham um problema único: o da cultura. Deve o intelectual ocupar um lugar na luta?[44]

Finalmente, o último governo do período ditatorial, liderado por Alfredo Baldomir, captou as pressões da população uruguaia a favor dos aliados, além de buscar a coligação das principais forças políticas democráticas, à exceção da ANDS liderada por Quijano e do Partido Socialista, para protagonizar o denominado *golpe bueno*, que arquitetou uma reforma política e constitucional, aprovada pela população por meio de um plebiscito.[45]

Literatura y lingüística, Santiago de Chile, Universidad Católica Cardenal Raúl Silva Henríquez, nº 17, 2006, p. 195-218.

43 GARCÍA MOYANO, Guillermo. México y su problema petrolero. Conferencia pronunciada en el acto de homenaje a México organizado por AIAPE. *Acción*, Montevideo, ano VI, nº 176, 10 set. 1938, p. 4-5.

44 AIAPE. La hora de la acción. *Marcha*, Montevideo, ano III, nº 107, 01º ago. 1941, p. 18.

45 Cf. DUTRÉNIT, Silvia B. Uruguay: Golpe malo, golpe bueno – los reajustes del sistema político después de 1930. In: ANSALDI, Waldo (ed.). *Tierra en llamas. América Latina en los años 1930*. La Plata: Ediciones Al Margen, 2002, p. 56-57. Ver

Para Quijano, a transição conduzida por um herdeiro do *marzismo*[46] era bastante crítica, pois, a seu ver, borrava uma das piores gestões governamentais do Uruguai. Além disso, Quijano sustentava que a tímida reforma constitucional conservava as bases da Constituição de 1934 e que a sua aprovação mediante o voto popular não representava a verdadeira opinião da população, que não tivera a oportunidade de discuti-la amplamente:

> O grande renascimento nacional que poderia ter originado a pilhagem de 33, terminou, assim, em uma opereta jocosa. Opereta ou tragicomédia. Ao governo do general Baldomir lhe corresponderá, portanto, esta triste honra: ter vencido uma grande esperança de reconquistar a pátria. Em sua defesa, repetimos, somente cabe dizer que toda a responsabilidade, que talvez a maior parte da responsabilidade não é sua: é dos dirigentes da oposição, alguns dos quais podem se considerar triunfadores efêmeros da hora que passa. Dos dirigentes, inferiores ao seu destino e à sua missão. Diz-se: isto é política. É uma política, nunca justificável, mas acaso capaz de dar resultado em outros tempos. Agora continua a ser tão justificável como antes e, ademais, seguramente é infecunda.
>
> O forno não está para bolos, nem os dias para habilidades.
>
> Também é preciso gritar que, se isto é a política, então que a façam outros.
>
> Provar que não o é, é a árdua tarefa que nos espera.[47]

---

também: FREGA, Ana; MARONNA, Mónica; TROCHON, Yvette. *Baldomir y la restauración democrática (1938-1946)*. Montevideo: Ediciones de la Banda Oriental, 1987.

46 Como era denominado o regime ditatorial uruguaio por Quijano e demais opositores, em alusão ao mês em que o golpe de 1933 fora executado.

47 QUIJANO, Carlos. Despedida. *Marcha*, Montevideo, ano V, nº 174, 26 fev. 1943, p. 4.

Em resumo, de 1917 a 1933, os cenários culturais uruguaios haviam passado por uma tentativa de estatização e institucionalização, isto é, de amparo das entidades culturais pelo Estado, mas que se caracterizava pela polifonia, em diversas organizações intelectuais e culturais que buscavam traçar e pavimentar novos caminhos. Entre 1933 e 1942, ocorreu uma relativa diminuição dessa polifonia, pelo menos nos ambientes oficiais, com o "protagonismo" de Antuña como porta-voz dos governos ditatoriais de Gabriel Terra e Alfredo Baldomir. A despeito disso, vários projetos autônomos irromperam no tecido social, com a fundação de *Acción*, *Marcha* e da AIAPE., bem como a volta de Joaquín Torres García ao Uruguai, em 1935, e a criação da Escuela del Sur, que reivindicava a emancipação artística da América Latina.[48] De 1942 a 1973, o Uruguai entrou em um tortuoso período de tentativa de reconstrução de sua democracia política, que promoveu, por sua vez, a ampliação dos espaços de sociabilidade cultural e intelectual. O battlismo, principal setor de oposição intrapartidária do terrismo, conseguiu se rearticular nos anos 1940 e voltou a ocupar a cadeira presidencial em 1947, com Luis Batlle Berres, que era sobrinho de José Batlle y Ordóñez. No entanto, já no governo anterior de Juan José de Amézaga, o Uruguai começava a sentir os ventos favoráveis do fim da Segunda Guerra Mundial e iniciava o denominado "decênio glorioso" (1945-1955). Todavia, de 1955 a 1973, o contexto tornou-se gradativamente menos favorável e bastante conflituoso, tanto na esfera pública quanto na íntima ou privada, como sustentaram diversos autores.[49]

---

48 Cf. TORRES GARCÍA, Joaquín. *Universalismo constructivo: contribución a la unificación del arte y la cultura de América*. Buenos Aires: Editorial Poseidón, 1944.

49 ALONSO ELOY, Rosa; DEMASI, Carlos. *Uruguay 1958-1968. Crisis y estancamiento*. Montevideo: Ediciones de la Banda Oriental, 1986; REY TRISTÁN, Eduardo. *A la vuelta de la esquina. La izquierda revolucionaria uruguaya (1955-1973)*. Montevideo: Editorial Fin de Siglo, 2005; RUIZ, Esther; PARIS, Juana. Ser militante en los sesenta. In: BARRÁN, José Pedro. CAETANO, Gerardo. PORZECANSKI, Teresa. *Historias de la vida privada en el Uruguay. Individuo y soledades (1920-1990)*. Montevideo: Santillana, 1998, p. 266-298; TROCHON, Yvette. *Escenas de la*

Emir Rodríguez Monegal assinalou as importantes iniciativas financiadas pelo governo no plano cultural: apoio a instituições como a Asociación Uruguaya de Escritores (AUDE); estímulo à produção cultural com o aumento dos prêmios concedidos pelo Ministério da Instrução Pública; criação da Faculdade de Humanidades e Ciências da Educação, integrante da UDELAR; fundação da Comédia Nacional; ampliação do acervo bibliográfico da Biblioteca Nacional.[50]

Ángel Rama também destacou o essencial amparo do Estado às atividades no terreno cultural. Lembrou sobre a expansão do Servicio Oficial de Difusión Radio Eléctrica (SODRE), fundado em 1929, mas que havia se expandido com a criação de uma orquestra sinfônica, um corpo de baile, uma cinemateca, entre outras atividades, que haviam construído o "centro artístico-musical do país", bem como da criação da Comédia Nacional, em 1947. Para Rama, esse apoio representou "uma preocupação cultural orientada principalmente à instrução massiva, ainda que incorporasse a formação de elites de elevado padrão".[51]

Além disso, o Museu Histórico Nacional foi reorganizado; ocorreu a fundação do Instituto Nacional de Investigaciones y Archivos Literarios (INIAL), em 1947; foi criado o Instituto de Profesores Artigas (IPA), em 1950, responsável pela formação docente de ensino secundário; e a Biblioteca Nacional foi reformada e ampliada, nos começos dos anos 1950.[52]

---

vida cotidiana. Sombras sobre el país modelo (1950-1973). Montevideo: Ediciones de la Banda Oriental, 2011.

50 RODRÍGUEZ MONEGAL, Emir. *Literatura uruguaya del medio siglo*. Montevideo: Alfa, 1966, p. 36.

51 RAMA, Ángel. La generación crítica. In: BENVENUTO, Luis Carlos (org.). *Uruguay hoy*. Buenos Aires: Siglo XXI, 1971, p. 337.

52 ROCCA, Pablo. *Ángel Rama, Emir Rodríguez Monegal y el Brasil: Dos caras de un proyecto latinoamericano*. Montevideo: Ediciones de la Banda Oriental, 2006, p. 124-125.

Vicissitudes e dilemas do mercado editorial uruguaio

Durante as décadas de 1940 e 1950, Rodríguez Monegal dirigiu as páginas culturais de *Marcha* e colocou em primeiro plano o mundo das edições no país, ao sustentar que a situação era preocupante e lastimável, uma vez que as principais editoras do Uruguai haviam fechado suas portas. O crítico uruguaio argumentou que era muito mais oneroso publicar um livro no Uruguai do que em outros países latino-americanos, e não por falta de "oficinas especializadas", "técnicos capazes", "escritores ávidos" e até mesmo de capital, mas devido ao público leitor relativamente pequeno do país.[53]

O artigo ainda assinalou que o mercado editorial uruguaio havia perdido duas oportunidades para expandir suas atividades. A primeira durante o declínio da produção espanhola e posteriormente quando o peronismo conduzia os rumos políticos e culturais da Argentina. Segundo Rodríguez Monegal, muitas editoras daquele país haviam pensado em trasladar suas unidades gráficas para o Uruguai, mas foram desestimuladas pelos elevados orçamentos que teriam que dispor para poder publicar da mesma forma que no país de origem, preferindo manter suas atividades na Argentina, ainda que fossem alvo de perseguições e censuras.

Apesar de não haver estudos mais minuciosos sobre as edições no Uruguai da primeira metade do século XX, podemos concordar com Rodríguez Monegal com respeito aos frequentes altos e baixos de uma indústria que raramente contou com o apoio estatal até os princípios dos anos 1950.

Mais recentemente, o historiador Carlos Zubillaga analisou, em um breve artigo, o papel desempenhado por editores galegos durante a virada do século XIX para o XX e demonstrou que tais personagens

53 RODRÍGUEZ MONEGAL, Emir. El escritor y el problema editorial en nuestro país. *Marcha*, Montevideo, ano XIV, nº 659, 13 fev. 1953, p. 14.

tiveram que conviver "geralmente em árduo debate com as estreitezas de um mercado editorial reduzido e de uma política cultural inconsistente quando não ausente".[54]

Alberto Zum Felde, por outro lado, assinalou que a maioria dos livros de autores nacionais, publicados no último quartel do oitocentos, havia saído das tipografias de Dornaleche y Reyes, ao passo que o anarquista Orsini Bertani desempenhava um papel vital para a edição dos novos autores nacionais nas duas primeiras décadas do novo século.[55]

Ainda que o panorama editorial uruguaio não se mostrasse muito alentador, Frugoni e Antuña possuíam algumas opções para a publicação de suas obras. Frugoni provavelmente se aproximou de Bertani por questões ideológicas, mas também publicou parte de suas obras ensaísticas pela editora dos irmãos galegos Claudio e Maximino García.

Por outro lado, durante o período em que os setores conservadores do Partido Colorado governaram o Uruguai, de 1916 a 1946, praticamente todas as obras que Antuña publicou por editoras nacionais estiveram vinculadas ao fomento estatal, à exceção de *Acción parlamentaria*, publicada pela editorial Gómez y Cía., em 1924.

Traço comum entre ambos, e em menor medida com relação a Quijano, foi a busca da publicação de parte substantiva de sua obra por editoras estrangeiras, principalmente argentinas, no caso de Frugoni, ou francesas, argentinas e espanholas, por parte de Antuña. Essa prática revelava a necessidade de alguns autores nacionais em buscar o amparo de indústrias editoriais mais estruturadas e estáveis. Entretanto, também operava como uma estratégia publicitária bem planejada, que tinha como objetivo promover uma mais ampla circulação de seus textos em outros meridianos.

---

54 ZUBILLAGA, Carlos. Libreros y editores gallegos en Montevideo. *Madrygal*, Madri, nº 2, 1999, p. 139.

55 ZUM FELDE, Alberto. *Proceso intelectual del Uruguay*. III – La promoción del Centenario. 3ª ed. Montevideo: Ediciones del Nuevo Mundo, 1967, p. 40-41.

Antuña publicou sete obras em Paris, ao longo de suas idas e vindas à capital francesa, entre 1925 e 1930. Durante a segunda metade da década de 1930, publicou outras duas obras pela editorial argentina M. Gleizer, e a partir dos anos 1940 publicou algumas obras em território espanhol.

Quijano publicou *Nicaragua: ensayo sobre el imperialismo de los Estados Unidos*, em Paris, em 1928, com o amparo da AGELA, após a paulatina exposição de sua publicação nas colunas do diário *El País*, durante 1927. O jovem intelectual uruguaio conseguiu, dessa maneira, uma maior circulação de seu ensaio político entre os setores intelectuais hispano-americanos e europeus.

Por outro lado, Frugoni não buscou publicar suas obras em terras europeias, mas, assim como Antuña, desde meados da década de 1910, enviou contribuições para a revista argentina *Nosotros*. Além disso, o seu exílio na Argentina, desde abril de 1933 até meados de 1934, consolidou seu laços de amizade e cooperação intelectual com os membros da editora Claridad. Cabe ressaltar que os impressos de Claridad possuíam uma ampla difusão no período em toda a América Hispânica. A editora se definia como uma "tribuna de pensamento esquerdista" e representou um importante local de sociabilidade intelectual, nucleado em torno de seu diretor Antonio Zamora.[56]

Como destacava o anúncio nas últimas páginas de *La revolución del machete: panorama político del Uruguay*, primeira obra de Frugoni publicada pelas impressoras de Zamora, em 1934, a revista *Claridad* tinha uma tiragem de 10.000 exemplares e circulava por todos os países de língua espanhola, o que provavelmente também ocorria com os livros publicados pela editora homônima.

Além da obra acima citada, publicou pela editora argentina *Las tres dimensiones de la democracia* (1944), *De Montevideo a Moscú*

56 Cf. FERREIRA DE CASSONE, Florencia. *Claridad y el internacionalismo americano*. Buenos Aires: Claridad, 1998. Ver também CANDIANO, Leonardo; PERALTA, Lucas. *Boedo: Orígenes de una literatura militante. Historia del primer movimiento cultural de la izquierda argentina*. Buenos Aires: Ediciones del CCC – Centro Cultural de la Coop. Floreal Gorini, 2007.

(1945) e *La esfinge roja* (1948). Além disso, Frugoni publicou *Génesis, esencia y fundamentos del socialismo* (1947) por outra editorial argentina denominada Americalee.

Na década anterior, não obstante, Frugoni havia participado de uma das iniciativas mais interessantes no campo das edições no Uruguai, que escreveu um capítulo singular na trajetória editorial do país, bem como revelou os reveses de sua prática de produção livresca. Fazemos referência à criação da Sociedad Amigos del Libro Rioplatense (SALRP), que congregou vários intelectuais uruguaios e argentinos para a publicação de jovens e consagrados autores nas duas margens do Rio da Prata.[57]

O vigésimo primeiro volume editado pela SALRP, em 1935, foi *El nuevo acento* de José G. Antuña, figura intelectual que era deliberadamente adversária de Emilio Frugoni e que não nutria muitas simpatias por outros membros do comitê consultor da editora. Essa obra de Antuña foi premiada pelo Ministério de Instrução Pública, mas não passou incólume pelas páginas de crítica literária de *Acción*, como veremos no próximo capítulo.

É importante lembrar que, nesse período, Antuña enfatizava o problema dos direitos autorais. Em 1921, o então deputado colorado criticou a falta de uma legislação específica para os direitos autorais de obras estrangeiras. O resultado, a seu ver, era perverso para o autor nacional. Antuña sustentava que somente subsistiam os tradutores em detrimento dos escritores porque aqueles não tinham que pagar

57 Segundo o testemunho de Edmundo Miller, que foi o seu administrador geral, a SALRP foi fundada, em 1932, pelo uruguaio Agustín de Ocampo, que vivia na Argentina desde 1914. Ocampo trabalhava em Buenos Aires para o Palacio del Libro. Os editores argentinos estavam de olho no mercado uruguaio e o encarregaram da criação de uma sucursal do *Palacio del Libro* em Montevideo. Com a experiência no mercado livreiro, Ocampo capitaneou a fundação da cooperativa editorial conhecida como SALRP. Cf. MILLER, Juan Edmundo. *El sembrador (Emilio Frugoni). Trayectoria biográfica de "el gran traicionado". Relatos.* Primeira parte. Montevideo: Record, 1973, p. 50.

tributos pelo seu trabalho.[58] Durante os anos 1930, ao ocupar uma posição de maior visibilidade na vitrine política e intelectual do Uruguai, Antuña voltou a reivindicar uma maior mobilização a favor do reconhecimento dos direitos autorais no país e nas Américas.[59]

Finalmente, em 17 de dezembro de 1937, o parlamento uruguaio promulgou a lei 9.739 de propriedade artística e literária e Antuña continuou com sua cruzada pela consolidação dos direitos autorais, bem como pela formação da consciência de escritor, como evidenciou em *Estatuto Universal del Derecho de Autor* (1947).

Outro capítulo importante da indústria editorial uruguaia refere-se à incursão estatal em seus âmbitos com a publicação da Biblioteca Artigas, Colección de Clásicos Uruguayos, a partir de 1950. Esse empreendimento estatal foi duramente criticado por Rodríguez Monegal, mas foi importante para dar um novo impulso para a divulgação de autores nacionais, já consagrados ou coetâneos.[60]

Ao ingressar em *Marcha*, Ángel Rama iniciou um estudo literário, que interpelava um grupo seleto de escritores sobre diversos

58 ANTUÑA, José. La propiedad literaria y artística. In: *Acción parlamentaria*. Montevideo: Gómez y Cia, 1924, p. 4.

59 *Idem*. Pequeña historia de una vocación. In: *El inquieto horizonte*. Montevideo: Talleres Gráficos Institutos Penales, 1937, p. 16; *Idem*. La propiedad intelectual en América. In: *Perspectivas de América. Temas, acontecimientos y monografías continentales*. Buenos Aires: M. Gleizer, 1938, p. 177-196.

60 Rodríguez Monegal alertava para o risco de uma editora do Estado "de não discriminar esteticamente e de discriminar politicamente". Cf. RODRÍGUEZ MONEGAL, Emir. El escritor y el problema editorial en nuestro país. *Marcha*, Montevideo, ano XIV, nº 659, 13 fev. 1953, p. 15. Ver também: *Idem*. Letras Nacionales. La Biblioteca Artigas y el Estado Editor. *Marcha*, Montevidéu, ano XV, nº 689, 25 set. 1953, p. 14-15. Seria interessante a realização de um estudo comparativo entre a Biblioteca Artigas e a Coleção Brasiliana, marcadas por alguns pontos em comum, mas também por várias diferenças. Cf. DUTRA, Eliana de Freitas. Nação nos livros: a biblioteca ideal na Coleção Brasiliana. In: DUTRA, Eliana de Freitas; MOLLIER, Jean-Yves (orgs.). *Política, nação e edição. O lugar dos impressos na construção da vida política. Brasil, Europa e Américas nos séculos VXIII-XX*. São Paulo: Annablume, 2006, p. 299-314.

aspectos da vida cultural e editorial do Uruguai. Suas perguntas eram as seguintes:

> Que obras e que autores contribuíram mais para sua formação intelectual? Considera-se inscrito em uma tradição nacional ou mais vinculado a movimentos estéticos estrangeiros?
>
> Há em sua vida algum acontecimento que teve profunda influência sobre sua criação intelectual?
>
> Conseguiu realizar seus propósitos artísticos ou alguma coisa impediu sua completa realização? Quais as obras que escreveu lhe interessam mais e por quê?
>
> Qual é o seu regime de trabalho? Tem obra inédita? Teve dificuldades para publicar? Em que obra trabalha e quais são seus projetos?
>
> Que opina você da repercussão de sua obra no país e fora dele? Qual é o melhor crítico que teve?
>
> Que papel desempenhou a promoção intelectual à qual pertence para o desenvolvimento cultural do país?
>
> Que função desempenha o intelectual em nossa sociedade e, do seu ponto de vista, quais são as suas atividades mais pertinentes?
>
> Que medidas concretas estima necessárias para manter viva a comunicação escritor-público?
>
> Que pensa da literatura atual do país, narrativa, poesia e crítica?
>
> Que correntes artísticas ou que autores você entende que apontam para o porvir imediato das letras?[61]

---

61 Encuesta literaria de *Marcha*. Contesta Emilio Frugoni. *Marcha*, Montevideo, ano XXI, nº 1007, 6 maio 1960, p. 22-23.

Frugoni seguiu à risca a ordem das perguntas de Rama e teceu a resposta mais vasta e pormenorizada à pesquisa. Para não truncar o texto, nos ateremos somente a algumas de suas respostas, destacando, em primeiro lugar, que o autor socialista deixou de responder se tivera problemas para publicar sua obra.

Tal omissão sinalizava que esta não era uma inquietação latente para Frugoni, ao passo que palpitava nas páginas da chamada "geração de 45", como Rodríguez Monegal e Rama, certamente porque Frugoni, ao proceder de uma família abastada, financiava a publicação de sua obra, como destacaram alguns de seus biógrafos.

Vale lembrar que o líder socialista teve que investir na publicação de suas obras e em algumas vezes se envolveu em problemas com os editores, como destacou Edmundo Miller: "em muito raras exceções, a publicação de seus livros lhe representavam um gasto, e alguns editores nunca lhe renderam conta da venda. Houve até perdas de originais que teve que reconstruir. Para ele, o importante era a divulgação, a docência".[62]

Com relação à sétima pergunta, que colocava em foco o papel do intelectual na sociedade, Frugoni, em declarado diálogo com suas obras anteriores, citou uma passagem central de *La nueva función de la intelectualidad y el arte americanos*, publicada em *La sensibilidad americana*, em 1929, para reafirmar a sua responsabilidade pública:

> Claro e alto é o destino das forças espirituais de nosso continente. Uma obra exige imperiosamente a aplicação dessas forças, que temos de empregar em proveito para a história do mundo: a obra de criar os novos poemas da vida, onde a humanidade se sinta finalmente reconciliada, acima das diferenças de raça e em meio da indestrutível harmonia dos interesses fundamentais.[63]

---

62 Cf. MILLER, Juan Edmundo. *Op. cit.*, p. 49-50.

63 FRUGONI, Emilio. Encuesta literaria de *Marcha*. Contesta Emilio Frugoni. *Marcha*, Montevideo, ano XXI, nº 1007, 6 maio 1960, p. 23.

Ao responder a pergunta seguinte, Frugoni convergiu com grande parte das inquietações de Rodríguez Monegal e de Rama, e sustentou que somente havia uma medida eficaz para manter viva a comunicação entre o autor e o seu público leitor: "colocar a obra do escritor ao alcance de todos os bolsos. Abaratar o livro nacional e estimular a edição de livros nacionais".[64]

A despeito das reservas dos autores e críticos, o mercado jornalístico expandiu suas atividades de forma bastante rápida durante as décadas de 1940 e 1950 devido aos importantes subsídios estatais. Segundo as estimativas de Roque Faraone, entre 1955 e 1958, a soma das tiragens dos nove diários mais importantes da capital – os matutinos *El Bien Público*, *El Debate*, *El Día*, *El País*, *La Mañana* e *La Tribuna Popular*, em conjunto com os vespertinos *Acción*, *El Diario* e *El Plata* – circundava a expressiva cifra de 500.000 exemplares para uma população de pouco mais de 1,2 milhão de habitantes em Montevidéu.[65]

Assim, o panorama para a publicação de livros no Uruguai não era muito favorável para os autores nacionais, que muitas vezes procuraram o apoio de editoras estrangeiras, devido tanto à sua maior estabilidade quanto ao seu alcance de circulação. No entanto, Frugoni, Antuña e acima de tudo Quijano encontraram nos jornais uruguaios um importante suporte para a divulgação de seus discursos. Nesse sentido, os semanários *Acción* e *Marcha* escreveram um capítulo central na vida jornalística do país.

Acción e *Marcha*

A maior parte dos textos de Quijano foi escrita para circular por meio dos periódicos de que participou e ajudou a conduzir, como a

---

64 *Ibidem*, p. 23.

65 FARAONE, Roque. *La Prensa de Montevideo: estudio sobre algunas de sus características*. Montevideo: Biblioteca de Publicaciones Oficiales de la Facultad de Derecho y Ciencias Sociales de la Universidad de la República, 1960.

Revista Ariel (1919-1924), os diários *El País*[66] (1924-1930) e *El Nacional* (1930-1931) e os semanários *Acción* (1932-1939) e *Marcha* (1939-1974).

Nesta parte do capítulo, iremos dedicar algumas páginas que procuram tatear de forma inicial o lugar de *Acción* e *Marcha* na dinâmica da circulação das ideias, pois foi capaz de aproximar diferentes leitores e escritores de distintos países hispano-americanos. Do mesmo modo, desempenharam um papel vital para a formação das novas gerações intelectuais uruguaias, a partir dos anos 1930, e também porque explicitaram o núcleo do pensamento de Quijano, principalmente no que toca à sua visão a respeito da América Latina e dos Estados Unidos. Cabe ainda ressaltar que Frugoni publicou certa parte de sua obra de cunho americanista em *Marcha* e que a sua redação foi palco de debates e de seminários, usualmente encabeçados por Quijano. Finalmente, cabe perguntar qual foi o papel dos dois semanários na transformação da fórmula América Latina em conceito no Uruguai.

Os títulos dos dois semanários, finamente escolhidos e desenhados, indicavam ao leitor que a proposta de *Acción* e *Marcha* estava articulada à ideia de movimento contínuo, de infatigável batalhar a favor da transformação do mundo no qual se inseriam.

O nome *Acción* possuía um desenho gráfico bastante interessante, em que as duas letras "c" em destaque representavam duas ondas, enquanto a letra "n" trazia um pé em sua segunda "perna". Dessa maneira, a percepção e recepção visual do título convergiam com os propósitos declarados pela redação: "*Acción* será o sismógrafo que recolherá e apontará todas as inquietações de uma juventude que quer colocar um gesto enérgico e voluntarioso em seu aporte, nessa tarefa de forjar o porvir". Além disso, tal semanário propalava que lutaria pela justiça social, a favor da "emancipação do trabalhador", em um momento de "crise profunda" do capitalismo.[67]

---

66 A *Revista Ariel* foi publicada até 1931 e o diário *El País* é publicado até os dias atuais.

67 La Redacción. Propósitos. *Acción*, Montevideo, ano 1, nº 1, 19 mar. 1932, p. 1 e 4.

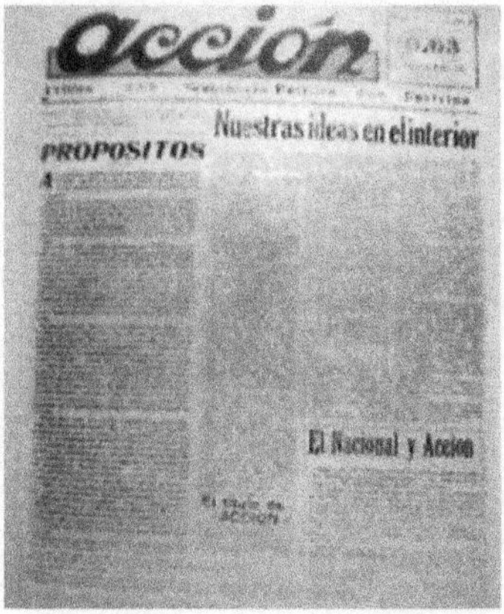
Acción
PROPOSITOS
Nuestras ideas en el interior
El Nacional y Acción

Figura 1: 1º exemplar de *Acción*

Da mesma maneira, *Marcha*, sete anos mais tarde, estamparia o título que convergia com sua prédica, alertaria com fotos sobre o suposto perigo nazista no Uruguai e não deixaria de assegurar a sua continuidade em relação à *Acción*, no artigo "*Acción* no ha muerto". Segundo destacavam os redatores de *Marcha*:

> Nossa consagração total ao bem público chegou a identificar-se plenamente com sua existência. Foi impossível nestes anos sombrios em que nós vivemos conceber uma separada da outra.
>
> [...] Durante sete anos, foi, sem concorrência, a tribuna mais característica "dos novos".[68]

68 *ACCIÓN* no ha muerto. *Marcha*, Montevideo, ano I, nº 1, 23 jun. 1939, p. 5.

Infiltración Nazi En El Uruguay
MARCHA
CHAMBERLAIN AND CHAMBERLAIN
TODA LA SEMANA EN UN DIA
DESDE AQUI
ADOLFO Y BENITO

Figura 2: 1º exemplar de *Marcha*

Devemos acrescentar ainda que, como já foi repetido insistentemente, *Marcha* trazia na capa de seu número inicial a proposta de que analisava "toda a semana em um dia" – objetivo também perseguido por *Acción* –, além da não menos ambiciosa fórmula de que expunha para o leitor "a verdade, mas toda a verdade".

Em segundo lugar, devemos também explicitar, de maneira breve, a estrutura de *Acción* e *Marcha*. Os primeiros números de *Acción* raramente ultrapassavam dez páginas, e se dedicavam fundamentalmente a comentários políticos, sendo que as relações entre o Uruguai, a América Latina em conjunto e os Estados Unidos recebiam um espaço de destaque desde aqueles momentos iniciais. Gradativamente, a diagramação de *Acción* ganhou uma estrutura mais organizada e deu origem, por exemplo, à criação da coluna *Cara y Cruz de América*.

Por outro lado, *Marcha* herdava de *Acción*, além da experiência de seus editores no mercado editorial, algumas de suas colunas, como a própria *Cara y Cruz de América*, que acrescentava ao seu título a denominação *La voz del continente*. O semanário, que fora projetado para circular com 32 páginas, quase sempre não ultrapassou, em seus começos, as 24 páginas, que se dividiam em diversas seções, organizadas habitualmente da seguinte maneira: Editorial, comentários políticos, "a semana política" e "a semana econômica" nas primeiras páginas; entrelaçadas com política internacional, *Cara y Cruz de América* e um artigo sobre questões políticas, históricas, culturais ou filosóficas nas páginas centrais; e finalmente, na sua segunda metade, literatura, música, teatro, cinema, esportes "com humor", coluna feminina (três páginas), além de palavras cruzadas, jogos e charges. De forma paulatina, *Marcha* ampliou seu conteúdo e chegou a publicar em algumas edições comemorativas duas seções de 32 páginas cada uma.

Mais importante do que a interminável discussão catapultada por Rodríguez Monegal em *Literatura uruguaya del medio siglo* (1966), a respeito da existência de "Dos *Marchas*", uma política e outra cultural, é anotar que o semanário passou durante os seus 35 anos – interrompidos somente devido a uma implacável perseguição ditatorial – por distintas transformações, que respondiam às inquietações políticas e culturais latejantes do momento.

Somente para algumas hipóteses bem gerais, para além das questões sobre estética e forma, as páginas culturais e de política nacional em *Marcha* teciam mais articulações do que inicialmente sugeria Rodríguez Monegal, particularmente no que tangia à convicção dos seus condutores de que o país necessitava de homens "novos" e decididos a lançar as bases de um projeto de edificação nacional, que certamente passava pela formação de um público leitor e consciente das necessidades de tal empreendimento, tanto no terreno político quanto no cultural, o que também marcava a discussão político-intelectual dos países vizinhos, como demonstrou Gabriela Pellegrino Soares.[69]

Arturo Ardao também criticou a interpretação de Rodríguez Monegal, mas não tememos em arriscar que, além também da consideração de Ardao, de que na verdade haviam "duas partes de *Marcha*",[70] *Marcha*(s) foram muitas, dentro e fora das colunas.

Com a entrada de Rama nas páginas culturais, na virada dos anos 1950 para os 1960, os pontos de contato se alentaram de maneira inquestionável, ao convergir com as páginas de política internacional, que recebiam um espaço de destaque no semanário. Nas páginas iniciais, os autores enfocavam as lutas anticoloniais (Argélia e Porto Rico), as revoluções (Bolívia, Guatemala e Cuba), as relações entre o Uruguai e os seus contornos, bem como as disputas entre os Estados Unidos e a União Soviética. Com Rama, *Marcha* estreitou os laços com as correntes literárias latino-americanas e buscou promover os autores que mantinham relações mais estreitas com a vida política, ainda que, assim como sucedia no caso da revista cubana *Lunes de Revolución*,[71] os debates não se circunscrevessem à política ou menosprezassem as experimentações estéticas e de forma.

O terceiro ponto a ser tomado em consideração sobre *Acción* e *Marcha* refere-se aos desafios e contratempos por que passaram como empresas editoriais, durante quarenta e dois anos de profundas transformações do cenário político-cultural uruguaio e argentino, onde foi censurada em alguns períodos.

---

69 SOARES, Gabriela Pellegrino. *Semear horizontes: uma história da formação de leitores na Argentina e no Brasil (1915-1954)*. Belo Horizonte: Editora da UFMG, 2007.

70 Cf. ARDAO, Arturo. ¿Dos *Marchas*? *Cuadernos de Marcha*, tercera época, Montevideo, ano XIV, nº 151, jun. 1999, p. 14-17.

71 Cf. MISKULIN, Sílvia Cezar. *Cultura ilhada: imprensa e Revolução Cubana (1959-1961)*. São Paulo: Xamã, 2003. Convém precisar, entretanto, que ao contrário do periódico cubano, *Marcha* não era amparada por financiamento estatal, e mantinha-se como uma tribuna de oposição frente à denominada política oficial.

Os redatores de *Acción* requisitaram constantemente aos seus colaboradores e leitores maior apoio para possibilitar a sua publicação e ampliação. Quando *Acción* completou seis meses de vida, ao realizar o balanço da derrota política da ANDS, em 1931, o que levara ao fechamento de *El Nacional*, Quijano assinalou que esse diário permanecia em *Acción*, projeto editorial que, a despeito das reservas de muitos, já possuía uma tiragem superior a de outros diários e sobrevivia equilibradamente das cotas das assinaturas.[72]

Até o golpe de 1933, as atividades de *Acción* marchavam compassadas com as expectativas de seus redatores, que planejavam retomar a publicação de *El Nacional* para as próximas batalhas políticas. Contudo, o tom tornou-se bastante dramático após o golpe e levou os seus diretores a intensificar a dupla campanha a favor de sua publicação.

Em dezembro de 1932, *Acción* declarava que já havia cumprido o seu "destino" de fazer política sem ter que ocupar cargos políticos e resumiu os seus principais projetos para o futuro:

> A essa *Acción* de 10 páginas e 3.000 exemplares, que não publica mais do que comentários políticos, queremos substituí-la por outra maior de 24 páginas, e que mais do que artigos de crítica, doutrina e política, ofereça uma síntese semanal dos teatros, concertos, cinemas, exposições, movimento econômico e vida esportiva, ora do país, ora da capital multiforme e infelizmente tentacular. Um "diário semanal", se é permitido articular os dois termos, porém mais completo, melhor apresentado e mais cuidadosamente escrito do que o diário corrente, obra improvisada sempre, e ainda mais em nosso país.
>
> [...] Uma empresa como a que vamos ensejar, necessita de um capital inicial e um número determinado de assinaturas pagas antecipadamente.

72 QUIJANO, Carlos. La reorganización. *Acción*, Montevideo, ano I, nº 25, 19 set. 1932, p. 3.

> PARA OBTER O CAPITAL, PENSAMOS QUE O MELHOR SERIA FAZER 500 PARTICIPAÇÕES DE CINCO PESOS CADA UMA, COM DIREITO A UMA ASSINATURA ANUAL. As quantias arrecadadas por esse meio serão complementadas com alguns outros aportes, que já nos foram prometidos.
>
> O MÍNIMO DE ASSINATURAS QUE DEVE SER ALCANÇADO NÃO PODE SER MENOR QUE 3.000. NÃO SERÁ DIFÍCIL CONSEGUÍ-LO, SE PENSAMOS QUE AGORA *ACCIÓN* POSSUI POUCO MAIS DE 1.700 ASSINANTES.
>
> A essa tarefa de obter participantes e assinantes, devem se dedicar todos os nossos companheiros imediatamente.[73]

Dois meses depois, *Acción* anunciou que seria publicada com 24 páginas, durante a comemoração de seu primeiro aniversário, em 19 de março de 1933.[74] Não obstante tal declaração otimista, somente conseguiu sair com 16 páginas por dois números consecutivos, em 18 e 25 de março (números 44 e 45), e ausente de publicidades. O número 46, que não chegou às bancas na sexta-feira, mas foi adiado para sair no sábado seguinte, 31 de março de 1933 – dia do golpe –, voltava a sair com oito páginas. O periódico foi empastelado logo em seguida e somente voltou a circular pelas ruas da capital e do interior do país três meses depois.

Em maio de 1935, após sofrer novas medidas de censura mais sutis, como o corte ocasional do abastecimento de energia, o apelo dos diretores de *Acción* permite-nos assinalar que as dificuldades tornaram-se cada vez mais angustiantes, pois já não podia ser publicado semanalmente, como em seus primeiros anos de vida. A solicitação de empenho para a sua manutenção veio em destaque na primeira página: "*Acción* é nosso único meio de propaganda. É necessário, hoje

---

73 Balance de *Acción*. *Acción*, Montevideo, ano I, nº 25, 19 set. 1932, p. 10. Maiúsculas no original.

74 *Acción*, Montevideo, ano I, nº 42, 25 fev. 1932, p. 1.

como nunca antes, redobrar os esforços até conseguir publicá-la a cada duas semanas".[75]

Entretanto, podemos afirmar que a tônica foi o adiamento de sua execução, revelando as dificuldades por que passavam os editores de *Acción* até as vésperas da publicação de *Marcha*, anunciada nas páginas de *Acción* durante todo o primeiro semestre de 1939.

Pista de que o fluxo dos ventos começava a mudar, ainda que de forma bastante tênue, foi o anúncio da criação da Editora Acción, nos finais de 1938:

> Temos a satisfação de informar-lhe que acaba de se constituir, com um capital autorizado de $ 50.000, a Editora *Acción* Sociedade Anônima, que se dedicará à impressão, por conta própria ou alheia, de livros, periódicos e revistas.
>
> Essa Sociedade iniciará suas atividades editando um grande semanário ilustrado, com não menos de 24 páginas, que aspira ser uma síntese acabada da atualidade nacional e internacional.
>
> Todos os temas de interesse: política, economia, vida artística, literária, teatro, cinema, rádio, universidade, mulheres e esportes.
>
> Será cuidada esmeradamente a parte tipográfica. Nutrirá-se dos ensinamentos da experiência estrangeira, que em nosso país e em nossa cidade, dada a sua importância, já podem ser aplicados.
>
> O semanário não terá filiação política. Será um órgão político na acepção literal do vocábulo. Assim, tomará posição diante de todos os problemas que encare. Todavia, não será órgão nem de uma tendência nem de um partido. Aspira ser, isso sim, uma tribuna de toda a oposição democrática dentro do país e uma vez mais na defesa da

75 *Acción*, Montevideo, ano IV, nº 116, 22 maio 1935, p. 1.

> causa internacional, da dignidade humana frente a todos os fascismos e imperialismos.
>
> Os homens que iniciamos esta empresa não aspiramos mais que a cumprir um dever, dever tanto mais imperioso nesta hora de confusões e de crise. Para esta obra de *docência pública* em que nos vamos a empenhar, é que solicitamos o seu concurso, sem prometer, por nossa parte, desde o ponto de vista material, resultados imediatos brilhantes, mas sem lhe ocultar que a empresa em seu aspecto econômico foi estudada com todo o cuidado à luz de uma experiência que dura já seis anos e projeta, de nossa parte, todas as possibilidades de êxito.[76]

O último número de *Acción* saiu em 17 de março de 1939, para dar lugar a *Marcha* a partir de 23 de junho, que não circulou com 32 páginas, como queriam seus redatores, e que atrasou em um dia a sua distribuição pelas bancas, devido a problemas técnicos, como se desculparam seus redatores.[77]

Ao festejar seu primeiro aniversário, *Marcha* publicou as felicitações de seus principais amigos, como, entre outros, Antonio Grompone, Emilio Oribe e Emilio Frugoni, que já enviavam importantes colaborações para o semanário. Naquele momento, Frugoni não somente reafirmou seus laços de amizade com Quijano, como também declarou suas expectativas em relação ao papel da publicação na sociedade uruguaia:

> Entre a crescente simpatia popular, *Marcha* tem marchado, e eu me jubilo disto em minha dupla condição de colaborador intermitente da revista, e amigo e admirador de Carlos Quijano, que consegue dotar Montevideo de uma publicação de ideias e de informação, com sua missão

76 La editorial en marcha. *Acción*, Montevideo, ano VI, nº 180, 9 dez. 1938, p. 2. Grifos nossos.

77 *Marcha*, Montevideo, ano I, nº 1, 23 jun. 1939, p. 5.

> educadora de cátedra livre, na qual se ventilam todos os problemas do dia e se abrem pesquisas para que por elas desfilem diversos critérios e encontradas opiniões, sem perder nunca de vista - claro está - a função de servir à causa dos ideais democráticos pelo caminho do esclarecimento mental e da ilustração dos leitores.[78]

O projeto passou por alguns contratempos, mas gradativamente se consolidou e tornou-se um dos principais pontos de encontro das novas gerações que se forjaram a partir de 1939. Ainda que seja difícil estimar as tiragens de *Marcha*, o testemunho de Hugo Alfaro, que era responsável pela coluna cinematográfica, e que ocasionalmente a dirigiu, o seu número de exemplares alcançava a significativa cifra de 30.000 no início dos anos 1970, isto é, pouco antes do golpe de 73.[79]

Se bem que, já em 1943, *Marcha* anunciava a sua circulação em Buenos Aires, somente no número 803, publicado em 2 de março de 1956, pouco tempo depois da queda do governo de Juan Domingo Perón, começamos a observar uma maior demonstração de que o semanário era vendido legalmente na capital argentina. Inicialmente havia somente um local de venda autorizado, onde estava sediada a Oficina Latinoamericana del Libro (OLADEL), sob responsabilidade de Gregorio Selser.[80] Tanto em 1956 como em 1957, podemos observar que as páginas de *Marcha* estamparam diversas matérias a respeito da política e da cultura argentina, após o longo período em que as relações diplomáticas entre o Uruguai e a Argentina estiveram bloqueadas.[81]

---

78 Los amigos de *Marcha* en su primer aniversario. Del Doctor Frugoni. Mi apretón de manos. *Marcha*, Montevideo, ano II, nº 52, 21 de junho de 1940, p. 2.

79 ALFARO, Hugo. *Navegar es necesario. Quijano y el Semanario Marcha.* Montevideo: Ediciones de la Banda Oriental, 1984, p. 63.

80 *MARCHA* en Buenos Aires. *Marcha*, Montevideo, ano XVII, nº 803, 2 mar. 1956, p. 4.

81 Desde a ascensão de Juan Domingo Perón à presidência da Argentina, as relações diplomáticas entre os dois países platinos tornaram-se problemáticas. As críticas foram recíprocas, mas as trocas comerciais ou o trânsito de passageiros entre os

Em 1961, o socialista Alfredo Palacios, após ser eleito ao Senado argentino, foi convidado pela UDELAR para dar uma conferência sobre a Revolução Cubana em Montevideo, assinalando que era um leitor assíduo de *Marcha*, entre outros argentinos, e que admirava a trajetória de Carlos Quijano:

> Alegro-me que venham. Eu sempre leio *Marcha*, que se vende muito em Buenos Aires, além de sentir verdadeira admiração pelo semanário de vocês.
>
> [...] Há mais de quarenta anos conheço Carlos Quijano. Uma vez vim a Montevideo para dar uma conferência e Quijano presidia a Associação de Estudantes. O Conselho Universitário não cedeu a sala de aula, mas os jovens quebraram os vidros, abriram as portas e liberaram o salão. Dei minha conferência rodeado de todos os jovens. Quijano era um dos mais brilhantes daquela geração.
>
> Agora essa mesma universidade convida-me para dar uma conferência sobre Cuba. Agora não fecha, mas abre suas portas de par em par. Designa-me *Doutor Honoris Causa*.[82]

Outra vez, o testemunho de Alfaro pode ser valioso para realizar uma aproximação da difusão de tal periódico. Para o crítico de cinema, *Marcha* circulou desde muito cedo em Buenos Aires e em menor medida em Santiago do Chile. Além disso, foi bem recebida em Madri

---

dois países não sofreram grandes transformações. Os governos uruguaios hesitaram em reconhecer a legitimidade do peronismo, ao passo que o governo peronista censurou a acolhida uruguaia aos perseguidos políticos. Cf. ODDONE, Juan. *Vecinos en discordia. Argentina, Uruguay y la política hemisférica de los Estados Unidos*. Selección de documentos, 1945-1955. 2ª edição corrigida. Montevideo: Ediciones El Galeón – Universidad de la República, 2004, p. 49-61.

82 Una visita a Alfredo Palacios. *Marcha*, Montevideo, ano XXII, nº 1046, 10 fev. 1961, p. 24.

e Paris, dentre outras cidades europeias, aonde chegava após uma semana da sua impressão.[83]

Luisa Peirano Basso coincidiu com Alfaro e assinalou que, apesar de ainda não existir um estudo mais minucioso do seu trânsito e recepção na América e também na Europa, a repercussão do semanário uruguaio transcendia as fronteiras nacionais e essencialmente na Argentina era uma fonte imprescindível de informação, e talvez formação, de alguns importantes grupos de esquerda.[84] Fica a dúvida sobre uma possível circulação de *Marcha* no Brasil, ausente dos testemunhos ou estudos publicados até o momento. No entanto, a presença constante de textos sobre o Brasil, escritos por autores uruguaios e estrangeiros, bem como entrevistas, manifestos e textos de brasileiros perseguidos pelas ditaduras de Getúlio Vargas (1937-1945) e militar a partir de 1964, dão sinais de que havia um projeto de aproximação com o Brasil. Aliás, Pablo Rocca demonstrou os laços que Rodríguez Monegal e Rama teceram com importantes críticos e autores brasileiros desde a década de 1940 até a de 1970, e sua busca por tentar descortinar o "gigante" vizinho.[85]

Em 1966, a venda de *Marcha* foi definitivamente proibida na Argentina, proporcionando o desfecho de uma série de sanções de que foi alvo. Essa restrição, se não impediu completamente, dificultou de forma decisiva a sua venda para o público da margem ocidental do Rio da Prata. Na verdade, *Marcha* encontrava problemas para circular pelas bancas argentinas, desde 1959, mas foi a partir de 1962 que a situação se tornou mais dramática. Nos primeiros dias de setembro de 1962, Eduardo Galeano destacou os cerceamentos que o semanário enfrentava, ao assinalar que os seus exemplares continuavam "sequestrados" no aeroporto de Buenos Aires e que, portanto, não fora

---

83 ALFARO, Hugo. *Op. cit.*, p. 62.

84 PEIRANO BASSO, Luisa. *Op. cit.*, p. 18-19.

85 ROCCA, Pablo. *Ángel Rama, Emir Rodríguez Monegal y el Brasil: dos caras de un proyecto latinoamericano*. Montevideo: Ediciones de la Banda Oriental, 2006.

distribuída pelas bancas de jornais e revistas ou livrarias na sexta-feira à tarde, do dia 31 de agosto de 1962.[86]

Tais medidas restritivas foram colocadas em debate na Câmara de Deputados da Argentina, em 1964, quando o parlamentar Lejarraga demandou informações fundamentadas acerca da proibição da entrada e venda de *Marcha* no país. Apesar de um pouco extensa, consideramos de extrema valia citar a argumentação daquele deputado, que certamente era um dos leitores do semanário uruguaio na Argentina:

> O decreto em virtude do qual se proíbe a entrada na Argentina deste periódico diz assim: "Em virtude do disposto pelos decretos 4965/59 e 8161/62, declara-se compreendido no artigo 2º do decreto 4965 ao periódico *Marcha* editado na cidade de Montevidéu...", etc. É o de 29 de agosto de 1962 e está subscrito pelo doutor Guido e pelo doutor Carlos Adrogué como ministro do interior.
>
> [...] Como podemos notar, trata-se dos decretos repressivos do comunismo. No entanto, o semanário *Marcha* não é um periódico comunista, e ainda que fosse, mas não é. E digo isto não com sentido discriminatório, mas simplesmente para precisar o caráter da publicação. *Marcha* é uma velha e prestigiosa publicação uruguaia, talvez o mais importante dos semanários que se publicam na América, que tem ampla difusão por todo o continente, em seus meios populares e núcleos representativos. Está dirigida pelo doutor Carlos Quijano, uma figura relevante da cultura e da política do Uruguai, de acentrado espírito democrático e americano, que foi professor e legislador, e é um distinto escritor e jornalista, e sobretudo um velho batalhador pelo direito dos povos e de suas liberdades públicas, em sua pátria e nas Américas.

---

86 GALEANO, Eduardo H. Por qué MARCHA no puede entrar en Buenos Aires. *Marcha*, Montevideo, ano XXIV, nº 1123, 7 set. 1962, p. 9.

> [...] Se os comentários do periódico *Marcha*, que é uma publicação democrática, molestaram em algum momento ao doutor Guido, ao doutor Adrogué, ao SIDE ou aos generais daquele momento da vida argentina, não se justifica sua proibição, e menos ainda se justifica que se mantenha durante o atual governo legal.[87]

Marcha, não obstante a defesa do deputado Lejarraga, somente voltaria a circular legalmente em Buenos Aires em abril de 1965, com a intercessão do embaixador uruguaio José María Penco, após quase três anos de proibição,[88] para receber nova censura em 1966.

No Uruguai, após a expansão de suas atividades editoriais, ao iniciar a publicação de *Cuadernos de Marcha* e da *Biblioteca de Marcha*, respectivamente em 1967 e 1969, cujo objetivo consistia em oferecer um espaço mais amplo para a abordagem de temas que mantinham uma conexão entre os três formatos de impresso – semanário, revista mensal e livro, respectivamente – os diretores de *Marcha* passaram a enfrentar grandes desafios. Já a partir de 1968, mas fundamentalmente nas proximidades do regime instaurado em 1973, que empastelou o empreendimento em novembro de 1974, o funcionamento das impressoras de *Marcha* foi diversas vezes interrompido por decisões governamentais, principalmente após apoiar a formação do partido de união de setores das esquerdas, denominado Frente Amplio, tema não muito presente nos vários estudos publicados sobre *Marcha* até os dias atuais.

Dos leitores: esses personagens ubíquos, porém evanescentes

Finalmente, para terminar este capítulo e projetar canais de comunicação com o que vem a seguir, iremos tratar de um objeto

87 *MARCHA* en Buenos Aires. Un planteo del diputado Lejarraga. *Marcha*, Montevideo, ano XXV, nº 1208, 5 jun. 1964, p. 9.

88 *MARCHA* en la Argentina. *Marcha*, Montevideo, ano XXVI, nº 1250, 9 abr. 1965, p. 7.

primordial, novamente em linhas bem gerais e propositivas, para o circuito que permeia as pesquisas sobre a história intelectual e sua vinculação direta com a história dos impressos: o leitor.

Reconhecemos que reconstruir o entrelaçado circuito da leitura não se apresenta como uma tarefa simples, que se enreda mais ainda quando deixamos os domínios um pouco mais conhecidos dos autores e editores em busca dos distribuidores e, acima de tudo, dos leitores. Se por um lado, no circuito dos impressos, o leitor é o personagem mais numeroso e onipresente, por outro, habitualmente impõe numerosos limites para os estudos da recepção, por seu caráter notoriamente prófugo.

Como assinalou André Belo, por caminhos paralelos aos trilhados por Michel de Certeau,[89]

> não existe nenhuma solução para o problema da escassez de testemunhos diretos das práticas de leitura. A partir do momento em que se considerou insuficiente saber "quem" lia "o quê" e que o interesse se deslocou para compreender "como" se lia, estava criada a dificuldade.[90]

Diante disso, fica a pergunta sobre quais caminhos percorrer, com o intuito de capturar, ainda que de forma inicial, as relações que os leitores, a partir de seu horizonte de expectativas ou de suas enciclopédias, travam com os textos, sejam eles mais ou menos literários. André Belo nos sugeriu um caminho. Para o autor português, deveríamos tentar apreender o sentido veiculado pelo texto, o seu direcionamento de recepção, os seus efeitos persuasivos e a ordem do texto,

---

89 DE CERTEAU, Michel. Ler: uma operação de caça. In: *A invenção do cotidiano.* Petrópolis: Vozes, 1994, p. 259-273.

90 BELO, André. *História & Livro e Leitura*. Belo Horizonte: Autêntica, 2002, p. 54.

isto é, necessitaríamos buscar o "leitor ideal" ou leitor implícito para o qual o texto foi pensado.[91]

Além disso, é sempre bom pensar com Jean-Marie Goulemot[92] que a "autoridade", ou em outras palavras, o lugar de onde vem o discurso, prepara – mas não agrilhoa – a sua recepção, isto é, traz consigo um sentido implícito, uma direção, que por outro lado vem preencher o dilatável horizonte de expectativas do leitor, que não raras vezes se assegurará de pisar em territórios mapeados, ainda que também se descobrirá em um mundo repleto de lacunas, brechas e ambiguidades, com as quais terá que lidar para solucionar a trama.

A discussão teórica sobre tal problema é bastante vasta, como enfatizou Beatriz Sarlo, e foi animada inicialmente entre os círculos acadêmicos alemães e anglo-saxões de finais dos anos 1960 e princípios dos 1970, por filósofos e críticos literários – embora nem sempre por fluxos afluentes –, como, por exemplo, Hans Robert Jauss, Harold Weinrich e Wolfgang Iser, dentre outros, além de pensadores de outras nacionalidades, como Umberto Eco na Itália e Jacques Leenhardt e Pierre Józsa, na França.[93]

No Brasil, Luiz Costa Lima nutriu um fecundo diálogo com tais autores europeus na busca pela difusão de novos olhares sobre o mundo da interpretação, tangenciando as discussões da semiótica saussuriana ou as correntes hegemônicas da hermenêutica estruturalista, que sufocavam os lances interpretativos dos leitores.[94]

Simultaneamente, o historiador alemão Reinhart Koselleck sublinhou a necessidade de se estudar a "história dos conceitos", que

---

91 *Ibidem*, p. 53-55.

92 GOULEMOT, Jean-Marie. Da leitura como produção de sentidos. In: CHARTIER, Roger (org.). *Práticas da leitura*. São Paulo: Estação Liberdade, 1996, p. 107-116.

93 SARLO, Beatriz. Los lectores: una vez más ese enigma. In: *El imperio de los sentimientos. Narraciones de circulación periódica en la Argentina (1917-1927)*. Buenos Aires: Grupo Editorial Norma, 2004, p. 31-75.

94 Ver COSTA LIMA, Luiz (org.). *A literatura e o leitor*. Rio de Janeiro: Paz e Terra, 1979.

procura analisar as relações não simétricas entre o "espaço de experiências" e o "horizonte de expectativas", isto é, em outras palavras, o entrecruzamento do passado e do futuro no presente, de maneira sempre assimétrica, o que certamente prepara a recepção de um discurso ao mesmo tempo em que incide sobre a sua concretização.[95]

Os desafios colocados para as análises deterministas tiveram uma fecunda recepção entre outros historiadores e demais artífices da construção do pensamento social, que se propuseram a dissecar o mundo da leitura e das relações evidentemente plásticas entre texto e contexto, norteados pela brisa que vinha dos estudos sobre estética da recepção.[96]

Para o propósito introdutório desta reflexão, importa ressaltar que as relações entre o texto e o leitor não se mostram transparentes ou acomodadas. Pelo contrário, captam as principais tensões que inquietam os homens em um determinado contexto histórico, e uma obra provavelmente terá maior repercussão na medida em que responda a um horizonte de expectativas específico, contribuindo concomitantemente para a sua moldagem.

No que tange aos leitores implícitos de Frugoni, Antuña e Quijano e seus horizontes de expectativa, devemos buscar alguns vestígios – que não brilham por sua abundância – nas próprias obras, a partir da análise da gênese de conceitos que tramam, de suas escolhas políticas, estéticas e, além disso, na estrutura formal e estética do texto, bem como nos prólogos, quando estão presentes, isto é, os "protocolos de leitura",

---

95 KOSELLECK, Reinhart. *Futuro pasado. Para una semántica de los tiempos históricos* [1979]. Buenos Aires: Paidós, 1993. Ver também: *Idem. história/História* [1975]. Madri: Mínima Trotta, 2004.

96 Uma bibliografia não exaustiva sobre o tema inclui, entre outros: CHARTIER, Roger. *Libros, lecturas y lectores en la Edad Moderna*. Madri: Alianza Universidad, 1993; CHARTIER, Roger (org.). *Práticas da leitura*. São Paulo: Estação Liberdade, 1996; COMPAGNON, Antoine. *O demônio da teoria. Literatura e senso comum*. Belo Horizonte: Editora UFMG, 2001; DARNTON, Robert. História da Leitura. In: BURKE, Peter. *A escrita da história: novas perspectivas*. São Paulo: Editora Unesp, 1994, p. 199-236.

que habitualmente ambicionam direcionar os olhares dos leitores para uma "leitura correta" ou pelo menos "plausível", na pior das hipóteses.

Devemos ainda sublinhar que parte de seus textos foram redigidos para serem pronunciados, o que, por si só, exige um olhar bastante sensível a respeito das relações entre cultura escrita e oral, e das suas possibilidades de alcance nos distintos setores da sociedade uruguaia, inclusive entre os grupos não necessariamente considerados letrados.

Reconhecemos nossas limitações em avançar nessa direção ao longo do presente trabalho, mas gostaríamos de dedicar algumas páginas sobre o circuito da leitura de *Acción* e de *Marcha*. Praticamente todas as obras que enfocaram os semanários dirigidos por Quijano coincidiram em classificar o seu público leitor como oriundo da "classe média culta ou universitária".[97] Os leitores de Frugoni também receberam idêntica classificação, de forma irônica, por Rodríguez Monegal, durante os anos 1960.[98]

Segundo Gustavo de Armas e Adolfo Garcé, os leitores de *Marcha* podiam ser caracterizados por suas inquietações a respeito da sugerida herança latina, buscavam as páginas culturais em primeiro lugar, para em seguida adentrar-se nas políticas e econômicas, e finalmente, sustentavam orientações ideológicas de esquerda.[99] Com as palavras dos próprios autores:

> O público de *Marcha* estava composto basicamente de professores, escritores e estudantes. Um público de elevado nível cultural, de forte sentido ético e de vocação americanista. *Marcha*, dirigida por um rodoniano militante como fora

97 ROCCA, Pablo. *35 años en Marcha (Crítica y Literatura en Marcha y en el Uruguay, 1939-1974)*. Montevideo: Intendencia Municipal de Montevideo, 1992, p. 41.

98 RODRÍGUEZ MONEGAL, Emir. *Literatura uruguaya del medio siglo*. Montevideo: Alfa, 1966, p. 35.

99 DE ARMAS, Gustavo; GARCÉ, Adolfo. *Uruguay y su conciencia crítica. Intelectuales y política en el siglo* XX. Montevideo: Trilce, 1997, p. 35.

> Carlos Quijano, teve nitidamente esse perfil. O leitor de *Marcha* foi, então, um leitor arielista, latinista e idealista.[100]

Embora as opiniões de Rocca, De Armas e Garcé coincidissem sobre um leitor, cujo mundo de referência ia além das primeiras letras – com a qual concordamos – a descrição do leitor de *Marcha* acima citada precisa ser matizada, pois tomar a primeira juventude do Quijano arielista e extrapolá-la para os anos de publicação de *Marcha*, e particularmente projetá-la sobre os seus leitores, parece-nos ser uma atitude bastante arriscada. Além disso, chamar esse leitor de "arielista, latinista e idealista" é um exagero e uma generalização.

Entretanto, nessa altura do texto, mais importante do que embarcar em uma discussão entre intérpretes, consideramos mais proveitoso ajustar o foco sobre a opinião que o próprio semanário sustentava sobre os seus leitores. Ao iniciar o seu quarto ano de vida, *Marcha* reivindicava a sua influência sobre a opinião pública e traçava as diferenças entre os "leitores" de um semanário e de um diário. Apesar de um pouco extensa, a riqueza dos detalhes justifica a reprodução quase completa do texto:

> *MARCHA* constitui em nosso meio uma exceção desde o ponto de vista jornalístico. É, rigorosamente falando, um semanário de informação geral e política. Este tipo de publicação não arraigou muito na América Latina e são ainda muitos incipientes.
>
> O país do semanário é a França. Na França, os semanários exercem uma influência imensa sobre a opinião pública, de fato mais do que os diários. O público francês, o que mais lê em todo o mundo, é ávido pelos semanários e, por outro lado, dedica somente uma atenção ligeira à imprensa diária.

100 *Ibidem*, p. 42.

> A força do semanário reside na possibilidade de dedicar um amplo espaço a um tema, documentá-lo bem, tratá-lo com uma maior profundidade que o diário, *dirigir-se ao público mais inteligente* e, portanto, mais interessante, desde o ponto de vista da eficácia da difusão das ideias.
>
> O caso de *MARCHA* é expressivo neste ponto. Apesar da sua modéstia de elementos, exerce mais ação sobre os espíritos que muitos órgãos de imprensa – e de ruído – com grandes ou com pretensões de grandes tiragens. Por que razão? Porque simplesmente *MARCHA* é lida, ao passo que tais órgãos servem para muitas coisas úteis, como encontrar uma casa, colocar-se a par do anedotário local, ler as informações das agências e outras necessidades, mas ideologicamente se fazem sentir muito pouco, em relação inversa à sua tiragem.
>
> Por isso, a difusão dos semanários informativos, literários e culturais é um dos melhores índices para catalogar o grau de maturidade de um povo. Onde não pode viver um semanário, podemos deduzir, sem maior esforço, que a cultura se encontra em um baixo nível ou em um estado de dissolução, ou falta, simplesmente, um número decoroso de pessoas capazes de ler, no sentido mais exato do vocábulo.[101]

A mensagem propalada pelos redatores era bem clara e se complementava com as opiniões tecidas durante a publicação de *Acción* e os três anos iniciais de *Marcha*: periódico de ideias, tal semanário buscava forjar, bem como dialogar com um público leitor "inteligente" e profícuo. A citação ficaria incompleta se não reproduzíssemos a sua segunda parte – possivelmente mais interessante – em que os redatores fazem a distinção entre os seus leitores implícitos ou "leitores-modelo" e os "*ojeadores*":

---

101 La influencia del semanario en la opinión pública. *Marcha*, Montevideo, ano IV, nº 143, 26 jun. 1942, p. 12. Grifos nossos.

O semanário é muito superior em qualidade e em hierarquia intelectual que o diário. Isso deriva simplesmente porque o semanário é feito para o leitor, ao passo que o diário é escrito e publicado unicamente para o "*ojeador*" (não confundi-lo com o "*hojeador*").

O que é um leitor, todos o sabem, mais ou menos. Porém, o que é o "*ojeador*"? Muito simples: um animal novo, uma espécie gerada recentemente. O "*ojeador*" é um tipo que não usa o entendimento para ler ou informar-se; usa unicamente os olhos. Pretende "ver" as ideias nas letras e economiza quanto pode o seu cérebro e o seu precioso tempo, porque o "*ojeador*", como todos os ociosos deste mundo, nunca tem tempo.

O "*ojeador*" pertence à era do cinematógrafo, espetáculo no qual tudo se dá generosamente ao espectador: fatos, figuras, paisagens, tudo "entra pelos olhos" sem o menor esforço do entendimento ou da imaginação.

[...]Todavia, sejamos justos: o '*ojeador*' faz às vezes um esforço e lê alguma notícia, especialmente esportiva. No entanto, como perdeu a valorização dos vocábulos e é praticamente analfabeto, ainda que conhecedor das letras, tampouco se informa.

Às vezes o "*ojeador*" olha [*ojea*] com as orelhas [*orejas*], porque não desdenha escutar o rádio e capta as coisas vagamente, sem determinação.

[...] Por outro lado, o leitor sente outras apetências. Necessita uma informação mais séria, mais rigorosamente selecionada, mais profunda. Necessita informar-se, e isto não consegue no diário, feito para a massa dos "*ojeadores*", obrigando-o a buscar o semanário.

O semanário, com suas informações e artigos pensados com calma [*reposados*], atrativos, sem perder a sua

> qualidade substancial e formal, satisfaz ao leitor. Tal é em nosso país a necessidade que vem a preencher *MARCHA*.[102]

Nesse texto foram explicitados os principais desafios enfrentados pelos redatores da ainda jovem publicação, que certamente necessitava conquistar um concorrido espaço no mundo dos impressos uruguaios, granjeando novos leitores – ditos de boca cheia –, além da concorrência do rádio e do cinema, que cada vez mais ampliavam as suas fronteiras, e que despertavam uma evidente inquietação entre os homens daquele período.

Outro conflito que pode ser lido no artigo está relacionado com a massificação da alfabetização no Uruguai, que, se por um lado dotava a população de um capital cultural mínimo para a formação de leitores, por outro apresentava fissuras, segundo os redatores de *Marcha*, que impediam a formação de uma sólida "consciência crítica" no país.

Vale destacar que a escolha da sexta-feira para a publicação de *Marcha*, mas também de *Acción*, respondia ao projeto de proporcionar ao leitor mais tempo para dedicar-se à leitura, uma vez que teria todo o fim de semana para se trasladar por suas páginas políticas, culturais, econômicas, esportivas etc.

A riqueza desse texto procede justamente das diversas leituras que possibilitava aos leitores daquele momento e aos atuais. Um dos seus evidentes objetivos consistia na busca por moldar o seu leitor ideal e criar uma hierarquia entre os semanários e os diários. Ao proclamar essa hierarquização, *Marcha* procurava estimular certos hábitos de leitura e descrevia o horizonte de expectativas de uma faixa de leitores que requeriam um tipo de texto mais abrangente e, quiçá,

---

102 Semanario y diario. El lector y el "ojeador". *Marcha*, Montevideo, ano IV, nº 143, 26 jun. 1942, p. 13. Não encontramos uma palavra para traduzir o termo *ojeador*. Em espanhol, *ojear* significa olhar a uma determinada parte, bem como *ojeada* quer dizer olhada rápida. Além disso, *ojear* também significa espantar a caça para que se dirija ao local onde estão os caçadores. Enfim, em português poderia ser traduzido como olhar ligeiramente, furtivamente, sem conceder muita atenção.

"formativo", do que o mais especificamente informativo. Textos de discussão de ideias, ricos em análises e informações, além de sofisticados, irônicos e dedicados também ao público feminino, visto naquele período como leitor por excelência.

Vale destacar que, acima de tudo, *Marcha* conseguiu estabelecer um fecundo diálogo com seus leitores, como testemunha o amplo espaço reservado às cartas dos leitores e sua constante mobilização por pesquisas, além de ter sido extremamente exitosa em forjar o prestígio de que gozou durante e após a sua publicação, propalado nos artigos que vimos anteriormente.

É bastante provável que os seus leitores não ocultassem os exemplares pelos locais onde desenrolavam suas atividades, o que lhes permitia identificar-se como um grupo de "leitores verdadeiros", em contraposição aos *ojeadores*, que nem sequer seriam *hojeadores*, segundo a representação elaborada pelos redatores de *Marcha*.

Finalmente, devemos assinalar que *Marcha* buscou identificar seus leitores como homens e mulheres não exclusivamente dedicados ao ambiente livresco e teórico. Somente para citar um exemplo representativo, em 16 de janeiro de 1942 seus redatores anunciavam uma pesquisa sobre o que pensavam os jovens a respeito da vida social, política e ideológica do Uruguai e do mundo naquele momento.[103] Era recomendado que os jovens redigissem textos com capacidade de síntese e a seleção das respostas, publicadas a partir de 6 de fevereiro até agosto de 1942, propunha que seus leitores provinham em grande parte dos setores trabalhadores. As classificações utilizadas foram as seguintes: "jovem trabalhador", "jovem de 25 anos que trabalha", "três mulheres" etc.

Essa seleção estava certamente relacionada ao "tipo" de leitor que os editores de *Marcha* identificavam como os "seus" leitores e não necessariamente com o conjunto ou a maioria dos leitores efetivos. Em outras

103 Lo que piensan los jóvenes. *Marcha*, Montevideo, ano IV, nº 122, 16 jan. 1942, p. 7.

palavras, *Marcha* buscou representar os seus leitores como jovens, homens e mulheres, que alimentavam os debates em torno do presente e do porvir do Uruguai e da América Latina, ao mesmo tempo em que trabalhavam para a sua construção. Assim, *Marcha* inscrevia sua trajetória entre os setores jovens e populares, e se distanciava da imagem de ser uma tribuna de debates alheios aos problemas vitais da política e cultura contemporâneas. Em outras palavras, os diretores de *Marcha* sublinhavam que suas ideias canalizavam os anseios de mudanças frequentemente identificados com os grupos juvenis e trabalhadores.

Marcha queria ser e definitivamente era um impresso que se orientavava pelo objetivo de edificação e consolidação da nação uruguaia, sempre em diálogo e em conjunto com as demais nações latino-americanas.

Ainda falta um estudo mais minucioso sobre a sua recepção no Uruguai e em outros meridianos por onde circulou, mas podemos inferir que traduziu e respondeu boa parte das inquietações dos intelectuais e demais grupos de esquerda uruguaios, principalmente durante os anos 60 e 70 quando alcançou tiragens semanais de até 30.000 exemplares. Além disso, vale ressaltar que *Marcha* desempenhou um importante papel para a formação da primeira Frente Ampla [*Frente Amplio*] no começo dos anos 70, que reuniu em seu seio diversos setores da oposição às disputas entre o Partido Colorado e o Partido Nacional, cujas orientações bebiam em fontes alimentadas por um projeto de profundas transformações da coletividade uruguaia, ancoradas na integração com as forças de esquerda latino-americanas.

CAPÍTULO 3
Encontros e desencontros entre a América Latina e os Estados Unidos

Ponto de chegada do presente trabalho, neste capítulo ensejamos entrecruzar os olhares de Frugoni, Quijano e Antuña a respeito da América Latina e dos Estados Unidos, ao longo de pouco mais de meio século de ativas trajetórias nos círculos intelectuais e políticos do Uruguai, como tivemos a oportunidade de ver nos dois capítulos anteriores.

Tais intelectuais elaboraram e propagaram distintas visões sobre a América Latina e os Estados Unidos, em um período em que parte da população uruguaia, ancorada duplamente nas práticas e nas representações, orgulhosamente proclamava a excepcionalidade do país no contexto latino-americano, até pelo menos meados dos anos 1960, como denunciou Carlos Martínez Moreno, no início dos dramáticos anos 1970.[1]

Segundo Gerardo Caetano, nem o período ditatorial de 1933 a 1942 desestimou a ideia de que a trajetória política e social uruguaia era excepcional na América Latina, que realçava a estabilidade institucional do país, o respeito às regras da democracia liberal e certa

1 Cf. MARTÍNEZ MORENO, Carlos. Crepúsculo en Arcadia: la institucionalidad y su derrumbe a la uruguaya. In: VÁRIOS AUTORES. *Uruguay hoy*. Buenos Aires: Siglo XXI, 1971, p. 405-455.

homogeneidade da coletividade nacional, que atingira seu ápice nos "dourados" anos 1920, de comemorações pelo centenário do país. Para o historiador uruguaio, somente a partir dos anos 1950 é possível detectar fissuras nesse imaginário social, particularmente após o fim do chamado "decênio glorioso" (1945-1955).[2]

Entretanto, o cenário não estava livre de vozes dissidentes, uma vez que, como assinalaram o próprio Caetano e Hugo Achugar, entre outros autores, uma das polêmicas mais vigorosas que agitou os cenários políticos e intelectuais do Uruguai, desde o seu surgimento como um país independente na década de 1820, repousou sobre a viabilidade do país como nação, em sua busca constante por espelhos. As perguntas procuram responder os problemas relacionados à autoidentificação dos uruguaios, mas que não escondiam as pretensões de peculiaridade e excepcionalidade.[3]

Foram criadas várias interpretações que pendiam entre enfatizar as limitações geográficas e populacionais do Uruguai e exaltar a superação destes supostos empecilhos. De um lado, ressaltava-se que o país era pequeno entre dois "gigantes" (Brasil e Argentina), simbolizado pela metáfora de Davi e Golias; de baixa estatura (*petizo*); um Estado tampão; país fronteira; ou até mesmo país balneário, por sua população se concentrar na região costeira e fluvial. De outro, o imaginário preponderante – e não só internamente – salientava que era um país culturalmente cultivado, democrático e republicano,

---

2 CAETANO, Gerardo. Del primer batllismo al terrismo: crisis simbólica y reconstrucción del imaginario colectivo. In: ANSALDI, Waldo (ed.). *Tierra en llamas. América Latina en los años 1930*. La Plata: Ediciones Al Margen, 2002, p. 59-84.

3 *Idem*. Identidad nacional e imaginario colectivo en Uruguay. La síntesis perdurable del Centenario. In: ACHUGAR, Hugo; CAETANO, Gerardo (comps.). *Identidad uruguaya: ¿Mito, crisis o afirmación?* 3ª ed. Montevideo: Trilce, 1993, p. 75-96; ACHUGAR, Hugo. *La balsa de la Medusa. Ensayos sobre identidad, cultura y fin de siglo en Uruguay*. 3ª ed. Montevideo: Trilce, 1994, p. 97.

portanto, um "país modelo", segundo a expressão que o historiador norte-americano Milton Vanger recuperou de José Batlle y Ordóñez.[4]

Como ficava a ideia de orientalidade, que esteve bastante presente durante as lutas pela independência? Desapareceu com a excepcionalidade? Ou adquiriu novas facetas? Além disso, a ideia de excepcionalidade incluía outras vozes na construção de uma sociedade hiperintegrada, que amortecia as diferenças e se via como homogênea?[5]

Carlos Real de Azúa criticou tanto as avaliações extremas de que a independência da Banda Oriental era um processo inevitável, uma simples questão de tempo, quanto as que enfatizaram seu caráter artificial e fatalista. O texto do historiador uruguaio, escrito no período em que o governo ditatorial proclamou 1975 como o ano da "orientalidade", em alusão aos 150 anos de independência do país, procurava mostrar que, apesar de proclamada como uma tradição sólida e longeva, a identidade nacional hegemônica passou por um processo de construção azaroso e sinuoso.[6] Não é desnecessário lembrar que ainda na segunda metade do século XIX havia alguns defensores, como Ángel Floro Costa, da integração com as províncias argentinas para a formação de um país platino em conjunto. Por outro lado, o país começava a entrar em um período de transformações e de certa autonomia política e econômica em relação aos vizinhos, principalmente após o fim da Guerra do Paraguai (1864-1870).

---

4 VANGER, Milton. *El país modelo. José Batlle y Ordóñez 1907-1915*. Montevideo: Ediciones de la Banda Oriental, 1983.

5 REAL DE AZÚA, Carlos. *Uruguay, ¿una sociedad amortiguadora?* Montevideo: Ediciones de la Banda Oriental, 2000. Carlos Real de Azúa problematizou, em 1973, a visão do Uruguai como uma "sociedade amortecedora" de conflitos. O título inicialmente não tinha caráter de interrogação, mas com a instalação da ditadura militar naquele mesmo ano, foi adicionado, como salientou a apresentação de Juan Rial à edição de 1984, reproduzida na de 2000.

6 *Idem*. *Los orígenes de la nacionalidad uruguaya*. Montevideo: Arca/Nuevo Mundo, 1990.

Durante o longo processo de modernização do país, entre os anos 1870 e as primeiras décadas do século XX, ocorreu o auge do período de construção da identidade nacional uruguaia, já não necessariamente oriental, uma vez que era preciso integrar o aluvião imigratório na ideia de nacionalidade.[7] Os objetivos almejados eram o fortalecimento da nação, o povoamento e a diversificação econômica como forma de proteção contra os "gigantes" vizinhos, principalmente em relação ao Brasil, por não possuir uma "fronteira natural" muito nítida. Entretanto, não floresceu um movimento nacionalista vigoroso.[8]

Os sucessivos governos colorados promoveram a expansão do sistema educacional, a partir do modelo de reforma educacional capitaneado por José Pedro Varela, no final da década de 1870, e o país passou pelas importantes transformações que os batllistas realizaram nas primeiras décadas do século XX. O caminho selecionado salientava a homogeneização do país, a partir da ideia de "fusão de culturas", e a construção de uma identidade nacional uruguaia, cosmopolita, republicana, democrática e alfabetizada, mas que tornavam invisíveis diversos atores sociais, como, entre muitos outros, os descendentes dos indígenas e os afro-uruguaios.

Um exemplo importante ocorreu durante as comemorações do centenário, quando a orla sul (*rambla sur*) de Montevidéu ganhou um monumento, nomeado *Los últimos charrúas*, que buscava rememorar (homenagear?), de forma até mesmo hipócita e perversa, segundo Hugo Achugar, o fim da presença indígena no território nacional. Se, por um lado, o objetivo declarado visava tornar as representações

---

7 FREGA, Ana. Uruguayos y orientales: itinerario de una síntesis compleja. In: CHIARAMONTE, José Carlos; MARICHAL SALINAS, Carlos (comps.). *Crear la nación. Los nombres de los países de América Latina*. Buenos Aires: Sudamericana, 2008, p. 95-112.

8 CAETANO, Gerado. Identidad nacional e imaginario colectivo en Uruguay. La síntesis perdurable del Centenario. In: ACHUGAR, Hugo; CAETANO, Gerardo (comps.). *Identidad uruguaya: ¿Mito, crisis o afirmación?* 3ª ed. Montevideo: Trilce, 1993, p. 83.

sobre a identidade nacional mais plurais; por outro, não deixava de propor e salientar que já não havia povos nativos no Uruguai.[9]

A despeito disso, a construção da identidade nacional não conseguiu abandonar completamente a ideia de orientalidade, seja pelos grupos tradicionais que se viam como *criollos* em face da chegada dos imigrantes, seja por diversos setores populares que entrelaçavam os termos oriental e uruguaio, o que por sinal ocorre até os dias atuais. Em relação aos indígenas, os uruguaios passaram a invocar também de forma complexa a "garra charrúa", tanto em relação às competições esportivas, quando a seleção nacional de futebol venceu dois torneios olímpicos seguidos (1924 e 1928) e duas Copas do Mundo (1930 e 1950), quanto à política e cultura.

Por seu turno, o lugar dos afro-uruguaios também recebeu um tratamento bastante caleidoscópico, pois o candombe – ritmo musical produzido por tambores e peça central do carnaval montevideano, desde finais do século XIX[10] – tornou-se, ao lado do tango,[11] a música nacional, aquela que identifica o país e que cultivou importantes compositores e cantores como Pedro Ferreira, Rubén Rada e Jaime Ross. Cabe ressaltar que Pedro Figari buscou representar em suas pinturas, de certa forma nostálgica e idealizada, temas sobre o passado *criollo*, com ênfase sobre as culturas gaúchas (*gauchas*)

---

9 ACHUGAR, Hugo. Monumentos, conmemoración y exclusión. Fragmentos referidos al monumento a *Los últimos charrúas*. In: *Planetas sin boca: escritos efímeros sobre arte, cultura y literatura*. Montevideo: Trilce, 2004, p. 142-151.

10 Cf. CARÁMBULA, Rubén. *El candombe*. Buenos Aires: Ediciones del Sol, 1995. Desde pelo menos a ditadura militar (1973-1985), durante manifestações e greves, os uruguaios batem palmas ao ritmo do candombe.

11 Para o leitor brasileiro, é preciso lembrar que, por exemplo, a música composta pelo uruguaio Gerardo Matos Rodríguez *La cumparsita*, que muitas vezes é utilizada para identificar a Argentina, tornou-se hino popular e cultural do país, por decreto presidencial, a partir de 1998.

e africanas na conformação da região platina.[12] Por seu turno, Ildefonso Pereda Valdés enfocou de forma frequente os afro-uruguaios em sua obra poética e ensaística, entre as décadas de 1920 e 1980, em significativas incursões pelos territórios da antropologia cultural. Estreitou laços com muitos modernistas argentinos e brasilerios – como Manuel Bandeira, Ronald de Carvalho, Oswald, Mário e Carlos Drummond de Andrade, Monteiro Lobato etc. –, mas foi criticado por Gilberto Freyre, em relação ao livro *Guitarra de los negros* (1926), uma vez que, para o ensaísta brasileiro, dava a entender que em Montevidéu se fazia *Art Nègre*.[13]

A despeito da ação desses importantes personagens e da difusão gradativa do candombe e do imaginário afro-uruguaio entre diversos grupos sociais, conforme demonstraram Teresa Porzecanski e Beatriz Santos, a sua história foi marcada por uma longa e constante exclusão.[14]

Como pensar, portanto, em um projeto de integração com os países latino-americanos, que geralmente eram vistos – com raras

---

12 Cf. PELUFFO LINARI, Gabriel. Pedro Figari y el nativismo rioplatense. In: *Historia de la pintura uruguaya*. Tomo I. Montevideo: Ediciones de la Banda Oriental, 1988, p. 93-112; CAPELATO, Maria Helena Rolim. Modernismo latino-americano e construção de identidades através da pintura. *Revista de História*, nº 153, 2º sem. 2005, p. 268-272. Figari desenvolveu boa parte de sua carreira como pintor em Buenos Aires, entre 1921 e 1925, e na Europa, de 1925 a 1934.

13 Cf. ROCCA, Pablo. Brasil, ¿un territorio desconocido? In: *Ángel Rama, Emir Rodríguez Monegal y el Brasil: Dos caras de un proyecto latinoamericano*. Montevideo: Ediciones de la Banda Oriental, 2006, p. 48-50; 70-83. Sobre as relações entre as vanguardas uruguaias e o modernismo brasileiro, ver ROCCA, Pablo; ANDRADE, Gênese (eds.). *Un diálogo americano: Modernismo brasileño y vanguardia uruguaya*. Alicante: Universidad de Alicante, 2006. Para uma introdução ao movimento vanguardista uruguaio, consultar ROCCA, Pablo. Las rupturas del discurso poético (De la vanguardia y sus cuestionamientos, 1920-1940). In: RAVIOLO, Heber; ROCCA, Pablo (dirs.). *Historia de la literatura uruguaya contemporánea. Una literatura en movimiento (poesía, teatro y otros géneros)*. Tomo II. Montevideo: Ediciones de la Banda Oriental, 1997, p. 9-59.

14 PORZECANSKI, Teresa; SANTOS, Beatriz. *Historias de exclusión: afrodescendientes en el Uruguay*. Montevideo: Libreria Linardi y Risso, 2006.

exceções – como países com problemas políticos e socioeconômicos muito mais desafiadores que os do Uruguai? Como amalgamar interesses divergentes entre os inúmeros países da região? Que tipo de latino-americanismo tinha possibilidades de emergir no país? Finalmente, quais foram os locais e personagens que fizeram o discurso latino-americanista florescer?

Frugoni, Antuña e Quijano cresceram nesse ambiente que habitualmente articulava as três dimensões principais da construção da identidade nacional: o interior, o exterior e as projeções em relação ao futuro. Desse modo, também volveram seus olhares sobre o Uruguai, suas relações com outros países no concerto regional, continental e global, orientados para a construção de trajetos a percorrer, na difícil tarefa de conjugar criticamente diferentes facetas da modernização com a tradição.[15]

Apesar da existência de algumas instigantes interpretações sobre o olhar latino-americanista e anti-imperialista de Quijano, não temos conhecimento até o presente momento de obras que enfoquem suas ideias de forma confrontada e cruzada às visões de outros importantes intelectuais uruguaios contemporâneos. Em relação à obra de Frugoni, alguns de seus principais intérpretes não deixaram de sublinhar que, embora tenha dedicado uma parte significativa de sua reflexão aos problemas especificamente "americanos", escasseiam trabalhos que busquem reconstruir as suas análises acerca do continente, direcionadas para as possibilidades de adaptação do ideário socialista no Rio da Prata. Finalmente, sentimo-nos estimulados em tecer essa trilogia dos intelectuais com a interpelação antagonista de Antuña, cuja produção de cunho americanista entre as décadas de 1920 e 1970 tem direito a ser revisada, sobretudo porque representava uma significativa porção desse debate bastante polifônico.

---

15 AROCENA, Felipe. *Muerte y resurrección de Facundo Quiroga. Historia cultural de lo que ha significado "ser moderno" para los latinoamericanos.* Montevideo: Trilce, 1996.

Para o caráter inicial dessa reflexão, importa enfatizar que não nos aventuramos a tomar as visões tramadas por Frugoni, Antuña e Quijano como um espelho fiel dos grupos intelectuais e políticos de que participaram, da mesma maneira que tampouco pensamos ser adequado sustentar que suas opiniões eram totalmente idiossincráticas ou singulares, isto é, desarticuladas desses mesmos setores que alicerçavam parte da sociedade uruguaia. Pelo contrário, argumentamos que é necessário enfocá-los justamente nesse diálogo intra e intergrupal, se queremos ter uma noção mais equacionada de suas performances. Como bem sublinhou Hugo Achugar, é preciso tentar explicitar o local de onde os discursos emanam e passam a ser difundidos, em suas territorialidades geográficas, culturais e sociais.[16]

Todavia, tal operação não é nada fácil e devemos ter cuidado ao extrapolar as interpretações de Frugoni, Quijano e Antuña dentro de seus círculos mais próximos. A despeito disso, é possível divisar entre os heterogêneos companheiros de jornada de Quijano (Arturo Ardao, Julio Castro, Carlos Martínez Moreno, Eduardo Galeano, Ángel Rama, Mario Benedetti, certamente o próprio Frugoni, entre outros) visões mais ou menos coincidentes com respeito ao Uruguai, à América Latina e aos Estados Unidos, principalmente a partir das décadas de 1940 e 1950. Tampouco podemos deixar de lado a sabida, porém muito divergente, militância anti-imperialista do principal líder do Partido Nacional entre 1922 e 1958, Luis Alberto Herrera.

Confrontar a visão pan-americanista de Antuña com a de outros setores do Partido Colorado, notoriamente identificado com essa política exterior fomentada pelos Estados Unidos e também pelo Brasil, tanto entre as facções batllistas quanto entre as mais conservadoras, também seria de extrema valia, uma vez que propiciaria uma observação mais ampla sobre os pontos de encontro e as fissuras dentro de tal

16 ACHUGAR, Hugo. *Planetas sin boca: escritos efímeros sobre arte, cultura y literatura*. Montevideo: Trilce, 2004.

partido acerca da política externa, sustentada durante praticamente todos os seus governos.

Como ponto de abertura de seus olhares americanistas, é impossível omitir ou desprezar as conexões que travaram com as ideias divulgadas por Rodó, especialmente em *Ariel* (1900), catapultadas pela morte do escritor uruguaio, em 1917, e pelas comemorações do cinquentenário da publicação em 1950. Evidentemente que, ao falar em conexões, não significa que Frugoni, Antuña e Quijano tenham bebido em fontes cristalinas ou que tenham incorporado acriticamente as várias mensagens agenciadas por Rodó.

Em seguida, gostaríamos de direcionar nosso projetor sobre o período entreguerras, quando o pan-americanismo retomou e acentuou suas investidas para estabelecer os pilares da política internacional entre todas as nações das Américas, ao mesmo tempo em que o México e os desdobramentos de sua revolução apontavam novos caminhos a seguir para os países latino-americanos.

Para finalizar, pretendemos colocar em perspectiva o período compreendido entre o final da Segunda Guerra Mundial e a década de 1960, que por um lado se iniciava com a ação vital dos Estados Unidos, Brasil e Uruguai, para a criação da Organização dos Estados Americanos (OEA) e do Tratado Interamericano de Ajuda Recíproca (TIAR), e por outro lançava bases concretas para pensar em conjunto os problemas dos países latino-americanos, como a Comissão Econômica para a América Latina (CEPAL), sediada em Santiago, no Chile, desde 1948. Além disso, buscamos colocar em perspectiva seus olhares sobre os movimentos revolucionários bolivianos e guatemaltecos que foram asfixiados, ao passo que a Revolução Cubana passava a ser um modelo a seguir, a partir de 1959.

De que forma os olhares de Quijano, Frugoni e Antuña dialogaram com essas questões, ao mesmo tempo em que articulavam o passado do Uruguai ao seu porvir? Qual papel desempenharam na difusão de visões sobre as relações do país com o restante do continente?

Que tipos de projeto defenderam para a integração continental? Finalmente, foram importantes para a construção do conceito de América Latina?

Na esteira do maestro: visões e revisões de Rodó e do arielismo

Não cabe dúvida de que José Enrique Rodó – ao lado de Carlos Vaz Ferreira – desempenhou uma expressiva atividade na formação das novas gerações uruguaias – quiçá hispano-americanas – durante as duas primeiras décadas dos novecentos, em um contexto de profundas transformações no país platino.

De maneira bastante sintética, Rodó adaptou os personagens da peça *A Tempestade* (1611-1612), de William Shakespeare, para tramar a contraposição de seus personagens principais, *Calibán* – anagrama de Canibal – e *Ariel*, em face de *Próspero*.[17] O primeiro se caracterizava pelo utilitarismo interessado, vulgarização da cultura, individualismo medíocre e pela democracia baseada no número. Para Rodó, essas características anulavam qualquer noção de qualidade em Calibã. Assim, representava a preocupação absoluta com o triunfo material e o pragmatismo, a despeito de qualquer densidade histórica. *Ariel*, em contrapartida, representava a suposta tradição humanista e latinista da América "Ibérica" – que no entender de Rodó incluía o Brasil[18] –, herdeira, para o autor uruguaio, da cultura greco-latina, com seu idealismo e espiritualismo que convergiam para a ação desinteressada.

17 Calibã é o nativo adulto e disforme de uma ilha onde vive Próspero, o duque conquistador que o submete a um regime de trabalho escravo. Com a ajuda de Ariel, seu servo alado e assexuado, pode se dedicar ao ócio, à vida espiritual. Calibã recebe em pagamento os valores espiritualistas de seu amo.

18 Cf. RODÓ, José Enrique. Iberoamérica [1910]. In: *Obras completas*. Madri: Aguilar, 1957, p. 671-672.

Concordamos com Belén Castro[19] e Maria Helena Rolim Capelato[20] que a publicação de *Ariel* necessita ser inscrita no clima das buscas das identidades hispano e latino-americanas, cuja contracara mais próxima estava representada pela matriz anglo-saxônica, e que havia sido catapultada, em primeiro lugar, pela difusão do pan-americanismo, a partir de 1889; em segundo lugar, pelas comemorações do quarto centenário (1892) da chegada dos espanhóis ao "Novo Mundo"; e finalmente pelo "Desastre" da derrota espanhola durante a guerra contra os Estados Unidos, em 1898, ao mesmo tempo em que Cuba adquiria sua independência e Porto Rico ficava sob tutela norte-americana.

Durante a segunda metade do século XIX, a admiração pelos Estados Unidos estava em ascensão, especialmente sobre seu sistema educacional, como expressaram diversos autores latino-americanos, entre eles Andrés Bello, Domingo Faustino Sarmiento, Justo Sierra, Joaquim Nabuco e José Pedro Varela.[21]

No entanto, com a realização da Conferência Internacional Americana, a convite do governo dos Estados Unidos, entre outubro de 1889 e abril de 1890, quando o termo Pan-América foi utilizado pela primeira vez, muitos intelectuais acentuaram suas críticas sobre os vizinhos do norte, por julgar suas pretensões de difusão do pan-americanismo ameaçadoras para os países da América Latina. Para Arturo Ardao, o pan-americanismo renovava os fundamentos da Doutrina Monroe (1823) e Destino Manifesto (1845), que visavam

---

19 CASTRO, Belén. Introducción. In: RODÓ, José Enrique. *Ariel*. Madri: Ediciones Cátedra, 2000, p. 52-53.

20 CAPELATO, Maria Helena Rolim. A data símbolo de 1898: o impacto da independência de Cuba na Espanha e Hispanoamérica. *História*, São Paulo-Unesp, vol. 22, nº 2, 2003, p. 35-58.

21 TERÁN, Oscar. El primer antiimperialismo latinoamericano. *Punto de vista-Revista de cultura*, Buenos Aires, Ano IV, nº 12, jul.-octu, 1981, p. 93.

estimular e legitimar a expansão norte-americana em direção inicialmente ao oeste e sudoeste, posteriormente ao sul.[22]

O cubano José Martí, que lutava pela independência da ilha caribenha em relação à Espanha, advertiu os hispano-americanos sobre as ambições norte-americanas. O discurso de Martí obtinha grande circulação no período, uma vez que colaborava para alguns jornais, como o *La Nación* de Buenos Aires, foi cônsul do Uruguai, da Argentina e do Paraguai em Nova York, bem como difundiu a um só tempo a ideia de "Nossa América" e relatos distópicos sobre os Estados Unidos, durante as últimas duas décadas do século XIX. No entanto, não condenou a sociedade estadunidense como um todo e chegou inclusive a se identificar com os seus marginalizados.[23]

De forma paralela, segundo Carlos Real de Azúa, Rodó conhecia bem a obra do franco-argentino Paul Groussac, que adiantava de forma bem mais incisiva, particularmente em *Del Plata al Niágara* (1897), boa parte das críticas à "vulgaridade, utilitarismo, indefinição cosmopolita, religiosidade" dos Estados Unidos, mas que tinham uma forte vinculação com o ambiente imigrante e cosmopolita platino. O problema repousava sobre as pressões por transformações sociais niveladoras oriundas dos novos grupos formados pela dinâmica modernizadora nas duas margens do Prata. Além disso, como sublinhou Beatriz Colombi, após a derrota espanhola, em fevereiro de 1898, foi

22 ARDAO, Arturo. Panamericanismo y latinoamericanismo. In: ZEA, Leopoldo (coord.). *América Latina en sus ideas*. México: Siglo XXI/Unesco, 1986, p. 159. Sobre a expansão territorial estadunidense durante o século XIX, consultar JUNQUEIRA, Mary. *Estados Unidos: a consolidação da Nação*. São Paulo: Contexto, 2001; FERNANDES, Luiz Estevam; MORAIS, Marcos Vinicius de. Os EUA no século XIX. In: KARNAL, Leandro *et al. História dos Estados Unidos: das origens ao século XXI*. São Paulo: Contexto, 2007, p. 99-128.

23 Cf. COLOMBI, Beatriz. Las escenas norteamericanas (entre otras escenas). In: *Viaje intelectual, migraciones y desplazamientos en América Latina (1880-1915)*. Rosario: Beatriz Viterbo Editora, 2004, p. 25-55; MARTÍ, José. *Nossa América*. São Paulo: Hucitec, 1983.

realizado um ato, convocado pelo Clube Espanhol de Buenos Aires para comemorar o 2 de maio (revolta dos espanhóis, ocorrida em 1808, contra a invasão napoleônica), em resposta ao orgulho nacional ferido. Participaram inúmeros intelectuais que viviam em Buenos Aires, como Roque Sáenz Peña, Groussac e José Tarnassi, que representavam a Argentina, a França e a Itália, respectivamente. Vale lembrar que Sáenz Peña havia presidido a comissão argentina, principal opositora do projeto forjado pelos Estados Unidos durante a Conferência Pan-americana de 1889-90, e que para rebater o lema da doutrina Monroe (1823), "América para os americanos", havia elaborado a expressão "América para a humanidade". Groussac falou após Sáenz Peña, ao ser apresentado pelos acordes da Marselhesa. Argumentou que os franceses ainda se sentiam incomodados pela invão à Espanha das tropas napoleônicas, recordou que em 2 de maio de 1493 Cristóvão Colombo havia entregue as cartas de possessão da ilha de Cuba, mas sem apoiar a independência de Cuba. Finalmente, sustentou que a Guerra Hispano-americana, também conhecida como Segunda Guerra de Independência de Cuba (1895-1898),[24] havia consolidado o novo cenário de disputas entre a "civilização latina" e a "barbárie ianque". Os discursos foram publicados em jornais de Buenos Aires e Montevidéu nos dias seguintes e tiveram ampla repercussão nos meios políticos e intelectuais platinos.[25]

---

24 A primeira ocorreu entre 1868 e 1878. Alguns historiadores norte-americanos, como Philip Foner, preferem nomear a guerra de hispano-cubana-americana. Cf. FONER, Philip S. *La guerra hispano-cubana-americana y el nacimiento del imperialismo norteamericano – 1895-1898*. Vol. 1. Madri: Akal, 1975.

25 COLOMBI, Beatriz. El triunfo de Calibán y el discurso latino. In: *Op. cit.*, p. 95-104. Anteriormente, Carlos Real de Azúa havia articulado a escrita e publicação de *Ariel* às discussões que ocorriam na outra margem do Rio da Prata. Cf. REAL DE AZÚA, Carlos. *Ariel*, libro porteño. In: *Historia invisible e historia esotérica. Personajes y claves del pensamiento latinoamericano*. Montevideo: Arca, 1975, p. 157-173.

O debate se fortaleceu poucas semanas depois, quando o poeta nicaraguense Rubén Darío, um dos principais personagens dos circuitos literários em língua castelhana da virada do século XIX para o XX, escreveu *El triunfo de Calibán* no jornal argentino *El Tiempo*. Darío vivia em Buenos Aires e assinalou que um exemplo da "barbárie" norte-americana advinha da marginalização de Edgar Allan Poe em uma sociedade fria e carente de criatividade intelectual. Por outro lado, uma vez mais com Real de Azúa e Colombi, reivindicava a existência de uma "veia", "raça" e "alma latina" que daria a base para a construção de uma união latino-americana entre todos os países da América do Sul, Central e o México. No horizonte de expectativa de muitos personagens responsáveis pela construção do pensamento social, os projetos de contrução de uma identidade supranacional, simbolizados pelas ideias de "Nossa América", "Pátria Grande", "América Hispânica", "América Ibérica", posteriormente "Indo-América", "América Mestiça" e até mesmo "Afro-América", estabeleceram canais de diálogo, mas também de muitas tensões que, em geral, buscavam traduzir um desejo de demarcar o lugar de todos esses países em conjunto no concerto internacional das nações, bem como de problematizar, por distintos caminhos, as visões negativas de muitos europeus e norte-americanos – mas também de "latino-americanos" – sobre o passado, o presente e o futuro de dezenas de países.

Os debate continental em que Rodó se increvia durante a elaboração de *Ariel* encontrava-se bastante aguerrido e se deparava com outro problema bastante inquietante, que havia se acentuado com a vitória norte-americana sobre a Espanha: as visões racialistas europeias e internas que, ancoradas no darwinismo social e no organicismo spenceriano, olhavam de forma pessimista e fatalista para as coletividades latino-americanas. Esses "debates etnicistas", segundo Eve-Marie Fell, mobilizaram os intelectuais latino-americanos e impuseram a sua participação apoiando as interpretações europeias, ou, em raros casos, criticando-as no final do século XIX, em um contexto de grandes desigualdades socioculturais e econômicas, internas e externas.[26]

A despretensiosa publicação de 700 exemplares pela editora montevideana Dornaleche y Reyes, custeada pelo próprio autor, canalizava e organizava as múltiplas e dispersas vozes que se enveredavam pelas buscas identitárias continentais, ao mesmo tempo em que catalizava as heterogêneas manifestações idealistas, críticas de posturas que favoreciam o avanço da esfera "material" sobre a "espiritual". Por outro lado, como sublinhou Antonio Mitre, expressava os principais conflitos internos entre a tradição e a mudança de finais do século XIX, vividos intensamente pelos países do Rio da Prata.[27]

---

26 Cf. FELL, Eve-Marie. Primeras reformulaciones: del pensamiento racista al despertar de la conciencia revolucionaria. In: PIZARRO, Ana (org.). *América Latina: palavra, literatura e cultura*. São Paulo: Memorial; Campinas: Unicamp, 1994, Vol. 2. p. 577-595. Entre os textos, publicados na virada do século XIX para o XX, ver: *Manual de patologia política* (1899), *Nuestra América* (1903) e *Enfermedades sociales* (1905), dos argentinos Agustín Alvarez, Carlos Octavio Bunge e Manuel Ugarte, respectivamente; *El continente enfermo* (1899), do venezuelano César Zumeta; *El porvenir de las naciones latinoamericanas ante las recientes conquistas de Europa y Norteamérica* (1899), do mexicano Francisco Bulnes; *Pueblo Enfermo* (1909), do boliviano Alcides Arguedas; e, com cores mais matizadas, *Les démocraties latines de L'Amérique* (1912) e *La creación de un continente* (1913), do peruano Francisco García Calderón Rey. Cf. STABB, Martin S. *América Latina en busca de una identidad. Modelos del ensayo ideológico hispanoamericano, 1860-1960*. Caracas: Monte Ávila, 1969, p. 23-54. No Brasil, Basílio de Magalhães, com *O grande doente da América do Sul* (1915), trilhou caminhos convergentes aos dos intelectuais hispano-americanos elencados por Stabb. Por fim, devemos ressaltar, que *Os Sertões* (1902), de Euclides da Cunha, e *América Latina: males de origem* (1905), de Manuel Bomfim, apontaram para caminhos mais matizados na interpretação da realidade brasileira e latino-americana, particularmente Bomfim. Cf. BAGGIO, Kátia Gerab. *A "outra" América: a América Latina na visão dos intelectuais brasileiros das primeiras décadas republicanas*. Tese de doutorado. São Paulo, Departamento de História, FFLCH-USP, 1998.

27 MITRE, Antonio. Fenômenos de massa na sociedade oligárquica: o despertar da modernidade em *Ariel* de Rodó. In: *O dilema do centauro: ensaios de teoria da história e pensamento latino-americano*. Belo Horizonte: Editora UFMG, 2003, p. 103-119.

Dessa maneira, em *Ariel*, Rodó registrava as principais tensões rio-platenses e suas críticas sulcavam as vertentes locais da "crítica aristocrática à sociedade de massas", que se preocupavam mais com o "aluvião imigratório" do que com a modernização econômica, cuja advertência vital direcionava-se sobre uma possível vulgarização da vida política e da denominada "alta cultura". Contudo, ainda com Mitre e diversos outros autores, notadamente os uruguaios, é precipitado asseverar uma postura rígida, intransigente e conservadora em Rodó. Sua proposta, por outro lado, representada pelo "ideal de mediania", era mais permeável às mudanças gradativas nas sociedades, como a construção de regimes democráticos, mas sempre com certos limites.[28]

Ariel tornou-se um fenômeno editorial, e segundo a crítica uruguaia radicada em Veneza Martha Canfield, o próprio Rodó não conseguia seguir o ritmo das suas várias edições, autorizadas (nove até 1911) ou clandestinas, em toda a América Hispânica e na Espanha.[29]

Dessa forma, o leque de leitores de Rodó ampliou-se rapidamente, bem como a recepção e apropriação de sua obra, que levou à criação do termo arielismo. Para Real de Azúa, esta expressão começou a ser utilizada em uma edição mexicana de 1908, mas somente foi ampliada na década de 1930, de modo pejorativo – o historiador uruguaio utiliza o termo "falsificado" –, pela pluma do crítico literário peruano Luis Alberto Sánchez, em *Balance y liquidación del 900*. Segundo Real Azúa, Sánchez bebeu nas críticas de um movimento antiarielista que se engendrou na região platina, entre 1925 e 1940, acentuou adequadamente importantes limitações do texto de Rodó, mas exagerou ao classificá-lo como um antidemocrata ou oligarca, que era pessimista e "*blanquista*" em relação à "América índia e mestiça". Além disso, a seu ver, quis

28 *Ibidem*, p. 104.

29 CANFIELD, Martha L. Persistencia del mensaje ariélico. In: RODÓ, José Enrique. *Ariel*. Estudios de Martha Canfield y Rómulo Cosse. Montevideo: Ministerio de Educación y Cultura, Biblioteca Nacional, 2000, p. 13.

colocá-lo como o pai geracional da maior parte dos textos que afirmavam os males e os empecilhos dos povos latino-americanos.[30] Como salientou Marcos Alves de Souza, o arielismo foi construído em grande parte "deslocado do contexto uruguaio", e até mesmo das outras obras de Rodó.[31] Distantes, entretanto, de uma hercúlea tarefa sobre a difusão, apropriação e censura de seu pensamento, gostaríamos de focalizar algumas sensíveis oscilações da crítica a respeito de sua obra, principalmente no Uruguai de Frugoni, Antuña e Quijano, que não deixaram de compor esse cenário conflituso.

Em linhas bem introdutórias, dos anos 1910 até meados da década de 1940 ocorreu uma significativa inflexão na crítica literária e cultural sobre a obra de Rodó, quase sempre circunscrita a *Ariel*, que paulatinamente passou da celebração quase uníssona à refutação de suas linhas norteadoras, tanto no Uruguai quanto no restante da América Latina.

Em maio de 1917, os uruguaios recebiam a notícia da morte de Rodó em um hotel da cidade italiana de Palermo, alguns meses após o início de sua primeira viagem ao continente europeu, como correspondente da revista argentina *Caras y Caretas*, o que reestimulou os olhares da crítica sobre a sua herança intelectual e política.

No ano seguinte, o Centro Estudantil *Ariel* promoveu um ciclo de conferências em sua homenagem no Teatro Solís, em Montevidéu, durante o qual discursou José Antuña, entre outros intelectuais uruguaios. Antuña, com um tom inquestionavelmente de homenagem, justificou que as palavras do escritor uruguaio foram necessárias na

---

30 REAL DE AZÚA, Carlos. El inventor del arielismo. Luis Alberto Sánchez. In: *Historia invisible e historia esotérica. Personajes y claves del pensamiento latinoamericano*. Montevideo: Arca, 1975, p. 125-136.

31 SOUZA, Marcos Alves de. Arielismo: uma construção historiográfica deslocada do contexto uruguaio. In: *Ideologia e política em José Enrique Rodó: liberalismo e jacobinismo no Uruguai (1895-1917)*. Tese de doutorado. Franca, Unesp, 2006, p. 77-132.

medida em que criticavam o ceticismo e a sedução da vida material em toda a América.[32]

Em 1919, aquele centro começou a publicar sua revista, que buscava, segundo o programa redigido por Quijano, ser um "órgão de combate, um órgão que surge no país com ideais definidos pela ação", herdeiros do discurso e da trajetória de Rodó. Ainda com as palavras de Quijano: "nós levantamos agora a bandeira de *Ariel*: somos idealistas, confiamos no poder da vontade, pedimos ação, movemo-nos pelo otimismo e defendemos um conceito de pátria que, sem perder a cor local, pode fundir-se no amplo conceito de América".[33]

A publicação estudantil que criticava a lentidão do governo nacional com vistas à repatriação dos restos mortais de Rodó, em todos os seus números buscava a aproximação de outros órgãos universitários, acima de tudo hispano-americanos, e dedicou alguns de seus números aos intelectuais tomados como tradutores de suas ideias e ações, como, por exemplo, o mexicano Armando Nervo (nº 2), o peruano Víctor Andrés Belaúnde (nº 4-5), e finalmente dois números (nºs 8-9) dedicados a Rodó no primeiro semestre de 1920.

Esses dois números, publicados durante as manifestações comemorativas pela sua definitiva e tardia repatriação, copilavam os discursos pronunciados no Teatro Solís, em 2 de maio de 1918, como o de Antuña, além de publicar outros textos de significativos intelectuais uruguaios. Divulgavam também na contracapa a sua mensagem à juventude uruguaia:

> *Ariel* é a tribuna aberta à aspiração e ao ideal dos novos.
> *Ariel* é energia otimista porque é juventude.

---

32 ANTUÑA, José. José Enrique Rodó. In: *Litterae. Ensayos-Crítica-Comentarios*. Paris: A. Fabre, 1926, p. 134.

33 QUIJANO, Carlos. Nuestro programa. *Ariel*, Revista mensual del Centro Estudiantil "Ariel", Montevideo, ano 1, nº 1, 1919, p. 3-4.

> *Ariel* é uma inquietação pela justiça, um propósito de verdade e uma aspiração de beleza.
> *Ariel* quer realizar obra de renovação e de melhoramento.
> *Ariel* é palavra de fé nestes tempos de esperança.

Em destaque, o texto da poeta, pedagoga e crítica literária Luisa Luisi, pronunciado também em maio de 1918, que conclamava ao estudo mais profundo das ideias rodonianas. Apesar de criticar sutilmente as limitações de algumas percepções sobre a democracia propaladas em *Ariel*, Luisi sugeria que a sua medula consistia na proposta de transformações das nações latino-americanas pela educação de seus habitantes, isto é, a autora distinguia em sua proposta a necessidade de uma adequada pedagogia para a edificação das democracias em toda a América Latina.[34]

Uma leitura cuidadosa de *Ariel* permite-nos coincidir com o convite de Luisi, pois a educação – mesmo que tenha usado algumas metáforas pouco oportunas, como a de uma estátua que falava aos jovens[35] – como forma de aperfeiçoamento da democracia, como pensava Rodó, ocupou várias páginas do ensaio e, além disso, representou um importante ponto de desacordo em relação às considerações tecidas por Ernest Renan em *Calibã*.

Após criticar a condenação do autor francês sobre a igualdade de direitos, "princípio fundamental da democracia", o autor uruguaio concluía que era,

> portanto, insensato pensar, como Renan, em obter uma consagração mais positiva de todas as superioridades morais, a realidade de uma racionável hierarquia, o domínio eficiente dos altos dotes da inteligência e da vontade pela

34 LUISI, Luisa. Rodó. *Revista Ariel*, Montevideo, ano I, n°s 8-9, fev.-maio 1920, p. 5-28.

35 Cf. GONZÁLEZ ECHEVARRÍA, Roberto. El extraño caso de la estatua parlante: *Ariel* y la retórica magisterial del ensayo latinoamericano. In: *Escritura y autoridad en la literatura latinoamericana moderna*. Madri: Verbum, 2001, p. 28-61.

> *destruição* da igualdade democrática. Somente cabe pensar na educação da democracia e sua reforma.[36]

Por outro lado, Alberto Zum Felde – que dirigia as páginas culturais do importante diário batllista *El Día* – e Alberto Lasplaces foram os principais críticos de Rodó no Uruguai, como destacou Frugoni. Antes de construir uma interpretação mais matizada sobre o autor de *Ariel*, Zum Felde e Lasplaces consideraram-no um escritor anacrônico, quase um fóssil vivo soçobrado em suas utopias passadistas.[37]

Por caminhos paralelos, ainda como realçou Frugoni, *El Día* havia estampado em suas páginas, durante os procedimentos de homenagem e sepultamento dos restos mortais de Rodó, em 1920, que o escritor era um reacionário e que, portanto, não merecia tais manifestações organizadas por distintos setores da população uruguaia. Além disso, Frugoni criticou os atos dos críticos de Rodó que perturbaram o desenrolar de sua homenagem e sepultamento.[38]

Para entender essa reação, é preciso lembrar que Rodó, apesar de ser agnóstico e de defender a gradual secularização do Estado uruguaio, havia censurado frequentemente as ações anticlericais dos governos batllistas, no seu entender, muito próximas do "jacobinismo" austero e ortodoxo, que atingira seu ápice durante as duas primeiras décadas do século XX.[39] Como destacaram diversos autores, o anticlericalismo batllista foi um dos temas mais apaixonantes da sociedade

---

36 RODÓ, José Enrique. *Ariel*. In: *Obras completas*. Madri: Aguilar, 1957, p. 223.

37 FRUGONI, Emilio. La orientación espiritual de Rodó. In: *La sensibilidad americana*. Montevideo: Editorial La Facultad, 1929, p. 181-182.

38 *Ibidem*, p. 171.

39 Cf. RODÓ, José Enrique. *Liberalismo y Jacobismo*. In: *Obras completas*. Madri: Aguilar, 1957, p. 245-291.

uruguaia naquelas primeiras décadas e constantemente foi objeto de disputas políticas e intelectuais, com especial atuação de Rodó.[40]

Apesar de travar relações polifônicas com Batlle y Ordóñez e demais batllistas, depois de haver sido crítico teatral de *El Día* e de apoiar as medidas secularizadoras do grupo reformista colorado, Frugoni defendeu seu falecido amigo e elaborou uma das interpretações sobre Rodó e *Ariel* mais instigantes e equilibradas daquele período, com alguns pontos de contato, vale ressaltar, com as tramadas nas últimas décadas do século XX. Vale lembrar que o socialista uruguaio falava no período em que os batllistas foram derrotados nas primeiras eleições presidenciais que contaram com o sufrágio masculino, em 1916, apesar de terem conseguido aprovar a formação do sistema colegiado, e que havia ascendido ao executivo a agrupação colorada capitaneada por Feliciano Vieira, que congelou uma parte importante das transformações promovidas pelos batllistas.

Se, por um lado, Frugoni criticou o fato de Rodó não ter conseguido se apartar do "vício hereditário do tradicionalismo partidário", por omitir a escravidão na Grécia antiga, "por sua incompreensão dos verdadeiros fins da democracia igualitária" e por sua "preocupação aristocrática contra o igualitarismo essencial da democracia", por outro, assinalou que ele não poderia jamais ser descrito como reacionário, pois "fora, acima de tudo, um *maestro* de tolerância, de solidariedade, de idealismo generoso e radiante". Além disso, Frugoni acrescentou que Rodó foi um reformista moderado e um liberal heterodoxo, que

---

40 BARRÁN; José Pedro, NAHUM, Benjamín. El batllismo uruguayo y su reforma "moral". *Desarrollo Económico*, Buenos Aires, vol. 23, nº 89, abr.-jun. 1986, p. 121-135; CAETANO, Gerardo; GEYMONAT, Roger. *La secularización uruguaya (1859-1919). Catolicismo y privatización de lo religioso*. Montevideo: Antillana-Taurus, 1997; SOUZA, Marcos Alves de. *Ideologia e política em José Enrique Rodó: liberalismo e jacobinismo no Uruguai (1895-1917)*. Tese de doutorado. Franca, Unesp, 2006, p. 158; CAETANO, Gerardo. Los pleitos por la moral. In: *La república batllista. Ciudadanía, republicanismo y liberalismo en Uruguay (1910-1933)*. Montevideo: Ediciones de la Banda Oriental, 2011, p. 159-234.

propôs uma pedagogia das massas para "defender a liberdade interior diante das opressões do meio externo e salvar as asas íntimas do ideal das inexoráveis tesouras do utilitarismo".[41]

Passados tais momentos de maior focalização em Rodó, Frugoni somente voltou a ocupar-se do *maestro del 900*, de forma mais detida, em meados do século, ao passo que Antuña revisou seus discursos elogiosos anteriormente. Por seu turno, Quijano expressou, em setembro de 1927, em Paris, e em 1935, já de volta ao Uruguai, suas ressalvas "antiarielistas", o que indicava a sua evidente inflexão intelectual, conectada com a ascensão antiarelista de outros intelectuais hispano-americanos, como alguns integrantes das vertentes indigenistas e marxistas no Peru e na Bolívia, mas também na vizinha Argentina, como veremos em seguida.

Antes, porém, avancemos com a revisão de Quijano, que criticava a "aplicação", isto é, a instrumentalização dos pressupostos de *Ariel*, quando ainda vivia em Paris e que foi publicada em 26 de setembro de 1927, no diário montevideano *El País*, não obstante sublinhasse sua admiração por Rodó.

Cuidadoso em assinalar que não discutia densamente as teses de Rodó, Quijano anotou suas críticas, desabrochadas, como destacou, durante as reuniões da AGELA na capital francesa, fato que poderia ter dado à leitura daquele ensaio um "certo caráter simbólico", em que buscava delinear um lugar para a nova geração. No entanto, para Quijano, Rodó não respondia aos concretos problemas latino-americanos:

> Pois bem, em um continente que ainda não sabe ganhar seu pão, Rodó predica a educação antiutilitária, o culto à beleza; em um continente enfermo de "diletantismo", a cultura integral; em um continente enfermo de idealismo e de preguiça, o "ócio nobre", a despreocupação do

41 FRUGONI, Emilio. La orientación espiritual de Rodó. In: *La sensibilidad americana*. Montevideo: Editorial La Facultad, 1929, p. 171-185.

> presente; em um continente idolátrico e atrasado, em marcha ainda atrás do 'homem', o culto do herói; e em um continente que não sabe o que é democracia e que menos o sabia na época da aparição de *Ariel*, quando as oligarquias e as ditaduras se estendiam de norte a sul, lança-se em combater os supostos e, em todo caso distantes perigos daquele regime.[42]

Para Quijano, os latino-americanos deveriam estar preocupados em desenvolver suas riquezas, em edificar uma "forte estrutura econômica", que seria, por exemplo, a fonte da ciência e da arte francesas. Com este texto provocador, Quijano afirmou que se a América Latina desaparecesse naquele momento, deixaria poucas recordações.

> Por outro lado, se amanhã desaparecessem os Estados Unidos da América do Norte – você sabe que nossa opinião a respeito deste país não pode ser taxada de benevolente –, que têm o mesmo tempo de constituição que nós, sem dúvida que a civilização perderia muito mais. Para que comparações e citações comprobatórias, que além de odiosas seriam incompletas? Deixe-nos dizer que em nossos estudos econômicos – sem dúvida essencialmente 'práticos' – os textos e os livros de consulta da Universidade de Paris habitualmente são norte-americanos.
>
> [...] Nas mãos dos americanos do norte estão agora todas as possibilidades, e a ninguém pode ser ocultado que é mais fácil que a pesquisa diletante (ela existe efetivamente?), a cultura pura, a alta especulação, tomem antes seus assentos na América do Norte do que entre nós.[43]

---

42 QUIJANO, Carlos. Cartas a un lector [Rodó: una lectura de *Ariel*]. In: *Cultura, personalidades y mensajes*. Montevideo: Cámara de Representantes, 1992, p. 168.

43 *Ibidem*, p. 170.

Quijano havia entrado em contato com alguma fonte de revisão francesa sobre os personagens *Ariel* e *Calibã* elaborado por Ernest Renan, em 1877? Como Rodó, conseguira canalizar as inquietações de alguns intelectuais franceses e hispano-americanos sobre as apropriações das personagens de Shakespeare, ainda que por caminhos bem diferentes? É importante lembrar que o texto *Caliban Parle* (1928), em que Jean Ghéhenno procurava associar Caliban ao povo de forma positiva,[44] foi publicado um ano após a crítica de Quijano.

Poucos meses depois, o novo diretor da revista *Ariel*, Héctor González Areosa, publicou considerações convergentes às de Quijano, o que demonstrava que as palavras do ex-diretor daquela publicação estudantil haviam sido acolhidas no seio de alguns círculos universitários. Talvez não exatamente as suas palavras em sentido estreito, mas, sobretudo, o questionamento a propósito da atualidade da agenda intelectual e política sugerida por Rodó, em um país que havia eleito para exercer o cargo de presidente o colorado conservador e antibatllista Juan Campisteguy, que posteriormente atuou ao lado de Gabriel Terra, durante a ditadura (1933-1942). Do mesmo modo, é bom lembrar que foi durante seu governo, dois anos após a publicação citada de Quijano, que ocorreu o *Te Deum* realizado na capital uruguaia em comemoração ao acordo firmado entre o governo italiano e o Vaticano, que reestabelecia o poder temporal dos papas, com apoio presidencial, e que levou às discussões entre Quijano e Frugoni, de um lado, contra Antuña, de outro, como vimos no capítulo anterior.[45]

As palavras de Quijano, em 1927, ganharam o apoio das acentuadas tonalidades parricidas sob a pena de González Areosa:

---

44 RETAMAR, Roberto Fernández. *Calibán. Apuntes sobre la cultura en nuestra América* [1971]. 2ª ed. México: Editorial Diógenes, 1974, p. 24.

45 *Diario de Sesiones de la Cámara de Representantes*. Tomo 350. Montevideo: Imprenta Nacional, 1930, p. 136.

> Desde já, sentimos que seu doutrinamento não havia realmente tocado nossa profundidade espiritual, pois tão somente havia seguido, sem o avigorar, o vago perfil de um idealismo de adolescência. Tínhamos que confessar que a doutrina do *maestro* está ausente do processo de nossa definição pessoal e distante de nossa fervorosa participação no sentido histórico do tempo que vivemos. A unidade de vivência que Rodó nos suscitava, notamos atualmente que consistia em uma penetrante sugestão estética e em uma emoção de vaga idealidade.[46]

Na região andina, além do peruano Luis Alberto Sánchez em *Balance y liquidación del Novecientos*, publicado no Chile, em 1941, José Carlos Mariátegui, nos anos 1920 peruanos, construiu uma significativa crítica ao arielismo. De um lado, Mariátegui via a busca da formação de uma identidade continental antiestadunidense, baseada em aspectos étnico-culturais ou "raciais" como uma operação secundária. A ênfase deveria recair sobre diferenças fundamentalmente socioeconômicas que derivavam de formações políticas problemáticas. Além disso, os Estados Unidos entravam em uma suposta e ansiada última etapa capitalista do imperialismo, marcada pela decadência. No entanto, não deixou de dedicar o editorial de comemoração do primeiro aniversário da revista vanguardista *Amauta* a Rodó.[47] Fica a dúvida se as críticas de Mariátegui estavam direcionadas para o autor uruguaio ou para algumas apropriações que foram feitas posteriormente.

Em meados da década seguinte, Quijano voltou a censurar as concepções rodonianas acerca da democracia, quando alguns diários uruguaios invocavam-nas para articular a oposição contra a ditadura

---

46 GONZÁLEZ AREOSA, Héctor. La revisión de Rodó. *Ariel*, Revista del Centro de Estudiantes "Ariel", Montevideo, nº 37, dez. de 1927, p. 1.

47 Cf. MORA RODRÍGUES, Arnoldo. *El arielismo: de Rodó a García Monge*. San José, C.R.: EUNED, 2007, p. 234-246. É importante lembrar que também Real de Azúa rastreou as críticas marxistas ao arielismo. Cf. REAL DE AZÚA, Carlos. El problemas de la valoración de Rodó. *Cuadernos de Marcha*, nº 1, maio 1967, p. 77.

terrista. Se, por um lado, Quijano destacou brevemente que Rodó empenhou sua pluma "para fustigar a todos os tiranos da América", por outro, bem mais enfático, reprovou a influência de Renan como fonte de seu ideário, se bem que reconheceu a apropriação crítica do autor uruguaio em relação às ideias do francês, e destacou que Rodó exaltou a liberdade e a fraternidade, mas "à igualdade, opôs sua *lealdade de sábio* (*clerc*) – como teria dito Julien Benda". Para o diretor de *Acción*, Rodó "teve sempre uma fria atitude intelectual aristocrática a respeito das multidões e proclamou frente ao movimento de ascensão das massas o princípio da hierarquia, como condição necessária de todo progresso". Quijano o classificou como um democrata liberal heterodoxo, que não deveria servir de inspiração para os grupos de oposição porque "contemplou a vida como um espetáculo, não a viveu como um drama".[48]

A revalorização do Rodó de *Ariel* buscava, além de relativizar o seu lugar como *maestro* e de apontar os limites práticos daquela mensagem, vicejar um lugar de destaque para os representantes de uma nova geração, que propunham a reconstrução de um mundo que se desmanchava a passos largos. O discurso de Rodó andava na contramão das necessidades da hora. Era preciso agir, se rebelar não somente contra a ditadura, mas também contra aquela democracia rotineira, institucional e partidocrática dos inícios do século XX. Era preciso, em primeiro lugar, derrotar os grupos golpistas para em seguida construir outra democracia.

No mesmo ano de 1935, Antuña, que na contramão de Quijano, apoiava o governo de Terra como um de seus condutores intelectuais, criticou *Ariel* por meio do livro *El nuevo acento*, pela editora montevideana-portenha Sociedad Amigos del Libro Rioplatense. Em consonância com seu apoio ao pensamento hispanista, articulada às "vozes da Espanha nova" (Ramiro de Maeztu, em *Defensa de la hispanidad*

48 QUIJANO, Carlos. Rodó y la Democracia. *Acción*, Montevideo, ano IV, nº 115, 8 maio 1935, p. 3.

de 1934), a crítica de Antuña se bifurcou, e muito, das anteriores. Argumentou que *Ariel* cumprira seu papel no início do século XX, por fazer "frente à intolerância jacobina e a certas peculiaridades de um momento social de transição, claudicante na anarquia das ideias, costumes e regimes políticos". Todavia, a seu ver, passadas três décadas e meia de sua publicação, *Ariel* sofria de "incurável afonia" porque, em primeiro lugar, havia cultivado uma "funesta prevenção" contra os Estados Unidos. Em segundo lugar, por pecar em enfatizar o "latinismo" e não o "hispanismo". Para Antuña, *Ariel* era representado melhor pelos norte-americanos porque, a seu ver, "o governo das coisas materiais já não é matéria, mas espírito. É Ariel e não Calibã quem dirige os bancos e os trens". Além disso, sustentou que os Estados Unidos se constituíram como um dos países "mais progressistas e também mais cultos do mundo, com os melhores poetas, dramaturgos, romancistas, filósofos, jornalistas, periódicos, revistas e teatros". Conclamava, por fim, para um "contato fecundo de ambas as culturas", claro está a europeia hispânica e a também europeia "germânica" norte-americana.[49]

Antuña conjugava de forma bastante complexa suas concepções conservadoras e autoritárias ao ideal pan-americanista, do qual foi um porta-voz vigoroso no Uruguai. Não se sentia incomodado, portanto, com uma possível crítica a respeito de buscar entrelaçar o hispanismo com a "nordomania" denunciada por Rodó, entre outros autores, desde os finais do século XIX. Pode parecer curioso que entre os diretores e consultores da Sociedad Amigos del Libro Rioplatense estavam pelo lado argentino Cesar Tiempo, vinculado às esquerdas argentinas e ao dito "grupo de Boedo",[50] e o também socialista Mario Bravo. Pelo lado uruguaio, figuravam Emilio Frugoni e Emilio Oribe, que eram contrários à ditadura. Entretanto, era uma editora bastante

---

49 ANTUÑA, José G. *El nuevo acento*. Buenos Aires/Montevideo, 1935, p. 155-169.

50 Cf. CANDIANO, Leonardo; PERALTA, Lucas. *Boedo: orígenes de una literatura militante. Historia del primer movimiento cultural de la izquierda argentina*. Buenos Aires: Ediciones del CCC – Centro Cultural de la Coop. Floreal Gorini, 2007.

plural, pois um dos diretores uruguaios era Alfredo Ferreiro, parente e apoiador de Gabriel Terra. Do lado argentino, estavam os amigos de Antuña Ricardo Rojas e Arturo Capdevilla, com quem dialogou em vários momentos.

O debate a respeito das apropriações dos personagens de Shakespeare se bifurcava cada vez mais, e na outra margem do Prata, Aníbal Ponce também proclamava o fim da vinculação de *Ariel* aos latino-americanos, em várias conferências realizadas ainda no ano de 1935. Intituladas "Humanismo burguês e humanismo proletário", foram publicadas inicialmente no México em 1938 (*Humanismo burgués y humanismo proletario. De Erasmo a Romain Rolland*), e posteriormente ganharam uma edição em Cuba (1962), após a revolução.[51] Segundo Carlos Jáuregui, Ponce reivindicava a Calibã como o "o proletário rebelde e as massas sofridas", o que terá maior expressão com a atuação de alguns intelectuais caribenhos, durante as décadas de 1960 e 1970, em uma leitura "pós-colonialista" de George Lamming (*The Pleasures of Exile*, 1960), Aimé Césaire (*Une tempête: d'après la Tempête de Sheakespeare*, 1969) e Roberto Fernández Retamar (*Calibán. Apuntes sobre la cultura en nuestra América*, 1971).[52]

A contrapelo das reprovações de diversos autores no Uruguai e outros países hispano-americanos, que se acentuavam, Quijano reparou, nos inícios de 1947, tanto a sua inicial concordância entusiasta quanto a crítica juvenil que, segundo ele mesmo, tinha pretensões de ser serena. Naquele ano, as comemorações dos 30 anos de falecimento de Rodó atraíram os olhares renovados dos intelectuais latino-americanos sobre

---

51 FERNÁNDEZ RETAMAR, Roberto. *Calibán. Apuntes sobre la cultura en nuestra América* [1971]. 2ª ed. México: Editorial Diogenes, 1974, p. 25.

52 JÁUREGUI, Carlos. *Canibalismo, calibanismo, antropofagia cultural y consumo en América Latina*. Madri: Iberoamericana, 2008, p. 37-43; 356-385. A leitura de Retamar estava marcada pelos desdobramentos da Revolução Cubana, que identificou o povo latino-americano com Calibán, ao passo que associou Ariel ao intelectual descompromissado e pouco preocupado, a seu ver, com as reais necessidades do povo.

o escritor uruguaio, em um período de crise das ideias autoritárias e de fortalecimento dos defensores da democracia:

> O Rodó ao qual se alçaram com emoção reverencial os olhos de nossa adolescência distante, não é o Rodó que veem os olhos de nossa maturidade. Entre nós e eles está a vida, dizemos. Em outros termos, o tempo. Há alguns anos, mais de quinze, desde terras distantes, tentamos uma revisão de sua mensagem. Assinalamos, naquela oportunidade, acaso com a presunção ainda juvenil, os vazios e carências de sua obra à qual reprovávamos, sobretudo, a sua raiz europeizante e de um europeísmo livresco e limitado. Contra o que havíamos acreditado e dito, o *maestro*, *maestro* por antonomásia, parecia-nos que havia enviesado o grande drama de nosso continente, que a essência real e profunda deste havia escapado à sua visão, e à sua compreensão de homem de biblioteca e de retiro com sabor conventual.
>
> [...] É possível que agora estejamos a caminho do retorno a Rodó, a quem vemos com uma nova luz, que descobrimos em sua mensagem maciça e inconfundível, arestas que a sombra nos havia roubado. Um Rodó com depurada firmeza, sob o signo protetor do Cruzeiro do Sul, sobre estas terras americanas que marcham em ancas do galope tumultuoso das horas, em direção a horizontes ainda confusos e apenas entrevistos.[53]

Embora seja precipitado assegurar que Quijano dava o pontapé inicial para o movimento de "redescoberta" de Rodó no Uruguai, podemos argumentar que a sua revisão em sintéticas e precisas linhas registrava a importante inflexão que ganhava cada vez mais vozes.

---

53 QUIJANO, Carlos. Retorno a Rodó. *Marcha*, Montevideo, ano IX, nº 369, 28 fev. 1947, p. 1. Sobre as leituras quijanianas de Rodó, consultar: PENCO, Wilfredo. Quijano ante el espejo de Rodó. *Cuadernos de Marcha*, tercera época, Montevideo, ano XIV, nº 160, mar. 2000, p. 16-20.

Como assinalou Lockhart, essa recapitulação mais compassada de Rodó fora catalisada pela inauguração da Exposição de Originais e Documentos do autor, por Roberto Ibáñez, no Instituto Nacional de Investigaciones y Archivos Literarios (INIAL), em Montevideo, em 19 de dezembro de 1947.[54]

Pouco mais de dois anos depois, Frugoni, que já estava de volta ao Uruguai, após exercer o cargo de representante diplomático do país na União Soviética, de 1944 a 1946, foi convidado pelo Instituto Histórico e Geográfico Uruguaio a proferir outra palestra em homenagem ao cinquentenário da primeira publicação de *Ariel*. Cabe ressaltar que, enquanto estivera em Moscou, Frugoni doou alguns exemplares de livros uruguaios, entre eles a obra de Rodó, e fez uma palestra em espanhol sobre *Ariel* para diplomatas e hispanistas russos.[55]

O líder socialista outra vez explicitou suas divergências com respeito à "filosofia política" de Rodó, cujas concepções eram, a seu ver, "as de um republicano de tipo girondino". Entretanto, Frugoni realçou que as orientações mais persistentes de Rodó visavam o aprimoramento do "espírito social", direcionadas à edificação de uma sociedade mais digna e justa. Além disso, Frugoni também ressaltou que Rodó era um leitor crítico de Renan e que nunca havia sido contrário à "igualdade de possibilidades".[56]

Dentre os diversos temas glosados por Frugoni, as relações dialógicas entre latinos e saxões, vistos como matrizes populacionais e culturais, ganharam um especial destaque. Para Frugoni, Rodó "não predica uma oposição, uma pugna exclusivista da influência de uma

---

54 LOCKHART, Washington. Rodó y el arielismo. In: *Capítulo Oriental: la historia de la literatura uruguaya*. Vol. 12. Montevideo: Centro Editor de América Latina, 1968, p. 177.

55 Cf. FRUGONI, Emilio. *Homenaje a Rodó en el cincuentenario de "Ariel"*. Montevideo: Instituto Histórico y Geográfico del Uruguay, 1950, p. 8.

56 FRUGONI, Emilio. *Homenaje a Rodó en el cincuentenario de Ariel*. Montevideo: El Siglo Ilustrado, 1950, p. 9.

raça por outra. O que reivindica é a *reciprocidade de suas influências* e o *atinado concerto dos atributos em que se fundou a glória de ambas*".[57]

Assim, Frugoni e Quijano realçaram um autor preocupado com os temas mais inquietantes de seu período, crítico em relação às suas fontes e "original", se bem que não deixaram de desaprovar algumas de suas opções estéticas, como, por exemplo, certas metáforas e imagens "desventuradas" e hesitações em certas passagens.

Antuña, por sua vez, propôs-se a hercúlea tarefa de estudar a "recepção" e a "apropriação" de *Ariel*, desde a sua publicação até meados do século, e propalou a reivindicação da atualidade de parte de suas mensagens, apesar de censurar a insuficiência, a seu ver, do cristianismo de Rodó.[58] Hispanista conservador, como já tivemos a oportunidade de ver, criticou algumas interpretações condenatórias de Rodó, fundamentalmente em relação à suposta reserva diante do imperialismo norte-americano, evitou o embate direto com vários outros intelectuais uruguaios e retomou, acima de tudo, algumas considerações que foram divulgadas sobre a sua obra anteriormente.

Dividiu a obra em dois tomos e seis partes. No primeiro tomo analisou a "permanência da mensagem", sua "fala [*acento*] heróica" e as discussões sobre a democracia em *Ariel*, interpretadas por Antuña como uma advertência à "*mediocratização* e demagogia".[59] No segundo tomo, muito mais do que analisar a obra, procurou demonstrar suas opções intelectuais, políticas e filosóficas, ao tratar de quatro temas mais gerais. Na terceira parte, abordou o lugar de *Ariel* para a discussão do "humanismo científico", em que escreveu uma espécie de breve "história" da ciência moderna. Na quarta parte, cruzou as mensagens de *Ariel* com o debate em torno dos debates entre "técnica e espírito", desde Platão até o "cérebro eletrônico". Na parte seguinte, proclamou a prevalência de

57 *Ibidem*, p. 13.

58 ANTUÑA, José G. *Un panorama del espíritu. El* Ariel *de Rodó* [1952]. 2ª ed. Tomo I. Montevideo: Barreiro y Ramos, 1969, p. 23.

59 *Ibidem*, p. 25-194; 195-296.

Ariel sobre o marxismo, em que usou a leitura de *A esfinge vermelha* de Frugoni para criticar o comunismo soviético. Para concluir, a sexta parte interpretou a mensagem de Rodó com a tolerância e aproveitou para tratar do "sentido cristão do universo e da vida". Para Antuña, apesar de Rodó não se colocar como um religioso, apartara-se do "niilismo do homem atual, como se apartara dos esquemas positivistas".[60]

Antuña criticou muitos detratores de Rodó, principalmente Luis Alberto Sánchez,[61] e sustentou que "acima das lutas e das paixões desencadeadas, e no nosso caso inorgânico de uma realidade econômica, *Ariel* quis adaptar para a América um símbolo ilustre, ecumênico. Aquilo que faltou a Sarmiento e aos adalides anteriores da política". Pregara a prudência antes de tudo, segundo Antuña.[62]

No entanto, muito pouco acessível ao leitor "mediano", recheado de citações, que deslizavam para a demonstração erudita, a obra de Antuña distanciava-se, em muito, das expectativas tanto da crítica quanto dos demais leitores não especialistas do país e, até os dias atuais, raramente é citada ou comentada de forma que ultrapasse a menção à sua existência ou que busque dedicar maior atenção ao seu conteúdo. Um bom exemplo disso consiste em que, durante a comemoração do cinquentenário do falecimento de Rodó, em 1967, Carlos Real de Azúa publicou um importante artigo no primeiro número dos *Cuadernos de Marcha*, em que problematizou as interpretações e apropriações de *Ariel*. Ao mapear os principais autores que se debruçaram sobre Rodó, e afirmar que em sua maioria as interpretações respondiam muito mais aos contextos em que foram escritas do que o de produção da obra, o historiador uruguaio nem sequer mencionou o texto de Antuña de

60 ANTUÑA, José G. *Un panorama del espíritu. El* Ariel *de Rodó* [1952]. 2ª ed. Tomo II. Montevideo: Barreiro y Ramos, 1969, p. 328; 331.

61 *Ibidem*, p. 117-121.

62 *Ibidem*, p. 55; 91.

1952, ainda que tenha citado a crítica de 1935 em *El nuevo acento*.[63] Em 1968, o Centro Editor da América Latina, que publicava fascículos sobre a história da literatura uruguaia, organizou o número 12 sobre Rodó e o arielismo, sob os cuidados de Washington Lockhart e Real de Azúa. Dessa vez, nem mesmo *El nuevo acento* chegou a ser citado.[64]

Além disso, podemos argumentar que, apesar do lacônico comentário elogioso de seu amigo Raúl Montero Bustamante, publicado na *Revista Nacional*, em outubro de 1953, que anunciava a obra de Antuña como o exame mais completo e vasto sobre o arielismo, o seu livro foi, de certa maneira, esquecido e tornou-se um "clássico", naquelas circunstâncias que mencionamos no capítulo anterior, que provavelmente foi pouco lido, ou que pelo menos não deixou rastros mais contundentes de sua leitura entre a crítica, desde a sua primeira publicação. Em momentos de fortalecimento de grupos conservadores, com o governo de Jorge Pacheco Areco, e de grande difusão de discursos esquerdistas e até revolucionários em *Marcha*, a reedição de *Un panorama del espíritu* por Antuña em um empreendimento estatal, em 1969, não buscava responder aos "esquecimentos" de Real de Azúa e Lockhart durante os anos anteriores? Parece-nos uma afirmação bastante plausível.

Ainda durante a década de 1950, Emir Rodríguez Monegal preparou a publicação das "obras completas" de Rodó pela editora espanhola Aguilar (1957), que recebeu uma segunda edição ampliada e corrigida, em 1967, e com um interessante prólogo daquele crítico. Nesse mesmo ano, saiu pela uruguaia Ediciones del Nuevo Mundo a terceira edição de *Proceso intelectual del Uruguay*, de Alberto Zum Felde, com o estudo escrito sobre Rodó durante os anos 1920, um pouco mais rico em matizes, que também foi reproduzido como prólogo de uma nova publicação pela mesma editora, cuja ideia central assinalava o seu "ideal de mediania".

---

63 REAL DE AZÚA, Carlos. El problema de la valoración de Rodó. *Cuadernos de Marcha*, nº 1, maio 1967, p. 71-80.

64 Rodó y el arielismo. *Capítulo oriental, la historia de la literatura uruguaya*, nº 12, mar. 1968, p. 177-192.

Além disso, Benedetti e Ardao também participaram ativamente do longo processo de revisão de que foi alvo a obra rodoniana em seu conjunto, a partir de meados dos novecentos, e, à exceção do primeiro, notoriamente defenderam-na das diversas censuras que receberam no Uruguai e em toda a América Latina.

Reafirmamos que não temos a pretensão de envolver todo o vastíssimo debate a respeito da obra de Rodó, nem de problematizar outras leituras a respeito das apropriações dos personagens de Shakespeare, como ocorrerá ainda com a leitura de Richard Morse, que buscou inverter o espelho entre a América "Ibérica", para usar seus termos, e a anglo-saxônica, em que recomendava um pouco de autoconfiança para a primeira e modéstia para a segunda. Morse transformou Próspero, em muitas leituras vistas como a Europa, nos "prósperos" Estados Unidos, que se tornara o grande espelho para os latino-americanos, ao lado do "Velho Continente".[65] Entretanto, será que o Uruguai do começo do século XX e dos dias atuais resiste à metáfora do encantamento, e que tenha tomado um caminho distinto que impediria "um desenlace nietzcheano, weberiano ou kafkaniano", como sustentou o autor norte-americano? Será que a cultura da "América Ibérica" é mais "profundamente ocidental que a de outros países nórdicos"?[66] De que "cultura ocidental" trata Morse? Não seria uma generalização em ambos os casos? Além disso, por que haveria a necessidade de se afirmar em ser ocidental, ou de ser os seus autênticos representantes, para fugir de visões que veem na América Latina um desvio da modernidade, como obsoleta ou que vive eternamente

65 MORSE, Richard. *O espelho de Próspero. Cultura e ideias nas Américas.* 2ª reimpressão. São Paulo: Companhia das Letras, 1995. Para uma introdução crítica a respeito da obra de Morse, consultar: DOMINGUES, Beatriz H.; BLASENHEIM, Peter Louis. *O código Morse: ensaios sobre Richard Morse.* Belo Horizonte: Editora UFMG, 2010.

66 *Idem.* A la sombra del porvenir. Otra vuelta de tuerca. In: AROCENA, Felipe; DE LEÓN, Eduardo (eds.). *El complejo de Próspero. Ensayos sobre cultura, modernidad y modernización en América Latina.* Montevideo: Vintén, 1993, p. 40.

em sua fase infantil? Finalmente, é possível salientar a matriz ibérica sobre as demais?

Para Eduardo de León, o Uruguai, bem como outros países do Cone Sul, se mostram como casos mais problemáticos para o espelho de Morse, e por isso mesmo, o norte-americano o cita de forma elíptica em sua interpretação. Assim, não é totalmente prudente utilizar a interpretação de Morse sobre a América Latina em todo o seu conjunto. É preciso atentar um pouco mais para as especificadades históricas, políticas, culturais e socioeconômicas. Para o caso uruguaio, de León assinalou que a a colonização ibérica havia sido débil e tardia, além de ter ocorrido muito cedo no país a "fusão exitosa de liberalismo e democracia", o que havia, no seu entender e no de outros autores também, cristalizado as possibilidades de mudanças, engessado o país em seu "irremediável estancamento". Do mesmo modo, o papel da Igreja Católica havia sido bastante tênue em comparação aos demais países, o que não havia impedido que prevalecessem no Uruguai sociabilidades marcadas pela ideia de comunidade e centralidade da ideia de "pessoa" em face do indivíduo utilitário. Concluía pelas desvantagens do Uruguai em ter se modernizado primeiro, de forma inconclusa e frustrada.[67]

A interpretação do autor uruguaio, mesmo que tentasse adequadamente estabelecer um diálogo crítico com Morse, teve um desenlace muito permeado por uma revisão identitária pós-ditadura que buscava ser juíza do passado, muitas vezes ao realçar mais os aspectos negativos de ter construído um aparato moderno sem ter bases modernas. O Uruguai seria um caso de modernização pelo alto, que ao fim e ao cabo não conseguiu modernizar a sociedade civil? É possível sustentar uma interpreção desse teor? E o que quis dizer ao argumentar que o Uruguai se ossificou quando os outros países latino-americanos "viviam em seu zênite"?[68] Seria uma releitura da (in)viabilidade

---

67 DE LEÓN, Eduardo. Uruguay ¿en el espejo de Morse?: La generación del 900. In: AROCENA, Felipe; DE LEÓN, Eduardo (ed.). *El complejo de próspero. Op. cit.* p. 245-291.

68 *Ibidem*, p. 245-291.

de um país que não conseguia, a seu ver, encontrar o caminho da modernização? Finalmente, quais seriam as vantagens do "atraso", de que supostamente desfrutavam os outros países do continente? Atraso em relação a quê? Ao individualismo maximalista liberal? Ao salto de etapas? Para se chegar onde?

Não temos a pretensão de responder a todas as perguntas colocadas acima. Elas possuem muito mais um caráter de promover debates do que de trazer respostas ou de tentar criticar *in totum* a argumentação de Richard Morse ou de Eduardo de León, que possuem importantes pontos a ser retomados. Temos como objetivo, de forma bem mais modesta, mapear parte das heterogêneas apropriações dos personagens de Shakespeare interpelados por Rodó para pensar o lugar dos países e dos povos latino-americanos na história da humanidade.

Se nos permitem os leitores, gostaríamos de colocar outras quatro perguntas, talvez mais difíceis ainda de ser respondidas: por que é tão recorrente a ressignificação da tríade Ariel, Calibã e Próspero para pensar as identidades latino-americanas, uma vez que é bom lembrar que tanto Calibã quanto Ariel são personagens secundários em *A Tempestade*? Há a necessidade de ser ouvido por um interlocutor (Próspero) europeu ou norte-americano nessa operação? Ou ela se insere em uma tentativa de digerir, de forma antropofágica, elementos da cultura europeia para marcar o poder de emancipação dos latino-americanos em relação ao seu espectro, mas sem abandoná-lo completamente? Finalmente, é possível fugir de seu amplo raio de abrangência?

Somente a título de delinear um desenlace das visões e revisões sobre a obra de Rodó, cabe destacar que, por volta da comemoração do centenário da publicação de *Ariel*, os principais críticos uruguaios e demais latino-americanos abriram novas veredas para a interpretação do corpo textual escrito por Rodó e não deixaram de frisar o contexto de produção de sua obra, ao mesmo tempo em que reivindicaram parte de suas propostas.

Vale destacar a interpretação de Fernando Ainsa, que, de maneira cautelosa e respeitando as diferenças entre 1900 e 2000, propôs uma leitura de *Ariel* para o terceiro milênio, acima de tudo no que toca à sua preconização do cultivo do espírito crítico, da perspectiva humanística, do sentido dinâmico da história, além do caráter eclético e proteico de seu pensamento.[69] Tampouco devemos nos esquecer que o ensaio, já mencionado, de Antonio Mitre sobre *Ariel*, publicado originalmente em meados dos anos 1980, relaciona-se estreitamente ao debate que se edificou em torno das (re)construções democráticas nos países sul-americanos, que estimularam a proliferação de revisões e debates acalorados a respeito da memória e da construção identitária após as profundas fraturas ocorridas durante as ditaduras militares. Segundo as palavras de Mitre, publicadas inicialmente em 1985, Rodó defendia a instituição de uma "*aristocracia consentida*. Nada muito diferente do que temos hoje: uma oligarquia representativa e, ainda pior, barbaramente educada".[70]

Também é bom lembrar das palavras de Arturo Ardao, ao criticar muitas apropriações que foram feitas de *Ariel* ao longo do século XX, tanto pelos arielistas quanto pelos antiarielistas. A principal delas foi em articular rapidamente os personagens *Ariel* e *Calibã* respectivamente à América Latina, termo que Rodó não utiliza, e aos Estados Unidos. Para Ardao, o foco de Rodó se dirigia para o que era considerado calibanesco no interior da própria região platina, como salientaram outros autores, em uma disputa da utilidade contra o utilitarismo. Para o espírito utilitarista que permeava o debate inclusive dentro do ambiente universitário, colocado em termos de formação humanística ou profissionalista.[71]

---

69 AINSA, Fernando. *Del canon a la periferia. Encuentros y transgresiones en la literatura uruguaya*. Montevideo: Trilce, 2002, p. 67-81.

70 MITRE, Antonio. In: *Op. cit.*, p. 115.

71 ARDAO, Arturo. *Nuestra América Latina*. Montevideo: Ediciones de la Banda Oriental, 1986, p. 133. Ver também *Idem*. Introducción general por Arturo Ardao. In: QUIJANO, Carlos. *Los golpes de Estado (1933 y 1942)*. Montevideo: Cámara de Representantes, 1989, p. XXVIII-XLV.

Enfim, ainda que de forma inicial, pensamos que as interpretações da obra de Rodó divulgadas por Frugoni, Antuña e Quijano devam ser inscritas em seus contextos de enunciação, isto é, dos locais de onde falam, para que possamos compreendê-las de maneira mais satisfatória e equilibrada, articulando-as às visões que esses autores entrecruzaram a respeito das relações entre a América Latina e os Estados Unidos, como veremos em seguida.

Visões *americanistas* do entreguerras

Desde o falecimento de Rodó até o final da Segunda Guerra Mundial, Frugoni, Antuña e Quijano dedicaram especial atenção às relações entre o Uruguai, os demais países latino-americanos e os Estados Unidos, e teceram divergentes interpretações acerca do latino-americanismo e do pan-americanismo.

Quijano expressou que defendia o hispano-americanismo ou o latino-americanismo no âmbito da política internacional, e via os Estados Unidos como uma inquestionável ameaça à real soberania das nações da América Latina. Antuña, por sua vez, apoiava a política externa pan-americanista do Uruguai, desde os anos 10 até meados dos anos 1940. Por outro lado, Frugoni, embora criticasse as orientações da política internacional norte-americana e desaprovasse o pan-americanismo, nem sempre apoiou a ideia de um projeto de integração que se restringisse à América Latina e defendeu a união dos setores trabalhadores de todas as Américas a favor da construção do socialismo democrático.

Desde o período independentista até a realização da 1ª Conferência Pan-americana nos Estados Unidos, em 1889, foram organizados alguns congressos que propunham a integração ou união dos novos Estados hispano-americanos, ora como um projeto inicial de emancipação, ora contra as ameaças ou ações de intervenção europeias, como, por exemplo, os congressos de Panamá e Tacubaya, em 1826 e 1828, respectivamente, e o 1º e 2º Congresso Americano de Lima, em 1847-1848 e 1864-1865, que censuraram a ameaça espanhola ao Equador e as intervenções europeias no Peru, República Dominicana e México.[72]

A partir de 1889, as Conferências Pan-americanas, ao mesmo tempo em que traduziam os projetos norte-americanos no âmbito continental, permitiram aos representantes latino-americanos edificar um importante local de contato, que engendrou diálogos e também muitas discussões desencontradas, ao inscrever o pan-americanismo nas relações internacionais das Américas.[73]

Evidentemente que, se de um lado, muitos países se sentiram atraídos pela proposta pan-americanista, de outro, forjaram-se ácidas críticas ao papel central desempenhado pelos Estados Unidos, canalizadas pela voz de José Martí, contribuindo de maneira bastante significativa para a tessitura do conceito de imperialismo nas Américas.[74]

Embora os desbotados conceitos de imperialismo, colonialismo e neocolonialismo possam, à primeira vista, suscitar reservas e hesitações, concordamos com Ricardo Salvatore que é necessário revisar suas trajetórias e transformações desde distintos pontos de vista, acima de tudo dos atores que os vivenciaram como uma realidade política, econômica e sociocultural.[75]

Durante quase sessenta anos (1889-1948), o pan-americanismo buscou impulsionar a integração das Américas em torno de objetivos comuns, por meio de distintos canais de instrumentalização

---

72 ARDAO, Arturo. *Op.cit.*, p. 50-51.

73 Sobre as Conferências Pan-Americanas, consultar: DULCI, Tereza Maria Spyer. *As Conferências Pan-Americanas: identidades, união aduaneira e arbitragem (1889 a 1928)*. 134 f. Dissertação (mestrado em História) – Programa de Pós-Graduação em História Social, USP, São Paulo, 2008.

74 Cf. MARTÍ, José. Congresso Internacional de Washington. In: *Nossa América*. São Paulo: Hucitec, 1983, p. 170-185.

75 SALVATORE, Ricardo. Re-pensar el imperialismo en la era de la globalización. In: *Idem* (comp.). *Culturas imperiales: experiencia y representación en América, Asia y África*. Rosario: Beatriz Viterbo, 2005, p. 9-35.

política e institucional, mas também econômica e, em alguns casos, cultural. A América do Sul organizou a maior parte das conferências realizadas, o que sinalizava os interesses dos norte-americanos em aliar-se aos países daquela região do Globo. As seguintes cidades foram sedes das Conferências Internacionais Americanas, além de Washington: México (1901), Rio de Janeiro (1906), Buenos Aires (1910), Santiago do Chile (1923), Havana (1928), Montevidéu (1933), Lima (1938), Bogotá (1948) e, embora já existisse a OEA, Caracas (1954). Ademais, foi realizada em Buenos Aires, em 1936, uma reunião extraordinária denominada Comissão para a Consolidação da Paz, que contou com a presença do presidente norte-americano Franklin Delano Roosevelt, cujo tema central foi a resolução do conflito entre a Bolívia e o Paraguai, iniciado em 1933.

Diante disso, ficava bastante clara a posição central que a América do Sul ocupava na política externa dos Estados Unidos. Como destacou Kátia Gerab Baggio, o Brasil tornou-se uma peça-chave dessa articulação diplomática e, em 1905, a legação brasileira em Washington foi elevada à embaixada, concomitantemente à criação da primeira embaixada norte-americana da América do Sul, no Rio de Janeiro, um ano antes da realização da III Conferência Pan-americana.[76]

No Uruguai, ainda que desde a década de 1870 os Estados Unidos mantivessem um representante em seu território, somente em 1941 a sua legação diplomática foi elevada à categoria de embaixada, em um período em que o país se tornou uma peça estratégica no Atlântico Sul, durante a Segunda Guerra Mundial, e da posição neutralista da Argentina.

Não cabe dúvida de que as reuniões, apesar das demonstrações de apoio e solidariedade, foram marcadas por uma constante hesitação das delegações latino-americanas a respeito das propostas norte-americanas, o que dificultava lançar as bases para a instrumentalização política e

76 BAGGIO, Kátia Gerab. *A "outra" América: A América Latina na visão dos intelectuais brasileiros das primeiras décadas republicanas.* Tese de Doutorado. São Paulo, Departamento de História, FFLCH-USP, 1998, p. 51.

institucional dos projetos discutidos em seu interior. Durante a realização da IV Conferência em Buenos Aires, em 1910, foi criada a União Pan-americana, com sede na capital norte-americana, a qual almejava estabelecer um local que representasse aquele movimento e que pudesse se constituir em um centro de encontro e de estudos dos representantes dos distintos Estados-membros, com seus grupos de trabalho.

Durante a V Conferência, realizada em Santiago do Chile, em 1923, a presidência da União Pan-americana passou a ser escolhida por meio de eleições entre as delegações. Entretanto, Quijano denunciou que, mesmo assim, os Estados Unidos continuaram a presidi-la, pois o secretário deste país sempre fora eleito pelos demais membros.[77]

No que toca o campo da história, duas iniciativas receberam especial atenção a partir das conferências realizadas em Havana e Montevidéu. Em primeiro lugar, com a fundação do Instituto Pan-americano de Geografia e História (IPGH), na Cidade do México, em 1929, um ano após a sua aprovação pelos participantes da VI Conferência Pan-americana em Havana. Na capital uruguaia, foi realizada durante a VII Conferência a Convenção Sobre o Ensino de História, cuja proposta consistia em promover a revisão dos textos veiculados pelos livros didáticos de história, com o intuito de depurá-los de qualquer conteúdo que sugerisse dissensões entre as nações americanas.[78]

Todas essas iniciativas, mencionadas de forma bastante resumida, estimularam os políticos e intelectuais latino-americanos a olhar com maior zelo para os perigos e as vantagens em se aproximar dos vizinhos norte-americanos, ao mesmo tempo em que propiciaram a maior articulação dos grupos contrários ao pan-americanismo em

77 QUIJANO, Carlos. Las Conferencias Panamericanas. Santiago y La Habana. In: *Acción*, Montevideo, ano I, nº 23, 05 set. 1932, p. 8.

78 Cf. PITA GONZÁLEZ, Alexandra; VENTURA RAMÍREZ, Rogelio. *La Convención sobre la enseñanza de la Historia: educar para la comprensión americana*. Disponível em; < http://www.caei.com.ar/es/programas/historia/18.pdf>. Acesso em 09 dez. 2007.

torno de projetos alternativos e fundamentalmente animados por intelectuais, como, por exemplo, a Alianza Popular Revolucionaria Americana (APRA), capitaneada pelo peruano Víctor Raúl Haya de la Torre, a partir de 1924, a Unión Latinoamericana, organizada por José Ingenieros em Buenos Aires, em 1925, e a Liga Antiimperialista de las Américas (LADLA), dirigida pelos mexicanos Úrsulo Galván e Diego Rivera, também em 1925.[79]

Frugoni, Antuña e Quijano relacionaram-se de maneiras divergentes com tais grupos e foram os autores uruguaios mais assíduos nesse debate, durante os marcos cronológicos selecionados.

Frugoni, desde a publicação na revista argentina *Nosotros*, em 1918, do relato da viagem que havia realizado aos Estados Unidos, três anos antes, intitulado "En la otra América", passou a conceder uma significativa atenção àquele país e, embora não tenha citado as impressões de viagem de Paul Groussac aos Estados Unidos (1897) ou *Ariel*, não conseguiu desvincular-se da trama tecida nestes textos precedentes.

Se de um lado assinalou os diversos aspectos positivos dos Estados Unidos, designados como uma "nação de prodígios modernos", com uma população progressiva, ativa, estudiosa, concisa, penetrante e também vaidosa, por outro, concluiu pelo veio utilitário que adentrava todas as atividades dos norte-americanos, inclusive dos homens de letras: "Esta ideia da nobre condição do lucro é tão profunda que conseguiu a conciliação perfeita do que parecia ser irreconciliável.

79 Ver FUNES, Patricia. *Salvar la nación: intelectuales, cultura y política en los años veinte latinoamericanos*. Buenos Aires: Prometeo, 2006, p. 226-229. A linha norteadora do APRA foi o indo-americanismo e seus principais objetivos foram a luta contra o imperialismo dos EUA, a unidade política da América Latina, a nacionalização de terras e de indústrias, a internacionalização do Canal do Panamá e a solidariedade com todos os povos e grupos oprimidos do mundo. Cf. FUNES, Patricia. El APRA y el sistema político peruano en los años 30: elecciones, insurrecciones y catacumbas. In: ANSALDI, Waldo (ed.). *Tierra en llamas. América Latina en los años 1930*. La Plata: Ediciones Al Margen, 2002, p. 115.

As mais elevadas ocupações do espírito e da inteligência aparecem irmanadas com o lucro, sem que este as descore".[80]

O viajante socialista cotejou os norte-americanos com os romanos e destacou que traçaram muitos pontos em comum, como, por exemplo, a onipresente educação do músculo para a guerra, a seu ver, não contra outros povos, mas para "essa guerra moderna pela fortuna, essa luta de indivíduo a indivíduo dentro de um mesmo povo, pela vida e pela riqueza", e que em contato com os gregos foram estimulados a fecundar profundamente seus espíritos, o que poderia ser vislumbrado entre as novas gerações norte-americanas, marcadas por uma "cultura intelectual intensiva", em suas 720 universidades.[81]

A visão de Frugoni sobre os Estados Unidos realçava seus contrastes, que, a seu ver, pouco assimilava os exemplos externos, à exceção das esferas científicas e artísticas que mantinham suas portas constantemente abertas ao exterior. O autor socialista criticou a manutenção da pena de morte como uma ferramenta de punição jurídica, ao passo que outras nações, como o Uruguai, extinguiam essa prática de suas cartas constitucionais.[82] Assim, chamou atenção para a "barbárie" norte-americana da pena de morte, envolta por um nefando clima de festa, e citou os convites para as execuções por meio da cadeira elétrica em Nova York, bem como os *pic nics* que conglomeravam os sulistas após um enforcamento. Frugoni concluiu que "este é um fenômeno que permite duvidar da intensidade do verdadeiro

---

80 FRUGONI, Emilio. En la otra América. *Nosotros*, Buenos Aires, ano. 12, vol. 28, nº 107, març. 1918, p. 343.

81 *Ibidem*, p. 341.

82 Em sua instigante interpretação a respeito da construção de uma sensibilidade disciplinada no Uruguai da modernização, José Pedro Barrán assinalou que a proibição da pena de morte, em 1907, durante o primeiro governo de Batlle y Ordóñez, sinalizava o horror em que a dita "civilização" olhava para os castigos físicos. Cf. BARRÁN, José Pedro. *Historia de la sensibilidad en el Uruguay. El disciplinamiento, 1860-1920*. Tomo II. Montevideo: Ediciones de la Banda Oriental, 1998, p. 96.

sentimento cristão deste povo tão familiarizado com a Bíblia".[83] Dessa forma, não deixava de dialogar com uma espécie de anti-norte-americanismo que se difundia na América Latina.

Posteriormente, Frugoni, interessado em propor os caminhos do socialismo latino-americano, ao confrontar as suas experiências anglo-saxônicas, destacou em mais de uma oportunidade o exíguo espaço dedicado pelos trabalhadores estadunidenses à discussão de ideias e ideologias que fossem além das reivindicações por melhoras salariais ou sindicais, devido, a seu ver, pela absorvente preocupação mercantilista, ao passo que o trabalhismo britânico emergia como uma significativa fonte de inspiração:

> Tem o trabalhador dos Estados Unidos uma inegável habilidade de organização e uma magnífica capacidade de luta pela defesa de seus interesses. Sustenta greves colossais, promove movimentos imponentes, habitualmente propõe conflitos de profunda transcendência econômica e se mantém com coragem em posições combativas. Entretanto, não se move exceto por melhoras de salário ou de horário, por interesses de ofício, quando muito, por interesses sindicais. Não se eleva por cima dos problemas elementares da vida gremial. Rechaça com horror ou desprezo as ideologias. Colide rapidamente com outros trabalhadores por razões de tática gremial. [...]. Nada de princípios, portanto, nem de idealismos. Isto é próprio, acima de tudo, de uma classe produtora sobre cujo espírito se deixa sentir a influência do clima social nessa enorme nação em que as máximas potências do capitalismo preenchem o âmbito moral com a presença fenícia das preocupações mercantilistas absorventes, onde a sua majestade

83 *Ibidem*, p. 347-348.

> "o negócio" constitui o eixo em torno do qual giram a vida e o destino de milhões de pessoas.[84]

Cabe assinalar que em *Génesis, esencia y fundamentos del socialismo* (1947), Frugoni confirmou sua visão sobre os trabalhadores norte-americanos, segundo ele, pouco articulados ao Partido Trabalhador Socialista (Social Labour Party), e que eram adversários dos anarco-comunistas e da própria Federação Americana do Trabalho (American Federation of Labour). Para Frugoni, a ideia de "reforma social pela via econômica" continuava a dar as coordenadas para os trabalhadores dos Estados Unidos.[85] A visão tramada não caminhava em grande parte, portanto, pelo viés do anti-imperialismo, mas bebia em fontes que salientavam o caráter utilitarista e individualista do povo norte-americano. Em suma, não representavam necessariamente um modelo a ser seguido para a construção do socialismo no Uruguai.

Antuña e Quijano, por sua vez, não chegaram a publicar textos mais penetrantes sobre a sociedade norte-americana e circunscreveram suas interpretações antagonistas sobre as relações entre a América Latina e os Estados Unidos.

Desde 1917, Antuña expressou o seu apoio ao pan-americanismo e assinalou que o Uruguai tornou-se uma peça fundamental para os norte-americanos nos mares do Atlântico Sul, a partir da entrada dos Estados Unidos na 1ª Guerra Mundial. Para Antuña, todos os países americanos deveriam apoiar os Estados Unidos e nutrir o pan-americanismo, transformando-o em um "*Zollverein* Americano" que, a seu ver, deveria ancorar-se na Doutrina Monroe e no exemplo de George Washington. Antuña destacou em diversas passagens que as diretrizes da política externa norte-americana não representavam ambições de

---

84 FRUGONI, Emilio. *El laborismo británico. Sinopsis histórica e interpretativa*. Montevideo: Editorial Afirmación, 1941, p. 112-113.

85 *Idem*. El socialismo en Estados Unidos. In: *Génesis, esencia y fundamentos del socialismo*. Tomo II. Buenos Aires: Américalee, 1947, p. 211-244.

dominação, mas de luta pelo pacifismo, pela liberdade, e encarnavam "a negação rotunda do cesarismo e autocracia".[86]

O intelectual e deputado colorado contestou as críticas lançadas às investidas dos Estados Unidos sobre o México e argumentou que, quando as tropas norte-americanas adentraram o território mexicano, o país "se encontrava anarquizado e sua sangrenta convulsão dava origem aos repetidos incidentes fronteiriços". Além disso, Antuña sustentou que o próprio governo mexicano consentira inicialmente sobre a ação dos norte-americanos dentro de um delimitado raio em torno dos limites de ambos os países.[87]

Finalmente, Antuña criticou as representações iconográficas dos livros de Manuel Ugarte sobre os Estados Unidos, que satirizavam a águia exposta nos brasões das forças militares norte-americanas, e aprovou a sua expansão sobre a América Latina:

> Em que se funda, portanto, a propaganda antipan-americanista que se esforça por nos apresentar a grande democracia do norte, tal como aparece na capa dos livros de Ugarte, como uma águia obsessiva, de garras sangrentas, que desde o mastro da insígnia estrelada está sempre pronta para precipitar sua voracidade furiosa sobre a América Latina?
>
> Realmente constitui uma força conquistadora, mas sejam bem-vindas essas conquistas, uma vez que elas não arrancam nem do baixo espírito expansionista, nem do afã imoderado da velha dominação material. São estas as conquistas da paz e do trabalho, do progresso e da ordem, que em forma da emulação e do exemplo, chegaram a invadir os países da América espanhola subsumidos na dissolução e no opróbrio. Dessa maneira, explica-se que em alguns

86 ANTUÑA, José G. Panamericanismo. In: *Acción parlamentaria*. Montevideo: Gómez y Cia, 1924, p. 91.

87 *Ibidem*, p. 92.

> povos da América Central e no próprio México possa ser surpreendido um determinado sentimento anexionista, nem muito vago nem demasiado obscuro, a ponto de que como anota um autor argentino, assim como ocorria com Cuba durante a dominação espanhola, muitos dos homens mais importantes daqueles países adotaram a cidadania americana [sic] para se ver livres dos atropelos das autoridades locais.[88]

Antuña não deixava dúvidas a respeito de sua visão favorável aos Estados Unidos e extremamente pejorativa sobre os países da América "espanhola". Os "prósperos" norte-americanos eram vistos como exemplos e o intelectual não via qualquer problema em que suas "forças conquistadoras" se expandissem por todo o continente. Pelo contrário, eram bem-vindas, em um continente que se caracterizava pela "desordem". Sua visão pessimista não estava desarticulada das lutas que ocorriam internamente no Uruguai, que após o governo conservador de Feliciano Vieira, entre 1915 e 1919, voltava para as mãos dos batllistas, liderados por Baltasar Brum até 1923.

Em 1926, o argentino Arturo Capdevilla publicou entre os membros da Unión Latinoamericana uma obra de crítica aos Estados Unidos e a alguns povos latino-americanos, desde "Buenos Aires, cidade forte".[89] A mensagem de Capdevilla era deliberadamente de denúncia às ações norte-americanas na América Central, no México e no Caribe, mas, por outro lado, de advertência à necessidade de tais povos fazerem-se respeitar, consolidando as bases de verdadeiros Estados-nacionais.

No ano seguinte, Antuña publicou um artigo sobre o livro de Capdevilla tanto na revista francesa *L'Amérique Latine*, em janeiro, quanto na argentina *Nosotros*, em fevereiro, cuja apropriação das

---

88 *Ibidem*, p. 94-95.

89 Cf. CAPDEVILLA, Arturo. *América: nuestras naciones ante los Estados Unidos*. Buenos Aires: M. Gleizer, 1926.

ideias expostas pelo autor argentino se mostraram bastante seletivas. Antuña invertia a ênfase da obra de Capdevilla e até mesmo a imagem de Buenos Aires como cidade forte, já não como uma fortaleza de resistência, mas como cidade dotada de vigor e virtuosa "porque soube criar-se com ordem, ciência e energia".[90]

O intelectual colorado queria desvendar "a verdade da América", em alusão à América Hispânica. Para tanto, utilizou um léxico inquestionavelmente patológico e assinalou que, ao contrário dos argentinos, os demais povos do continente careciam de vontade para edificar verdadeiras nações. Antuña assentiu parcialmente com Capdevilla acerca da existência do imperialismo norte-americano. Contudo, sustentou novamente que muitas vezes os Estados Unidos intervieram em seus vizinhos próximos ou distantes porque havia sido convocado:

> Mas o ianque chegou muitas vezes porque foi chamado. Não nos esquecemos disso, embora outros quisessem ou simulassem esquecê-lo. Atualmente e nestas mesmas horas em que escrevo estas linhas, um governante americano clama pública e oficialmente para que o "imperialismo" do Norte se ponha ao seu lado para evitar que outro país vizinho arme e prepare para a revolta interna as facções políticas que lhe são adversárias. Horror! Amanhã falarão uns e outros em frases épicas da "bofetada" [*manotazo*] ianque.[91]

Enfim, o argumento de Antuña radicava sobre a "debilidade", "instabilidade" e "desorganização" dos países latino-americanos, os quais não se faziam respeitar pelos norte-americanos:

> Pouco respeitosos foram para com a América Latina os Estados Unidos, afirma o autor de *América*. Entretanto,

---

90 ANTUÑA, José G. La verdad de América. In: *Palabra. Conferencias y discursos: 1915-1927*. Paris: Editorial Paris-América, 1927, p. 82.

91 *Ibidem*, p. 85.

> quão certo é também que "não se respeita senão o respeitável", agrega, ao mesmo tempo em que recorda que assim como o ciclope legendário devorava mais facilmente os carneiros do que os homens, este outro ciclope, primeiro comerá rebanhos vagabundos do que verdadeiros povos.[92]

Se bem que Antuña geralmente não articulasse deliberadamente as conformações étnicas latino-americanas com a suposta anarquia de suas nações, uma vez que buscava inverter as visões negativas também a respeito da "raça" espanhola, suas palavras muito pouco alentadoras certamente não poderiam ser bem recepcionadas entre os expressivos grupos intelectuais dos anos 1920 aos 1940, que empreendiam uma verdadeira revisão crítica dessas interpretações tanto nas Américas quanto na Europa. Além disso, suas palavras não deixavam de ser muito injuriosas, ao falar em termos de "rebanhos vagabundos".

Quijano, ao contrário de Antuña, desde finais da década de 10 expressava seus reproches à política externa norte-americana para a América Latina. Durante a sua estadia na Europa, de 1924 a 1928, ao travar estreitos contatos com outros jovens estudantes hispano-americanos, dentre outros importantes intelectuais, Quijano cultivou um discurso anti-imperialista, que gradualmente ampliava o seu espectro de recepção tanto entre os círculos intelectuais latino-americanos e asiáticos quanto europeus.

Embora o Uruguai da juventude de Quijano se mantivesse um pouco distante das investidas políticas, econômicas e culturais dos Estados Unidos, ele não deixou de apontar que os principais desafios para os países latino-americanos viriam de suas relações desencontradas ou dialógicas com aquela poderosa nação, que desde a primeira metade do século XIX direcionava permanentemente suas atenções sobre os seus vizinhos do Sul.[93]

---

92 *Ibidem*, p. 86.

93 Ver JUNQUEIRA, Mary A. Ciência, técnica e as expedições da marinha de guerra norte-americana, *U. S. Navy*, em direção à América Latina. In: *Varia História*,

Como Arturo Ardao já bem interpretou o olhar anti-imperialista, e ao mesmo tempo latino-americanista, de Quijano,[94] pensamos ser mais fecundo tentar ladrilhar outros caminhos que procurem dar conta das revisões que elaborou em distintos momentos, articulando--as às relações assimétricas e sinuosas entre o "espaço de experiência" e o "horizonte de expectativa" [95] de alguns setores intelectuais no Uruguai e nos demais países da América Latina.

Antes, porém, importa ressaltar que é possível avistar em alguns de seus textos considerações paralelas às tramadas por Capdevilla e Antuña acerca da responsabilidade dos países latino-americanos diante do crescente assédio dos Estados Unidos sobre a América Latina. Ao discursar em Paris, em 1925, em apoio ao governo mexicano e contra o desembarque de tropas norte-americanas na cidade portuária de Veracruz, Quijano mencionou a responsabilidade dos próprios governos latino-americanos, que apoiaram inúmeras vezes as ações norte-americanas na região:

> Eu não vacilo em declarar que grande parte da culpa dos males que nos afligem é nossa, ou melhor dito de nossos dirigentes. O caso do Haiti é típico, como são o do Peru e da Venezuela. Falou-se de uma gestão da Liga das Nações para cessar a ocupação. Esta, no entanto, não pode exercê--la porque o governo haitiano, que era o único capacitado, segundo o pacto, para solicitar essa gestão, não quis fazê--la, satisfeito, sem dúvida, com a providencial e ordenadora dominação americana [sic]. Eu mesmo me recordo de ter

---

Belo Horizonte, vol. 23, nº 38, Jul./Dez. 2007, p. 334-349.

94 Cf. ARDAO, Arturo. El latinoamericanismo de Quijano. In: MACHIN, Horacio, MORAÑA, Mabel (eds.). *Marcha y América Latina*. Pittsburgh: Instituto Internacional de Literatura Iberoamericana/Universidad de Pittsburgh, 2003, p. 167-184.

95 KOSELLECK, Reinhart. *Futuro pasado: para una semántica de los tiempos históricos*. Buenos Aires: Paidós, 1993.

> lido em meu país, por ocasião de uma campanha contra o serviço militar obrigatório – campanha à qual acompanhei com todo o entusiasmo – que nós não tínhamos necessidade de preparar-nos para a guerra porque a garantia de nossa independência era o apoio dos Estados Unidos.
>
> [...] Sim, a culpa é nossa, a culpa é dos governos que outorgaram concessões e contrataram empréstimos seguidos de empréstimos aos banqueiros ianques. "Atrás do capital vêm os soldados". A culpa é daqueles que, ao aceitarem o artigo 21 do Pacto da Liga das Nações, reconhecem a Doutrina Monroe como princípio de Direito Internacional Público e como acordo regional.[96]

Quijano fazia menção à tradicional política externa do partido colorado, com os batllistas ou outras agrupações à frente do governo, e que defendia o estreitamento de laços com os norte-americanos em parte para evitar conflitos contra os grandes e poderosos vizinhos, que nem sempre eram vistos com bons olhos em termos de política internacional, mesmo que o Brasil tivesse assinado um acordo com o Uruguai no começo do século XX, em que selava as disputas fronteiriças.

Os riscos de cair sob o comando da Argentina ou do Brasil ainda não estavam completamente esquecidos, pois os dois países interferiram nos assuntos internos do Uruguai até pelo menos 1870, e mantiveram problemas de disputas de limites por um longo tempo.

Durante os anos 1940, ao concluir uma interessante análise a respeito da política internacional uruguaia, Quijano voltou a tocar nesse tópico, com uma visão mais matizada, apesar de não refutar uma parcela de responsabilidade "individual" e coletiva presente na construção de relações respeitosas entre os latino-americanos e os anglo-saxões:

---

96 QUIJANO, Carlos. ¿Existe un imperialismo yanqui? In: *América Latina, una nación de Repúblicas*. Montevideo: Câmara de Representantes, 1989, p. 14-15 (publicado originalmente por *El País*, 13 de agosto de 1925).

> Pessoalmente, em nossas relações com muito cordiais e finos amigos ingleses e ianques, comprovamos que o anglo-saxão respeita a quem se faz respeitar. Não lhe concedemos a isto maior importância, como se compreenderá, porque sabemos que o jogo internacional é um jogo de forças. Se as forças têm que cumprir seus fins, as barreiras morais ou psicológicas pouco contam. Contudo, seria tolo desprezar o que nos é útil e o que, além disso, é sempre demonstrativo de dignidade.[97]

Também ao longo dos anos 1920 e 1930, Frugoni apoiou o México, criticou o pan-americanismo e as ações norte-americanas em seu entorno mais próximo, sustentou que a política dos Estados Unidos era conduzida por Wall Street e constantemente denominou a sua democracia de plutocracia, isto é, uma falsa democracia que se orientava pelos interesses econômicos dos grupos mais poderosos.

Sismógrafo das inquietações dos estudantes universitários uruguaios, a revista *Ariel* mostrava-se bastante receptiva às interpretações de Quijano e Frugoni, em sintonia com os papéis desempenhados pelos dois intelectuais como docentes na Faculdade de Direito e Ciências Sociais, quando frequentemente foram eleitos como seus representantes nos conselhos universitários. Entretanto, em 1930 a revista *Ariel* condenou o voto favorável de Quijano pela contratação de um empréstimo com bancos norte-americanos ou ingleses, tema sobre o qual se desentendera com Frugoni no parlamento, como já tivemos oportunidade de ver com mais detalhes no capítulo anterior.

Somente para recapitular parcialmente esse debate, Frugoni desaprovou completamente a assinatura do contrato, ao passo que Quijano não via outra saída para o Uruguai, que carecia de financiamento interno e necessitava modernizar sua infraestrutura viária e hidrográfica. Entretanto, Quijano reprovou veementemente a

97 *Idem*. Las directivas fundamentales de una política internacional. *Marcha*, Montevideo, ano VI, nº 240, 07 jul. 1944, p. 5.

contratação do empréstimo com bancos e agências financiadoras oriundas dos Estados Unidos, optando pelo pagamento de juros mais elevados aos britânicos.[98]

A revista *Ariel* posicionou-se a favor de Frugoni e publicou o texto escrito pelo parlamentar socialista acerca dos desafios enfrentados pelos trabalhistas ingleses na Índia, ao passo que censurou duplamente as ações de Quijano, tanto em seu desempenho diante dos estudantes universitários quanto no parlamento, classificando-as de "atitudes envoltas nas nebulosidades das falsas posições":[99]

> Essa é a posição do Dr. Quijano frente aos estudantes de Direito, aos quais, depois de lhes endereçar bonitos discursos durante sua greve, vota para decano a uma pessoa que não era aquela que os estudantes, impondo o mandato imperativo, mandaram-no que votara. Essa é também sua posição frente ao seu eleitorado, que o votou de acordo com as ideias de esquerda que expunha em sua plataforma eleitoral, ao qual se burla, votando em empréstimos, que contém cláusulas que abrem as portas da economia do país aos avanços vorazes do capitalismo estrangeiro.[100]

Com tal reprovação, os estudantes demonstravam que acompanhavam de perto tanto o discurso de Quijano quanto as suas posições parlamentares e que não acatavam a meticulosa e fundamentada justificativa erigida por Quijano para convencer Frugoni a respeito da necessidade daquele empréstimo.

---

98 DSCR. Tomo 361. Montevideo: Imprenta Nacional, 1931, p. 464.

99 FRUGONI, Emilio. La India y el laborismo inglés. *Ariel*. Revista del Centro de Estudiantes *Ariel*, Montevideo, nº 39, maio 1930, p. 4-6.

100 FERNAR. El Dr. Quijano. Fue expulsado por traidor a la causa antimperialista [sic], por la liga que lleva ese nombre. *Ariel*, Revista del Centro de Estudiantes Ariel, Montevideo, nº 39, maio 1930, p. 13.

O tema do pan-americanismo também esteve presente na Liga das Nações e foi alvo de intensas discrepâncias, fundamentalmente em relação ao famoso Artigo 21, que reconhecia a compatibilidade do seu pacto com a doutrina Monroe e, como censurou Quijano, legitimava-a como "acordo regional", admitindo implicitamente a tutela dos Estados Unidos nas Américas.[101]

Diante disso, Quijano propunha a sua derrogação, criticava a aceitação dos representantes uruguaios ao texto, denominando-os de "iancófilos", e assinalava que outros países, tais como a Argentina e o México, haviam sustentado posições mais sensatas e favoráveis à América Latina.

Antuña, por outro lado, ao participar da delegação uruguaia na Liga das Nações, em setembro de 1929, não parece ter feito amplas censuras ao Artigo 21 e lamentou a adesão tardia dos Estados Unidos ao Estatuto da Corte Permanente de Justiça Internacional de Haia, além de preconizar a aproximação da Liga das Nações com a União Pan-americana, o que, a seu ver, seria fecundo para a América Latina.[102]

Quijano criticava, em 1932, a plataforma da diplomacia e da política externa uruguaia tanto na Liga das Nações quanto na União Pan-americana, em um contexto de batalha contra os representantes dos setores conservadores, que dirigiam o país, nucleados pelo governo colorado de Gabriel Terra. Em meados da década seguinte, quando as negociações para a criação da Organização das Nações Unidas caminhavam a passos longos, Quijano novamente criticou a possibilidade da aprovação de um "estatuto independente" interamericano em seu seio, além de reprovar o apoio do Brasil ao pan-americanismo, visto como "o soldado dos Estados Unidos na América do Sul".[103]

---

101 QUIJANO, Carlos. La doctrina de Monroe en el pacto de la Sociedad de Naciones. *Acción*, Montevideo, ano I, nº 21, 22 ago. 1933, p. 5-6.

102 Cf. ANTUÑA, José G. *L'Uruguay, le panaméricanisme et la Société des Nations.* Paris: Imprimière Michel, 1929.

103 QUIJANO, Carlos. La cabeza en el tajo. *Marcha*, Montevideo, ano VI, nº 282, 18 maio 1945, p. 4-5.

É interessante notar que, neste mesmo editorial, Quijano buscou inscrever a atuação de Antuña no bloco de oposição à redação do Artigo 21, ainda que uma leitura minuciosa dos discursos proferidos pelo representante colorado na Liga das Nações, ou de outros textos coetâneos em que abordou a Doutrina Monroe, não nos permita sustentar completamente a afirmação de Quijano. Aliás, vale sublinhar que Antuña argumentou que a interpretação exagerada do artigo 21 havia gerado uma infecunda reserva e renúncia da América Latina à Liga das Nações.[104]

Possivelmente, Quijano não quis ser injusto com Antuña, apesar de haver discordado de suas posições a respeito da política nacional, internacional e também de seus fundamentos teóricos, uma vez que Antuña discursara em alguns momentos sobre a edificação de um pan-americanismo ancorado na "igualdade" de relações entre os países das Américas, a aproximação cultural e, em casos de conflitos, a arbitragem ampla, tradicional reivindicação uruguaia na União Pan-americana e na Liga das Nações.

Ao longo dos anos 1930, Quijano utilizou a redação de *Acción* para ministrar cursos e conferências, aos quais eram convidados tanto os seus funcionários e colaboradores quanto o público leitor em geral, uma vez que desde maio de 1932 passaram a ser anunciados em destaque na capa do semanário. Naquele ano, Quijano privilegiou o tópico do imperialismo econômico e político, ao dissertar sobre as disputas europeias pela conquista de territórios, particularmente sobre o imperialismo inglês e francês e a ascensão dos Estados Unidos.

Importa ressaltar que, muito provavelmente, os diversos textos sobre a América Latina, o latino-americanismo e o pan-americanismo publicados por Arturo Ardao posteriormente, além de parte dos conteúdos que ministrou como professor de História das Ideias

---

104 Cf. ANTUÑA, José G. Paz instintiva y paz racional. In: *Perspectivas de América. Temas, acontecimientos y monografías continentales*. Buenos Aires: M. Gleizer, 1938, p. 131.

na Universidad de la República, desde os anos 1950 até 1973, fundamentaram-se inicialmente nos textos pronunciados ou escritos por Quijano. Todavia, não é possível desenvolver aqui de forma mais intensa esta hipótese.

À medida que se aproximava a Conferência do Uruguai, em 1933, *Acción* acentuava gradativamente suas críticas ao pan-americanismo e preconizava que seria melhor para a América Latina que os seus trabalhos fossem cessados porque os seis encontros realizados até então não haviam dado frutos significativos. Para Quijano, os Estados Unidos sempre se esquivaram da temática relacionada às intervenções, as relações econômicas entre as nações americanas se regiam pelo protecionismo e a União Pan-americana, ao contrário da Liga das Nações, não estava sediada em um país "neutro", como a Suíça, mas mantinha-se na capital do Estado mais poderoso do bloco, o que certamente despertava receios entre os latino-americanos.[105]

No dia da cerimônia de abertura da VII Conferência Pan-americana, 7 de dezembro de 1933, *Acción* circulou entre os leitores do Uruguai com uma crítica rotunda ao pan-americanismo. Dentre os diversos textos e manifestos publicados, abria aquele número um artigo em que Quijano argumentava que a Casa Branca se constituía em uma "fachada", ao passo que Wall Street representava o "real governo".[106] Quijano também apareceu nas páginas centrais, com uma recopilação sintetizada dos artigos que havia escrito e publicado anteriormente, também em *Acción*, a respeito das conferências pan-americanas.[107] A crítica se dirigia tanto aos Estados Unidos quanto ao governo ditatorial que patrocinara a conferência.

105 QUIJANO, Carlos. Otra Conferencia Panamericana. *Acción*, Montevideo, ano II, nº 61, 11 nov. 1933, p. 1.

106 *Idem*. Estados Unidos y los banqueros. *Acción*, Montevideo, ano II, nº 64, 07 dez.1933, p. 1; 5.

107 *Idem*. Las Conferencias Panamericanas: desde Washington a Montevideo. *Ibidem*, p. 4-5.

Outros dois textos mais expressivos foram o manifesto da Federação de Estudantes Universitários do Uruguai, que canalizava as suas principais reivindicações no âmbito latino-americano, como, por exemplo, o reconhecimento da real soberania de Cuba, a retirada das tropas norte-americanas do Haiti e o cessar-fogo da Guerra do *Chaco*,[108] além do anúncio, pelos redatores, da realização simultânea de uma "contraconferência" em Buenos Aires, organizada por instituições estudantis, operárias e culturais:

> A Conferência de Buenos Aires considera, com um dia de posteridade, os mesmos assuntos de que tratam a Conferência de Montevideo, para dar, assim, em face das soluções oficiais dos diplomáticos, o verdadeiro pensamento das classes populares da América. As conclusões serão publicadas em um boletim especial que será editado diariamente.[109]

No que toca ao diagnóstico a respeito do "fracasso" do pan-americanismo até aquele momento, Antuña, embora acreditasse que seria possível insuflar-lhe novos alentos e transformá-lo em uma "Sociedade das Nações do Novo Mundo", coincidia parcialmente com Quijano e assinalava, em seu discurso de abertura, que era necessário arquitetar com urgência um "tribunal permanente e eficaz de justiça e conciliação".[110]

Certamente, aquela conferência de Montevidéu sinalizava novos caminhos a serem seguidos no âmbito das relações exteriores entre os países americanos, acima de tudo devido à eleição de Franklin D. Roosevelt como presidente dos Estados Unidos, bem como em face do crescente avanço das ideias nazi-fascistas na Europa e nas Américas.

---

108 Federación de Estudiantes Universitarios del Uruguay. A la Conferencia Panamericana reunida en Montevideo. *Ibidem*, p. 6.

109 La contra conferencia en Buenos Aires. *Ibidem*, p. 6.

110 ANTUÑA, *José. Ante la VII Conferencia I. Americana*. Montevideo: J. Florensa, 1933, p. 8-10.

A ascensão de Roosevelt à presidência norte-americana, o *New Deal* e a Política da Boa Vizinhança transformaram notoriamente o debate a respeito das relações entre os Estados Unidos e a América Latina, mas não foi capaz de abolir completamente as reservas de Quijano e demais intelectuais nucleados em *Acción* e *Marcha*.

Antes mesmo da realização da Conferência na capital uruguaia e às vésperas do golpe terrista, Quijano citou um fragmento do discurso de Roosevelt para ressaltar que a "civilização *supercapitalista*" enfrentava uma profunda crise, o que lhe propiciava "uma grande lição de humildade, de modéstia e de solidariedade".[111]

Ao longo da difícil edificação da Política da Boa Vizinhança, Quijano não deixou de apontar para suas fissuras, ao mesmo tempo em que realçou que as nações latino-americanas deveriam ser mais cautelosas ao estabelecer qualquer tipo de acordo com o vizinho anglo-saxão, pois o governo "conjuntural" de Roosevelt não duraria para sempre e já se encontrava em pugna contra os republicanos e alguns setores do Partido Democrata, como concluiu em *Marcha*, em novembro de 1944:

> Dizíamos já em nosso último número que sabemos valorizar no presidente a sua honrada vontade de dominar e humanizar as forças do colosso. Trata-se evidentemente de um estadista com altas e espirituais intenções.
>
> No entanto, subsistem nossas lógicas reservas. Em primeiro lugar, porque nem todo o governo dos Estados Unidos encarna-se no presidente Roosevelt, pressionado frequentemente por forças estranhas a ele, de cuja influência não se pode livrar um governante democrático. Forças que atuam inclusive no seio de seu próprio partido, como o prova, por exemplo, o bloco republicano-democrata anti-*New Deal*. Mas também, em segundo lugar, porque, sem

111 QUIJANO, Carlos. Justicia inmanente. *Acción*, Montevideo, ano I, nº 43, 4 mar. de 1933, p. 10.

> pré-julgar as intenções profundas do presidente, sua política na América Latina não deixa de ter falhas, reiteradamente denunciadas por nós, criando, além disso, um abrandamento do vigor nacional - sempre necessário nos povos sadios - em nossos países.[112]

Por outro lado, Frugoni, no clima de batalha contra o nazi-fascismo, elogiou a aproximação entre o governo norte-americano e o britânico, criticou os setores favoráveis ao isolamento norte-americano e traçou um paralelo entre Woodrow Wilson e Franklin Roosevelt, destacando que este havia conseguido extirpar "do pan-americanismo oficial a noção antipática da política do *garrote* policial, preconizada pelo outro Roosevelt, substituindo-a pelo conceito decoroso de uma honorável política *do bom vizinho*".[113]

Além disso, ao proferir um discurso em homenagem à entrada dos Estados Unidos na guerra, Frugoni citou um fragmento de seu relato de viagem, publicado em 1918, e concluiu que Roosevelt e Walt Whitman representavam os dois principais símbolos coetâneos da luta pela democracia naquele país, e deixou entrever que uma aliança com os britânicos poderia representar um canal bastante permeável para a disseminação das ideias do Partido Trabalhista entre os norte-americanos.[114]

A publicação desses textos, enunciados originalmente em Montevidéu, pela editora argentina Claridad não foi casual, uma vez que seus diretores e leitores estavam dispostos a escutar tais considerações, que também convergiam com a posição do aprismo peruano naquele momento.

---

112 *Idem*. Roosevelt. In: *Cultura, personalidades, mensajes*. Montevideo: Cámara de Representantes, 1992, p. 189. Ver também: *Idem*. Franklin Roosevelt. *Marcha*, Montevideo, ano VI, nº 278, 20 abr. 1945, p. 1.

113 FRUGONI, Emilio. De Wilson a Roosevelt. In: *Las tres dimensiones de la democracia*. Buenos Aires: Claridad, 1944, p. 90.

114 *Idem*. En homenaje a Estados Unidos. In: *Ibidem*.

Eis o momento ideal para Antuña apresentar no senado uruguaio, em outubro de 1941, uma proposta de alinhamento do país com os Estados Unidos, empregando a revisão do líder aprista Haya de la Torre, que passava a preconizar a união "indo-americana" como única saída possível para a derrota nazi-fascista nas Américas.[115]

Sobre o novo posicionamento de Haya de la Torre, cabe assinalar que, pouco mais de um ano após o discurso do senador Antuña, *Marcha* publicou uma carta pública do intelectual peruano dirigida ao diplomata, político e jurista norte-americano Wendell Wilkie, e advertia os leitores que embora lhe propiciasse tal espaço para explicar melhor sua mudança de atitude, não a endossava completamente.[116]

Em suma, Frugoni, Antuña e Quijano dedicaram especial atenção para as relações entre os Estados Unidos e a América Latina, desde ângulos distintos, embora seja possível observar alguns interessantes paralelos em determinados tópicos e períodos, contribuindo para uma mais ampla discussão sobre os constantes encontros e desencontros que caracterizaram tais contatos.

Antuña não construiu seu pensamento em torno da ideia de América Latina, uma vez que normalmente não falava nem em termos de América Hispânica, mas de espanhola, o que não deixava dúvidas sobre sua visão tradicionalista a respeito da hispanidade. Frugoni oscilava em utilizar o termo e tampouco realizou amplas revisões sobre a necessidade de tal operação. Já Quijano foi um dos pricipais responsáveis por sua difusão nos círculos intelectuais e políticos do país e criticou tanto o seu suposto isolamento em relação ao restante do continente, desde muito cedo. Entretanto, não sonseguiu fugir completamente de visões negativas sobre a formação dos países latino-americanos.

---

115 ANTUÑA, José. *Defensa nacional y defensa continental.* Montevideo: Comité Ejecutivo Nacional del Partido Colorado, 1941, p. 30.

116 Tópicos de América. V. H. de la Torre. Carta abierta de Haya de la Torre, líder del Aprismo, a Wendell Wilkie. *Marcha*, Montevideo, ano IV, nº 169, 22 jan. 1943, p. 11.

Visões utópicas e distópicas sobre a América Latina

Se, nos finais do século XIX e princípios do XX, o norte central das interpretações sobre as coletividades humanas ancorava-se no determinismo racial e geográfico, que se nutria das teorias positivistas e social-darwinistas, o período entreguerras catalisou a ascensão de inovadores marcos teóricos, que de forma gradual ampliaram os seus espectros de recepção entre os círculos intelectuais, ao mesmo tempo em que respondiam a variados projetos de construção nacional na América Latina.

Segundo Jorge Myers, durante as primeiras décadas do século XX, importantes intelectuais latino-americanos abandonaram ou criticaram o marco positivista, aderindo a um conceito espiritualista da cultura, o que lhes permitiu acumular interpretações, que se transformaram no centro gravitacional de uma história cultural latino-americana, produzida a partir das décadas de 1920 e 1930.[117]

Por sua vez, como destacou Fernanda Beigel, ao interpretar a trajetória político-cultural de Mariátegui, os anos 1920 agenciaram a ascensão de grupos artísticos e intelectuais, que operaram, mediante um prolífico trabalho editorial, rupturas artísticas e protestos sociais, cuja boa recepção entre os personagens que preconizavam projetos de transformação social e política permitiu o desenvolvimento do vanguardismo latino-americano em um terreno estético-político.[118]

Vale ressaltar que Mariátegui - coetaneamente, mas de forma heterogênea, a Luis E. Valcárcel, Luis Alberto Sánchez e Víctor Raúl Haya de la Torre, e após a significativa trajetória de Manuel González Prada - reivindicou um lugar central para os indígenas na construção da sociabilidade política e da nacionalidade peruana, que ficou

117 MYERS, Jorge. Gênese "ateneísta" da história cultural latino-americana. *Tempo Social*, São Paulo, Departamento de Sociologia, FFLCH/USP, vol. 17, nº 1, jun. 2005, p. 9-54.

118 Cf. BEIGEL, Fernanda. *El itinerario y la brújula: el vanguardismo estético-político de José Carlos Mariátegui*. Buenos Aires: Biblos, 2003, p. 39.

conhecido como indigenismo. Além disso, contribuiu para a crítica da nefasta ideia de degeneração dos mestiços.[119]

Em 1929, uma década antes de *Contrapunteo cubano del tabaco y el azúcar* (1940), ao publicar um breve artigo na *Revista Bimestre Cubana*, Fernando Ortiz sublinhava que já não era sustentável o conceito de raça, censurado por ser pernicioso, falso e estático, e preconizava orientar as interpretações acerca das coletividades humanas pelo viés da cultura, mais dinâmico e aglutinador.[120] Aliás, José Martí levantara sua voz contra as ideias racistas ou racialistas já nos finais do século XIX, quando, ao escrever *Nossa América*, em 1891, preferiu a noção de povos à de raças e negou a inferioridade dos negros em relação aos brancos.[121]

Para terminar esse brevíssimo sobrevoo a respeito da formação de uma nova "sensibilidade" entre os círculos intelectuais latino-americanos, não poderíamos deixar de mencionar a debatida contribuição de Gilberto Freyre, a partir da publicação de *Casa Grande & Senzala* (1933), e a visão da mestiçagem como fator positivo, assim

---

119 Cf. MARIÁTEGUI, José Carlos. *Sete ensaios de interpretação da realidade peruana* [1928]. São Paulo: Alfa-ômega, 1975. O indigenismo foi formulado em diversos países desde finais do século XIX, mas se ampliou principalmente nas primeiras décadas do século XX, com autores que, por distintas vertentes, buscaram articular o problema dos indígenas à terra, ao latifúndio e à sua exploração, isto é, a seus aspectos socioeconômicos, mas também políticos e culturais. A discussão assumiu proporções importantes e diferentes no Peru, no México, na Bolívia, na Guatemala e em outros países. Cf. CORNEJO POLAR, Antonio. El indigenismo andino. In: PIZARRO, Ana (org.). *América Latina: palavra, literatura e cultura*. Vol. 2. São Paulo: Memorial; Campinas: Unicamp, 1994, p. 719-738; *Idem*. *O condor voa: literatura e cultura latino-americanas*. Belo Horizonte: Editora UFMG, 2000. RAMA, Ángel. *Transculturación narrativa en América Latina* [1982]. Buenos Aires: Ediciones El Andariego, 2007, p. 29-38; 143-219.

120 ORTIZ, Fernando. Ni racismos ni xenofobias. In: SCHWARTZ, Jorge (org). *Las vanguardias latinoamericanas. Textos programáticos y críticos*. México: Fondo de Cultura Económica, 2002, p. 678-680.

121 MARTÍ, José. *Nossa América*. São Paulo: Hucitec, 1983, p. 194-201.

como também havia proposto Vasconcelos em *La raza cósmica* (1925), mesmo que de forma bastante idealizada.

Em suma, queremos enfatizar que Frugoni, Quijano e Antuña voltaram seus olhares para os problemas e questões introduzidos pela modernização do Uruguai e da América Latina, em um universo de intenso embate de ideias, marcado pela elaboração de renovados pressupostos interpretativos, que respondiam aos seus projetos de transformação política, socioeconômica e cultural. Mas como viam os uruguaios a expansão desse debate, em um país que frisava a sua excepcionalidade e ausência de grandes problemas a resolver?

Esse movimento interno latino-americano também se nutriu da inquietação pelas dissensões e rivalidades presentes numa Europa convulsionada. Enquanto o Velho Mundo, no entender de tais intelectuais, chegava ao seu outono, a América Latina, guardiã seletiva de suas principais riquezas intelectuais e culturais, florescia no raiar do sol primaveril novecentista. Era chegada "a hora americana", como sublinhou Hugo Achugar, convicção propalada frequentemente tanto nos discursos oriundos das vozes universitárias quanto de vários intelectuais que se encontravam em vias de consagração.[122]

Emilio Frugoni, em mais de uma oportunidade, construiu essa comparação, fundamentado em Paul Valéry (*A crise do espírito*), Demangeon (*A decadência da Europa*) e Spengler (*Decadência do Ocidente*, 1918 e 1922),[123] mas nunca deixou de frisar que acreditava na recuperação europeia e na reconquista de sua posição iluminadora,

122 ACHUGAR, Hugo. La hora americana o el discurso americanista de entreguerras. In: PIZARRO, Ana (org.). *América Latina: palavra, literatura e cultura.*Vol. 2: *A emancipação do discurso.*São Paulo; Campinas: Memorial; Unicamp, 1994, p. 635-662.

123 Cabe ressaltar que os textos que argumentavam sobre uma "decadência" da Europa ou da cultura ocidental foram apropriados mediante diferentes leituras – bem divergentes às realizadas por Frugoni – por importantes correntes autoritárias na América Latina. Ver BEIRED, José Luis Bendicho. *Sob o signo da nova ordem. Intelectuais autoritários no Brasil e na Argentina (1914-1945).* São Paulo: Loyola, 1999.

que tantos "bons exemplos" havia legado à humanidade e em especial às Américas.[124]

Por sua vez, nos finais de agosto de 1932, um editorial-chave de *Acción* explicitava as principais inquietações daquele grupo de intelectuais capitaneados por Quijano a respeito do presente e do futuro uruguaio e internacional, pelo qual constatavam a "confusão", "incertezas" e "anarquia" material e espiritual do pós-Primeira Guerra, por um lado, mas que se apresentava como um período gestacional de profundas transformações, por outro. Para tais intelectuais, aquele momento apresentava-se como ideal para pensar as suas posições "entre o grito agoureiro de Spengler e a profissão de fé esperançada e otimista do grupo *Clarté* dos intelectuais encabeçados por Barbusse", isto é, em meio à "Nova Idade Média" do alemão ou a "plenitude vital" e "cultura ecumênica" de Wells e Keyserling, respectivamente.[125]

A mensagem divulgada por aquele editorial, ancorada, acima de tudo, em Keyserling, insistia sobre a responsabilidade individual dos intelectuais, bem como da juventude para a edificação de novas formas de pensamento e de sociabilidade:

> Em meio de toda essa desorientação, somente uma coisa sabemos e ela é suficiente: toda a humanidade será o que queremos que seja.
>
> [...] Não é para perguntar o que se deve fazer, mas sempre, em cada caso, o que eu devo fazer.
>
> Daqui em diante importa o indivíduo. Somente quando existam muitos indivíduos, que tenham resolvido seus problemas pessoais, será possível a realização de uma modificação molecular da totalidade.[126]

---

124 FRUGONI, Emilio. *La sensibilidad americana*. Montevideo: Maximino García, 1929, p. 23.

125 La inquietud de nuestra época. *Acción*, Montevideo, ano I, nº 22, 29 ago. 1932, p. 1.

126 *Ibidem*, p. 1.

O pensamento explicitado emanava de posições existencialistas que pregravam a responsabilidade individual para a transformação da realidade. Isto é, os indivíduos deveriam cultivar internamente suas mentes e problemas pessoais para transformarem a sociedade como um todo. Eles precisavam se constituir de forma existencial, não essencial.

Tempos de cruzamento de utopias e distopias, com vantagens para aquelas sobre estas últimas, pelo menos até os finais dos anos 1920, e se lançamos mão das categorias propostas por Koselleck, podemos argumentar que a balança da "jovem" América pendia favoravelmente para o "horizonte de expectativas" sobre o "espaço de experiência", como sustentaram Frugoni, Quijano e também Antuña.

Neste contexto, Frugoni desenvolveu em *La lección de México* (1928) e em *La sensibilidad americana* (1929) a hipótese de que a América Latina finalmente havia encontrado um caminho a seguir, mas ainda tinha que batalhar arduamente porque "oligarquias venais e cobiçosas corrompem e violentam o destino desses povos, apoderando-se para tropelias criminais de repúblicas politicamente atrasadas, que geralmente são repúblicas de nome".[127]

O líder socialista nutriu-se de diversas correntes intelectuais, filosóficas e culturais na elaboração de um marxismo bastante aberto. Destacou que a América Latina, por ser um espaço de trocas biológicas e culturais, mostrava ao mundo um ambiente mais propício à conciliação e ao diálogo de seus habitantes. Ademais, "até mesmo na luta de classes sente-se aqui mais acentuadamente que há o aspecto da colaboração, que não a nega, mas que a alimenta sob a forma da trégua ou da negociação para o benefício de todos".[128]

Ao dividir a América em três zonas culturais, uma anglo-saxônica e duas "latinas", o intelectual socialista argumentou que a América Latina do Pacífico estava envolvida em um frutífero resgate

---

127 FRUGONI, Emilio. *La sensibilidad americana*, p. 12.

128 *Ibidem*, p. 13.

e revalorização dos valores morais e espirituais de seus ancestrais indígenas, ao passo que a zona voltada para o Atlântico (Argentina, Uruguai e a parte meridional do Brasil) representava o verdadeiro lugar de harmonização das diferenças étnicas, da nova *sensibilidade*, devido à maior diversidade de povos e influências, principalmente devido ao fluxo imigratório que colocou em contato diversos povos.[129]

Frugoni citou a *Utopía de América* (1925) de Pedro Henríquez Ureña,[130] para reforçar o seu argumento de que o destino dos países latino-americanos ("verdadeira federação de povos afins") era a aproximação e a união, potencializada também pelos perigos comuns que os espreitavam e pela marcha "do progresso nivelador".[131]

A visão polifônica de Frugoni sobre a América Latina pode ser interpretada da síntese, a seu ver, de suas características mais marcantes: universalidade, ignorância e intuição. Ao proferir duas conferências em Montevidéu sobre o México, em 1928, embora realçasse o fecundo exemplo do país setentrional, principalmente em sua luta contra o latifúndio e a Igreja Católica, o socialista uruguaio pintou com cores fortes os "signos de atraso político, o marcado predomínio presidencialista, caudilhismo, fanatismo personalista e corrupção de alguns funcionários administrativos, fomentada pelos grandes capitais estrangeiros, muito poderosos e influentes".[132]

O México, por outro lado, emergia como o paladino da independência econômica e política da América Latina, em sua liderança no

---

129 *Ibidem*, p. 27.

130 Henríquez Ureña (1884-1946) deixou seu país, a República Dominicana, ainda jovem, em 1901, traçando a partir de então uma trajetória internacional marcada por desafios e logros intelectuais, principalmente durante seu exílio no México, Estados Unidos, Argentina, Cuba e Espanha. Ver MYERS, Jorge. *Op. cit.*, p. 30-38.

131 FRUGONI, Emilio. *La sensibilidad americana*, p. 23.

132 *Idem. La lección de México*. Montevideo: Tip. Augusta, 1928, p. 11. O folheto com a versão tipográfica das conferências pronunciadas por Frugoni circulou pelo Uruguai com uma tiragem de 5.000 exemplares.

cumprimento da "missão histórica de forjar um novo mundo, com os olhos fixos em um porvir radiante de solidariedade humana e democracia integral".[133]

Como Mariátegui, Frugoni arquitetou um projeto estético-político para a América Latina, que passava pelo cruzamento entre o debate estético vanguardista, a recepção seletiva das ideias marxianas e marxistas, além dos constantes desencontros no que tocavam às recomendações da III Internacional no âmbito das práticas políticas e culturais.

Em linhas bem gerais, Frugoni respondia a algumas das questões centrais propostas por, entre outros, José Ortega y Gasset e Jean Epstein (orientador de Luis Buñuel), tanto a respeito da edificação de uma modernidade latina ou ibérica alternativa quanto da formação de uma "nova sensibilidade estética" durante as primeiras décadas do século XX, ancorada na separação entre a identificação imediata da obra com o público ou, como destacou Jorge Urrutia, na hesitação em aceitar a existência de uma "relação direta da arte com a vida e a realidade".[134]

O livro *La sensibilidad americana* reunia dezoito artigos que, segundo Frugoni, deviam "ser considerados como elementos componentes de uma campanha em prol da formação de uma consciência continental, entendida como elo e fator espiritual da história da América", sempre vista por ele como a América Latina, bem como articulava as noções de sensibilidade e opinião tanto no campo da cultura quanto da política.[135]

No primeiro e mais extenso artigo, que nomeou o conjunto da obra e que também havia sido publicado de forma bem mais sintética nas primeiras páginas da revista *Nosotros*, nos princípios de 1929, Frugoni argumentou que a América Latina possuía a missão histórica de promover o diálogo entre as distintas culturas e salvaguardar a

---

133 *Ibidem*, p. 53.

134 Cf. URRUTIA, Jorge. Vitalidad de la deshumanización del arte. *Revista de Occidente*, Madri, nº 300, maio 2006, p. 16-17.

135 FRUGONI, Emilio. *La sensibilidad americana*, p. 7.

humanidade de uma catástrofe, bem como preconizou a articulação entre as manifestações artísticas e a vida social, com o intuito de criar uma arte "americana", mas não afirmou que esta devesse ser necessariamente de cunho socialista.[136]

Se, por um lado, podemos observar que boa parte da construção do conceito de América, desde o século XVIII até o século XIX, principalmente em referência à América de colonização espanhola e portuguesa, realçou negativamente, por meio de pressupostos eurocêntricos, a sua falta de densidade histórica, por outro, parte dos intelectuais latino-americanos, ainda que nem sempre se esquivassem completamente dessa modalidade discursiva, empenharam-se em mudar os seus sinais, como podemos ver no fragmento pinçado em *La sensibilidad americana*:

> Temos a vantagem de não nos sentirmos atados à tradição. Isso nos permite mover com desenvoltura em todos os horizontes. O passado, que na Europa é uma força histórica, uma fatalidade decisiva, na América se confunde com o presente. É muito breve a perspectiva que permanece atrás em relação ao infinito de possibilidades que se abre ante nossos olhos. [...] Nosso destino não arraiga tanto no passado. Devemo-nos muito mais ao porvir. O futuro tem mais preponderância sobre nossa vida que o pretérito. [...] Na América tem muito mais força o sentimento do porvir, o desejo de abrir horizontes, o afã pelo novo. Ainda é tão pouco o que devemos ao passado que toda nossa fé descansa no porvir. Nada vale nossa recordação em comparação à nossa esperança.[137]

Em relação à ideia de América Latina, Frugoni argumentou que era uma constução para se distinguir da que havia sido colonizada

136 *Ibidem*, p. 40-41.

137 *Ibidem*, p. 26.

pelos ingleses, pois aquela se nutria do cruzamento de culturas de todos os povos do planeta, inclusive dos anglo-saxões e germânicos. Afirmou que o latino-americanismo era mais amplo que o hispano-americanismo, pelo fato de possuir "uma definição ideológica e política de ampla portada humanista e renovadora que o concilia com o internacionalismo e exclui todo significado de separação incondicional e sistemático entre o saxão e o latino pelo simples fato de o ser". Finalmente criticou o hispanismo e asseverou que o lugar de formação da "verdadeira alma americana é aqui, nestas zonas em que o cosmopolitismo borra os pontos mentais e suplanta o ascendente colonial pela vinculação de sangue e de espírito de todos os povos civilizados do orbe". Portanto, o lugar da "América" deveria ser o de estar aberta a todos os povos e não o de pugna entre latinos e saxões, o que, para o intelectual socialista, ancorado em *La raza cósmica* de Vasconcelos, propiciaria a formação de um "novo tipo humano".[138]

Frugoni fazia uma leitura em que procurava dirimir as supostas disputas "raciais" ou entre povos, permeado da ideia de que também nos outros países, inclusive nos Estados Unidos, havia uma grande parte da população oprimida. Além disso, criticava as identificações nacionalistas que dificultavam a união dos trabalhadores independentemente de suas nacionalidades. Por fim, cabe lembrar que criticava diretamente a proclamação que alguns intelectuais espanhóis haviam feito em abril de 1927, sobre a discussão de que Madri deveria ser o meridiano intelectual da América Hispânica. Oriundo de uma família de imigrantes italianos, socialista, mas com articulações ao ideário cosmopolita e reformista do batllismo, Frugoni, ao contrário de Antuña, não via com bons olhos a proposta dos espanhóis, canalizada por Guillermo de Torre.[139]

---

138 *Ibidem*, p. 39-40.

139 O título do artigo que iniciou o debate era Madrid, meridiano intelectual de Hispanoamérica, publicado na revista madrilenha *La Gazeta Literaria*. O debate foi bastante aguerrido com respostas em diversos países hispano-americanos,

Antes de trasladarmos para o enfoque a respeito da "síntese americana" em relação ao socialismo, gostaríamos de destacar que Frugoni criticou o regionalismo tradicionalista, o indianismo e o *criollismo rioplatense*, além de assinalar que Sarmiento representava o expressivo exemplo de um autor e estadista "genuinamente americano", que enfocava de forma pujante e fecunda os principais problemas argentinos e latino-americanos do século XIX.[140]

Frugoni criticava, portanto, os movimentos artísticos e literários que se engendravam pelos caminhos do costumbrismo ou da idealização de tipos que não representavam necessariamente os dramas históricos que acometiam as coletividades indígenas ou os homens dos campos platinos. Coerente com sua visão cosmopolita, no sentido positivo do termo, Frugoni desconfiava dos traços tradicionalistas que permeavam uma parte das produções indianistas e das *criollistas*.

O programa socialista de Frugoni para a América Latina incluído em *Génesis, esencia y fundamentos del socialismo*, obra escrita durante sua estadia em Moscou e publicada em 1947, sob encomenda da editorial argentina Américalee, revelou um olhar atento para as especificidades regionais presentes nas Américas.

Após identificar a fusão do movimento operário com a ideia socialista como o sinal mais fecundo do socialismo e de asseverar que a Comuna de Paris (1871) colocara o marxismo no centro dos

---

notadamente na Argentina, por meio de *Martín Fierro*, entre outras revistas, no Uruguai, em Cuba, no Peru e México, principalmente. No Uruguai, a resposta aos espanhóis foi feita por Alberto Zum Felde na revista *La Pluma*, em agosto de 1927. Para Zum Felde, era importante a aproximação com a Espanha, mas não da forma proclamada por Guillermo de Torre, que foi vista como uma "bobagem". Cf. SCHWARTZ, Jorge. Madrid, meridiano intelectual de Hispanoamérica. In: *Idem (org.). Las vanguardias latinoamericanas. Textos programáticos y críticos.* México: Fondo de Cultura Económica, 2002, p. 592-603; CROCE, Marcela (comp.). *Polémicas intelectuales en América Latina. Del "meridiano intelectual" al caso Padilla (1927-1971).* Buenos Aires: Ediciones Simurg, 2006, p. 55-132.

140 FRUGONI, Emilio. *La sensibilidad americana*, p. 57.

movimentos socialistas, Frugoni buscou observar de forma geral os diversos matizes elaborados pelas plumas e práticas de alguns de seus autores mais conhecidos,[141] convicto de que a articulação entre democracia e marxismo representava a mais vasta tarefa a cumprir pelas Américas, mas não descartou que em alguns países, como nos andinos, somente as ações revolucionárias eram capazes de promover profundas e necessárias transformações.

Para Frugoni, as expressões mais interessantes do socialismo latino-americano vinham dos exemplos do México, do aprismo peruano e da trajetória de Mariátegui, bem como do Rio da Prata, ainda que por caminhos bem distintos. Cabe ressaltar que em sua análise a respeito do marxismo nas Américas, o Brasil não ocupou qualquer espaço de relevo, o que indicava um provável desconhecimento dos movimentos de esquerda do nosso país, que não eram insignificantes ou imperceptíveis, a ponto de estarem ausentes de uma interpretação geral do marxismo europeu e americano.

Ao enfocar o aprismo, Frugoni aprovou os seus receios em afiliar-se à Internacional Comunista, a sua busca pela mobilização constante das "massas" e seu projeto de nacionalização da terra, como plataforma para a resolução dos problemas daquele país.[142] Por outro lado, criticou que tal movimento excluísse de seu empreendimento

---

141 No primeiro tomo, Frugoni partiu da análise de François Babeuf, passou por Owen, Saint-Simon, Fourier, Proudhon e dedicou maior atenção a Marx, Engels e às associações internacionais dos trabalhadores, concluindo pela defesa da transformação da "consciência em ação". No segundo tomo, Frugoni enfatizou os movimentos de expansão do socialismo e destacou as figuras de Jaurès, Berstein e De Man. Além disso, analisou o comunismo soviético (Lenin, Stalin e Trotsky, principalmente), corroborou suas ideias positivas acerca do trabalhismo britânico e concluiu a obra com "o socialismo como fenômeno histórico americano". Cf. *Idem. Génesis, esencia y fundamentos del socialismo*. 2 tomos. Buenos Aires: Américalee, 1947.

142 *Ibidem*, tomo II, p. 255-263.

transformador e anti-imperialista qualquer possibilidade de união com os trabalhadores norte-americanos:

> Seria, sem dúvida, uma ação muito importante, concorde com os fins do aprismo, promover um movimento anti-imperialista ianque no seio da pátria do dólar. A nova orientação dada por Roosevelt à política internacional americana, colocando-se em pugna contra *Wall Street*, e abandonando os empregos abusivos e torpes da Doutrina Monroe, para endereçá-la em um sentido de solidariedade continental, incompatível com os atropelamentos da "política do porrete" dos tempos do outro Roosevelt e também de alguns dias sombrios do governo de Wilson, demonstra que a campanha anti-imperialista não se deve limitar ao território da América Latina.[143]

Com respeito ao Rio da Prata, Frugoni sugeriu que, essencialmente em Buenos Aires e Montevidéu, devido à maior homogeneidade de suas populações e à mais expressiva organização de seus movimentos operários, o ambiente apresentava-se "apropriado à formação de um movimento socialista do tipo da democracia social europeia", desde que os canais democráticos se mantivessem abertos.[144]

Paralelamente a Frugoni, Quijano mostrou-se bastante interessado em estudar a trajetória do marxismo, ao ditar um curso, no segundo semestre de 1933, na redação de *Acción*, intitulado *De Marx a De Man*, publicando-o nas páginas daquele semanário, e mencionava que a ANDS se vinculava às correntes socialistas:

> Não negamos nossa vinculação com as doutrinas socialistas no movimento econômico e social, mas tampouco negamos nossas discrepâncias com o socialismo ortodoxo, acima de tudo, em suas aplicações à nossa realidade nacional.

143 *Ibidem*, p. 266-267.

144 *Ibidem*, p. 275.

> Representamos uma tendência política com métodos e fins próprios, que quer ter ou aspira a elaborar uma teoria para a ação.[145]

Quijano coincidiu com Frugoni de que Marx, em *O Manifesto do Partido Comunista*, não havia sustentado o caminho revolucionário para a tomada do poder em todos os países, e na Inglaterra e na Holanda, talvez também nos Estados Unidos, a ascensão dos trabalhadores ao governo poderia ocorrer por meio de vias legais.[146]

O interesse de Quijano pelas correntes de esquerda, as quais formavam os alicerces de sua trajetória político-intelectual, foi catalisado pela ascensão das ideias fascistas e, acima de tudo, pelo golpe de 1933, e naquele mesmo número em que Quijano iniciava a publicação do curso sobre o marxismo, o editorial de capa *Hacia la izquierda* buscava definir as noções de esquerda (contra a ditadura, a favor da democracia; luta por justiça, reforma agrária e efetiva independência do capital estrangeiro) e direita (a favor da ditadura, direito inalienável à propriedade, liberalismo; não aceita reformas profundas, amparo ao capital estrangeiro, reação etc.), bem como concluía que a oposição somente poderia nuclear-se em torno das esquerdas.[147]

Durante os anos 1920, ao mesmo tempo em que criticava a desigual distribuição agrária do Uruguai e a sua "política do avestruz", isto é, a falta de solidariedade do país em relação aos vizinhos latino-americanos, que passavam por problemas comuns, Quijano, após viajar ao México ao lado de José Ingenieros, em 1925, publicou, entre 28 de fevereiro e 20 de abril de 1926, diversos artigos em *El*

---

145 Un curso de Carlos Quijano. De Marx a De Man. *Acción*, Montevideo, ano II, nº 49, 22 jul. 1933, p. 5-6. Segundo os redatores de *Acción*, o título do curso, iniciado em 19 de julho de 1933, era "As modernas [circunstancialmente aparecia como as novas] correntes sociais: De Marx a De Man", e não foi publicado na íntegra pelo semanário, devido à sua extensão.

146 *Idem*. *Acción*, Montevideo, ano II, nº 50, 29 jul. 1933, p. 8.

147 QUIJANO, Carlos. Hacia la izquierda. *Ibidem*, p. 1.

País acerca da política de reforma agrária, que preferiu denominar de "evolução agrária", a partir do exemplar de 10 de abril de 1926. Importa ressaltar que Quijano sublinhou, desde a introdução daquele instigante estudo, que o problema fundamental do México era a injusta distribuição agrária, mas infelizmente até aquele momento pós-revolucionário não conseguia visualizar um projeto bem arquitetado para a sua definitiva solução.[148]

Quijano, ainda em meados da década de 1920, buscou definir a América Latina e, ancorado em Paul Valéry, assinalou que ela pertencia ao tronco europeu, alimentado pela "virtude grega, a razão romana e o espiritualismo cristão, mas que em terras novas, tem interesses próprios e ideias também próprias".[149] Além disso, edificou uma visão oscilante e bastante crítica, às vezes recheada de classificações negativas sobre a América Latina, dentre as quais assinalou que o subcontinente era "enfermo de idealismo e preguiça", "idolátrico e atrasado" e não sabia o que era democracia. E certamente incluía o Uruguai na ideia de América Latina, o que se tornará mais visível a partir dos anos 1930.[150]

Tais críticas, entretanto, não passavam por considerações racialistas, e pensamos que os intuitos de Quijano eram muito mais de diagnosticar os problemas do presente para mobilizar os jovens grupos políticos e intelectuais para a transformação e construção das democracias latino-americanas.

Nesse sentido, sua trajetória convergia com a de Haya de la Torre, ainda que, como destacaram Caetano e Rilla, os contextos nacionais que

---

148 *Idem*. La reforma agraria en Méjico. Un ensayo de transformación social. *El País*, Montevideo, 28 fev. 1926, p. 3.

149 *Idem*. Sobre América y la Sociedad de Naciones. In: *América Latina, una nación de Repúblicas*. Montevideo: Câmara de Representantes, 1989, p. 8 (*El País*, 11 de agosto de 1925).

150 Cf. *Idem*. Carta a un lector [Rodó: una lectura de *Ariel*]. In: *Cultura, personalidades y mensajes*. Montevideo: Cámara de Representantes, 1992, p. 167-170 (*El País*, 26 de setembro de 1927).

conceberam tais intelectuais fossem bem distintos, uma vez que o Peru do líder aprista convivia com uma sociedade mais segregada, desigual e muito pouco democrática, ao passo que o Uruguai de Quijano, embora apresentasse pontos de contato com o país andino, se caracterizava por ser uma sociedade de transformações mais francas e rápidas, cujos canais de debate político se encontravam em fase de consolidação.[151]

O primeiro encontro entre Haya de la Torre e Quijano ocorreu em Montevidéu, em março de 1922, quando o aprista iniciava a sua primeira experiência no exílio. Em 1925, Os dois se encontraram em Paris, durante a manifestação de apoio ao governo mexicano, como já vimos anteriormente, e finalmente trabalharam em conjunto, embora sem coincidir completamente em alguns pontos, durante o Congresso Contra a Opressão Colonial e o Imperialismo, realizado em Bruxelas, de 10 a 15 de fevereiro de 1927.

Esse congresso, proposto pela Internacional Comunista e concretizado com apoio financeiro da China e do México, reuniu expressivos personagens do mundo intelectual e político daquele período, que propunham discutir e traçar as frentes de batalha contra o fenômeno imperialista e neocolonialista, em todas as regiões do Globo. Os seus participantes mais conhecidos foram: Albert Einstein, Henri Barbusse, Sun Yat Sen, Gorky, Jawardhlal Nehru, Messali Hadj, José Vasconcelos, Manuel Ugarte e Alfredo Palacios.[152]

A principal divergência entre Quijano e Haya de la Torre relacionava-se com a divisão da América Latina em quatro zonas distintas em relação às ações norte-americanas, mas, como assinalaram Caetano e Rilla, bem como Funes, Quijano também dividiria o mapa latino-americano em quatro zonas muito similares, no ano seguinte: 1) países sob influência política e econômica direta dos Estados Unidos, tais como

151 Cf. CAETANO, Gerardo; RILLA, José. *El joven Quijano (1900-1933). Izquierda nacional y conciencia crítica*. Montevidéu: Ediciones de la Banda Oriental, 1986, p. 185-188.

152 FUNES, Patricia. *Salvar la nación: intelectuales, cultura y política en los años veinte latinoamericanos*. Buenos Aires: Prometeo, 2006, p. 231-233.

Porto Rico,[153] República Dominicana, Haiti, Cuba e Nicarágua (Quijano não mencionou o Panamá), além do México, que, para Quijano, seguia como uma incógnita no plano das relações internacionais e que não podia ser classificado completamente ao lado de nenhum outro país do continente; 2) demais países do Caribe e América Central, cuja ação política norte-americana seria menos direta; 3) países sul-americanos denominados como "repúblicas bolivarianas", como, por exemplo, Bolívia, Colômbia, Equador, Peru e Venezuela, que se situariam em uma zona intermédia, mas que tinham que conviver com um crescente assédio de ações mais propriamente de cunho econômico; 4) países do Cone Sul, que se agrupavam por "maior distância geográfica, maior organização política e menor importância estratégica".[154]

Vale assinalar que seria muito interessante desenvolver um estudo comparativo, ao mesmo tempo atento para as conexões, entre os debates acerca da definição da latinidade ou do lugar dos marginalizados (afrodescendentes e indígenas, principalmente) no Uruguai e no Peru. Ademais, um estudo que buscasse as relações diretas e indiretas de Frugoni e Quijano com Mariátegui,[155] Haya de la Torre e Luis Alberto Sánchez e, por outro lado, de Antuña com García Calderón. No Peru, a forte tradição indígena e marcadamente "mestiça" (com toda a polifonia que tal denominação aventa) constituiu a principal mola propulsora desse debate e da hesitação em identificar os peruanos com a herança latina, ao passo que a ideia de americanos latinos

153 Quijano olhava para Porto Rico como um país, ainda que juridicamente estivesse incorporado aos Estados Unidos como "Estado Livre Associado".

154 QUIJANO, Carlos. El pacto Kellog. Los resultados de la doctrina de Monroe. El imperio americano. In: *América Latina, una nación de Repúblicas*. Montevideo: Cámara de Representantes, 1989, p. 35-39. Publicado originalmente em *El país*, 24 de outubro de 1928.

155 José E. Díaz argumentou que *La sensibilidad americana* foi um dos livros de cabeceira de Mariátegui, pouco antes do seu falecimento. Cf. DÍAZ, José E. Prólogo. In: CHIFFLET, Guillermo. *De la discusión nace la luz. Emilio Frugoni, desafío y referencia*. Montevideo: Letraeñe, 2007, p. 12.

no Uruguai, caso pensemos em pressupostos, acima de tudo étnico--culturais, recebeu uma acolhida muito menos hesitante.

Além disso, o Uruguai – ao lado do Chile e do México – desempenhou um fecundo papel de recepção de exilados latino-americanos desde os anos 1830 até o século XX, o que contribuiu de forma evidente para que os uruguaios repensassem o seu lugar na América. Os uruguaios receberam principalmente muitos perseguidos políticos da Argentina e do Brasil, principalmente, mas também de outros países em diversos momentos.

No que toca o projeto de formação de uma união latino-americana, é possível advertir uma clara oscilação entre o jovem Quijano e o já maduro diretor de *Marcha*. Ainda que não deixasse de preconizar aquele projeto de integração entre os "Estados Desunidos do Sul", Quijano, desde meados de 1940, argumentou que ele consistia em uma "utopia", um "recurso retórico" ou até mesmo "uma vaga fórmula de jogos florais". Quijano, a partir daquele momento, migrou para a defesa de acordos regionais e de uniões aduaneiras, como plataforma inicial para arquitetar a ainda distante integração da América Latina:

> Pressente-se que vamos à formação de grandes confederações de Estados e compreende-se que será necessário empreender novamente o caminho que, sobretudo, o abusivo protecionismo ianque ensinou a fechar: a liberdade internacional do comércio. Se não soubermos nos unir, os grandes, que serão depois desta guerra maiores e mais fortes, nos esmagarão.[156]

Mais do que uma clara visão a respeito do jogo das forças mundiais, importa articular tal revisão operada por Quijano ao contexto uruguaio e latino-americano, marcado pela percepção da crise dos pressupostos e das práticas democráticas em todo o continente, bem

---

156 QUIJANO, Carlos. La Conferencia Regional del Plata. *Marcha*, Montevideo, ano III, nº 82, 31 jan. 1941, p. 5.

como da elaboração de projetos de integração mediante governos "ilegítimos" e ditatoriais. Além disso, podemos argumentar que Quijano traduzia uma importante "contradição" do mundo moderno do entreguerras, caracterizada pela exacerbação dos nacionalismos políticos, ao passo que as trocas econômicas abriam novos canais de circulação.[157]

Diante disso, Quijano, entre outros redatores e colaboradores de *Acción* e de *Marcha*, não poupavam seus adversários, e utilizaram um vocabulário de protesto contra as "democracias" daquele período e seus agentes que as derruíam internamente, representado por dois termos aplicados de forma mais frequente: *darlantinitis* e *floripondismo*.

Ao falar em *darlantinitis*, os autores buscavam traçar um paralelo para os leitores entre a conhecida trajetória do comandante da marinha francesa Darlan, que promoveu uma política colaboracionista com o III Reich, ao ser o comandante em chefe das forças armadas do regime de Vichy, e a dos governantes sul-americanos, que falavam em defesa da democracia mediante a sustentação de políticas ditatoriais.[158]

Além disso, era ainda mais frequente adjetivar de *floripondistas* os discursos favoráveis tanto à aproximação com os Estados Unidos quanto a quaisquer outros que contrariassem as orientações principais de *Marcha*, e o termo *floripondismo*, que se refere a um adorno rebuscado e de mau gosto,[159] obteve uma ampla acolhida em suas páginas.

Posteriormente, no final dos anos 1950, Quijano enfocou verticalmente o tema da formação dos mercados comuns e reafirmou que, infelizmente na América Latina, ao contrário da Europa, o cenário seria de edificação ainda bastante embrionária, e que, portanto, o bom senso

157 *Idem*. Panamericanismo, no; acuerdos regionales, sí. *Marcha*, Montevideo, ano III, nº 57, 26 jul. 1940, p. 5.

158 Cf. La darlantinitis, peste south americana. *Marcha*, Montevideo, ano IV, nº 167, 18 nov. 1942, p. 8-9.

159 O *floripondio* é um arbusto solanáceo do Peru, constituído de flores brancas e em forma de filtro. O termo também pode ser utilizado para definir uma estampa de flor grande em um tecido.

recomendava cautela e modéstia durante a criação de uma "zona de livre comércio", inicialmente circunscrita aos países do Cone Sul:

> O projetado mercado comum é aqui, em contraste com o que ocorre na Europa, anterior à existência de todo o mercado. O mercado dos seis é resultado da consagração ou do reconhecimento de um estado de fato. O mercado do Cone Sul e, com maior razão, o mercado latino-americano é uma criação *a priori*. Lá as taxas aduaneiras são importantes obstáculos à corrente natural. Aqui, na maioria dos casos, não, porque inexiste tal corrente. Quer-se suprimi-las, não pelo que impedem, mas com a previsão de que a corrente possa nascer e também para provocar o seu surgimento. Como não existem as relações inter-regionais, criemos as possibilidades para que apareçam. O propósito é plausível, mas os fatos assinalados, os fatos que imperam, não podem e nem devem ser ocultados ou desconhecidos. Tudo nos leva a pensar que o mercado comum latino-americano é atualmente somente uma utopia. A pressa em sua realização pode levar ao seu aborto, e não estamos, nem está o mundo todo, cada vez menos largo, cada vez mais alheio, em condições de desperdiçar esforços e energias, de lidar com novas frustrações.[160]

A visão de Quijano, no entanto, não salientava que, para além do trânsito comercial, os europeus precisavam arrefecer as disputas entre os países que por pouco não haviam se destruído completamente. Além disso, com os olhares voltados para buscar na Europa o que não era a América Latina, dificilmente teria uma resposta satisfatória, pois as formações históricas e geográficas eram bem distintas.

160 QUIJANO, Carlos. La realidad y la utopia. *Marcha*, Montevideo, ano XXI, nº 981, de out. 1959, p. 4. O mencionado "mercado dos seis" referia-se à Comunidade Econômica Europeia criada pela assinatura do Tratado de Roma, em 1957, pela Alemanha, Bélgica, França, Holanda, Itália e Luxemburgo.

Sinal importante da apropriação do discurso de Quijano, os responsáveis pela publicação do terceiro período de *Cuadernos de Marcha*, a partir de 1985, publicaram um número em homenagem aos 60 anos da fundação de *Marcha* e aos 15 anos do falecimento de Quijano, em 1999. No clima do debate sobre os destinos do Mercosul e a sua lenta e desconfiada aproximação com o Nafta, aquele número reproduziu dois textos (El destino de la nacionalidad, de 25 de agosto de 1930, e Panamericanismo, no; acuerdos regionales, si) em que Quijano preconizava a necessidade de edificar acordos regionais, como plataforma de construção das soberanias nacionais, em face do assédio norte-americano.[161]

Antuña, por outro lado, interpretou a "América Latina" em contraposição bem mais parcial à Europa do que Frugoni e Quijano, mas também expressou uma visão marcada pelo hibridismo de imagens.

Ao construir uma combinação pouco comum entre o hispanismo conservador e uma visão positiva dos Estados Unidos, Antuña buscou descortinar *El nuevo acento*, isto é, o "instrumento de expressão original", a busca pela consolidação da "emancipação espiritual", entendida como emancipação cultural, da América "Espanhola", para usar sua expressão, diante do circunstancial ocaso europeu. Com *El nuevo acento*, o líder intelectual do terrismo buscou interpretar a "origem intelectual dos acontecimentos", a favor do estudo dos temas da cultura contra o "imperialismo materialista do fator econômico".[162]

A crítica explícita e reducente aos pressupostos marxistas, mas também, de forma implícita, a *La sensibilidad americana* e demais obras de intelectuais vinculados a correntes de esquerda, de certa maneira tentava deslocar o debate sobre o passado e o porvir da América

---

161 Aniversario. *Cuadernos de Marcha*, tercera época, Montevideo, ano XIV, nº 151, jun. 1999, p. 11-13.

162 ANTUÑA, José *El nuevo acento*. Montevideo; Buenos Aires: Sociedad Amigos del Libro Rioplatense, 1935, p. 26.

Latina do terreno das interpretações socioeconômicas, em ascensão, para o de uma noção de cultura pouco permeável à renovação dos estudos antropológicos e sociológicos.

Antuña expressou sua admiração pela obra espanhola na América e argumentou que os hispano-americanos, inclusive os brasileiros, poderiam até mesmo ser denominados "espanhóis". Para o intelectual colorado conservador, naquele momento se forjava gradativamente o "ressurgimento hispânico depois de três séculos, não de decadência, mas de pausa na ascensão".[163]

Importa destacar que Antuña praticamente não usava o termo América Latina e seu derivado latino-americanismo. Habitualmente referia-se à América Latina como América, América Espanhola ou América Hispânica, e sempre incluía o Brasil em tal denominação, uma vez que, assim como Rodó, sustentou que nosso país era também um filho, ao lado de Portugal, da *Hispania*, como era conhecida toda a Península Ibérica pelos romanos.[164]

Antuña realçou a herança ibérica e greco-romana da América Hispânica, ainda que reconhecesse ligeiramente as matrizes locais em sua formação, com sinais negativos:

> A América recebeu da Europa a fervente comunhão dos sangues, herança mental, normas civis, as sugestões da beleza e da arte. Nossa ascendência arranca, na verdade, da civilização greco-romana e também *da entranha noturna da América*, que engendrou um novo mundo, sob novas constelações.[165]

---

163 *Ibidem*, p. 224.

164 *Idem*. Realidad nacional e internacional del Brasil. In: *Perspectivas de América. Temas, acontecimientos y monografías continentales*. Buenos Aires: M. Gleizer, 1938, p. 50.

165 *Idem*. *El nuevo acento*. Montevideo; Buenos Aires: Sociedad Amigos del Libro Rioplatense, 1935, p. 230. Grifos nossos.

Com esta denominação negativa da herança local, Antuña resumia boa parte da visão que possuía sobre os demais habitantes americanos não ibéricos, mas não explicitava pressupostos raciais para fundamentar tal visão. O livro, que foi publicado no final de 1935, e que foi laureado pelo Ministério da Instrução Pública, recebeu uma crítica demolidora de *Acción*, em 15 de novembro daquele ano, escrita por Edgard Centron.

Segundo Centron, ainda que o prólogo de Valéry Larbaud ordenasse os conceitos que o leitor encontraria nas páginas de *El nuevo acento*, o livro era desorganizado, impreciso e vagaroso. Além disso, para Centron, Antuña "viu a América com uma emoção já envelhecida pela prodigalidade com que, em outros tempos, gostava-se dessa paisagem intelectual e romântica da América cósmica, universalista, predestinada". Em outras palavras, o crítico de *Acción* realçou que o livro de Antuña carecia de pensamento original, de métodos científicos da sociologia, de teorização clara e de organização conceitual, bem como abusava da erudição de um "*nouveau riche*" e de digressões estéreis.[166]

Finalmente, ao comentar os últimos capítulos do livro, nos quais Antuña expunha suas interpretações filológicas a respeito do espanhol em terras americanas, com especial ênfase em relação à censura de qualquer projeto de construção de idiomas nacionais, Centron afirmou que o autor colorado não havia feito outra coisa que uma recopilação de autores precedentes e concluiu que "como guia de leituras é de especial referência".[167]

Ainda que a crítica de Centron estivesse publicada em um semanário adversário dos paladinos terristas, concordamos com o crítico de *Acción* de que não é nada fácil extrair da leitura de *El nuevo acento* um olhar inovador para o debate a respeito da realidade

---

166 Cf. CENTRON, Edgard. "El Nuevo Acento" de José G. Antuña. *Acción*, Montevideo, ano IV, nº 121, 15 nov. 1935, p. 7.

167 *Ibidem*, p. 7.

latino-americana, como anunciava o prólogo de Valéry Bardau ou a introdução escrita pelo próprio Antuña.

Além disso, parece-nos conveniente criticar a discrepância entre a proposta de Antuña, que afirmava que "a nossa pronúncia [*acento*] deverá destacar-se da sinfonia de todas as vozes, temperando-se em uma síntese de todos os ritmos",[168] quando o autor, por outro lado, praticamente saltava os temas relacionados às matrizes afro-americanas para reafirmar o seu hispanismo conservador. Em relação aos indígenas, a posição foi mais pendular.

Elogiou *Eurindia* (1924) de Ricardo Rojas, ao mesmo tempo em que proclamou Sarmiento como um "civilizador", um "homem de ação", que não obstante suas críticas à Espanha, era, a seu ver, "um tipo genuinamente hispânico". Além disso, criticou o Carlos Octavio Bunge de *Nuestra América* (1903), com seus tons claramente racialistas e pessimistas em relação aos povos hispano-americanos, bem como elogiou Euclides da Cunha, Monteiro Lobato e Alfonso Arinos.[169] Não deixou de criticar algumas obras indianistas, como as de Gonçalves Dias, Juan Zorrilla de San Martín e José Santos Chocano, pois sustentou que não apresentavam o *acento* autóctone. Entretanto, argumentou ao mesmo tempo que não havia utilidade nas línguas indígenas, que não seriam capazes de proporcionar grandes obras. Finalmente concluiu que o universo indígena era misterioso e impossível de ser abarcado,[170] o que não deixava de realçar uma visão negativa que o colocava como o totalmente Outro, aquele que é quase desumanizado.

Como Frugoni, criticou algumas obras sobre os pampas. No Uruguai, criticou as obras de Carlos Reyles (*La Raza de Caín*, *El Terruño* e *El Gaucho Florido*). Na Argentina, criticou a suposta representação idealizada em Sarmiento (*Facundo*), José Hernández

168 ANTUÑA, José G. *El nuevo acento*. Montevideo; Buenos Aires: Sociedad Amigos del Libro Rioplatense, 1935, p. 151.

169 *Ibidem*, p. 72-79.

170 *Ibidem*, p. 99-103.

(*Martín Fierro*) e Ricardo Güiraldes (*Don Segundo Sombra*). Antuña afirmou que houve uma transformação dos pampas, que eram "indômitos" em Sarmiento, "inorgânicos" em Hernández e "heterogêneos, numerosos e expectantes" em Güiraldes. Tratou ainda da obra do uruguaio Florencio Sánchez, que substituiu, a seu ver, o "nativismo ingênuo" de Hernández pelo "formidável conflito coletivo que apresenta nossa formação cosmopolita".[171]

Nesse ponto, não escondia o sentimento de repúdio às transformações por que passara o Uruguai durante a modernização e a chegada dos imigrantes, ainda que em grande parte fossem espanhóis, pois afirmou que "a era atual de imigração cosmopolita se obstina por arrebatar, dispersar e desfigurar a alma dessas pedras defuntas".[172] Fazia alusão às construções incas, que eram vistas com bons olhos desde que tivessem ficado no passado.

Não é desnecessário lembrar uma vez mais que Antuña apoiava as agrupações conservadoras do Partido Colorado, que haviam tentado congelar as transformações realizadas pelos batllistas no final da década de 1910 e em seu retorno ao executivo nacional, desde finais da década de 1920 até 1942. Durante essa quase cruzada conservadora, com tons de autoritarismo nos anos 1930, foram inaugurados monumentos para *Los últimos charrúas*, como discutimos no início deste capítulo, e também para os descendentes dos africanos no país, como *El Aguatero* de José Belloni. Neste caso, se a legenda dizia que era uma "homenagem à raça negra", Ariadna Islas e Ana Frega sublinharam que "na denominação tradicional da escultura se ocultou o detalhe irritante [*enojoso*] de que os escravos recolhiam as águas usadas das casas para descartá-las fora da cidade".[173]

---

171 *Ibidem*, p. 106-111.

172 *Ibidem*, p. 45-46.

173 ISLAS, Ariadna; FREGA, Ana. Identidades uruguayas: del mito de la sociedad homogénea al reconocimiento de la pluralidad. In: VÁRIOS AUTORES. *Historia del*

Vale ainda destacar que, ao contrário de Frugoni e Quijano, que apreciaram positivamente tanto a Revolução Mexicana quanto os seus desdobramentos, Antuña solicitou a intervenção da Liga das Nações contra o governo do México no final dos anos 20 e, em 16 de setembro de 1942, pronunciou uma conferência intitulada *Mi visión de Méjico*, pela qual buscou suavizar as disputas transformadoras do país setentrional, ao enfatizar sua imagem legendária, pela qual buscou acionar uma tradição "pacifista" mexicana radicada no passado distante. Em outras palavras, se bem que não deixou de mencionar os importantes movimentos de edificação da nacionalidade mexicana, que reivindicavam a herança indígena e mestiça, Antuña praticamente menosprezou as suas demandas contemporâneas, canalizadas pela Revolução Mexicana.[174]

Somente para voltar sobre a disputa em torno da formação do *nuevo acento*, Antuña concedeu amplo espaço para a discussão a respeito do idioma. Embasado nos estudos filológicos do espanhol Ramón Menéndez y Pidal, criticou a busca de alguns estudiosos argentinos pelo idioma próprio de seu país e proclamou que era necessário salvar o idioma "verdadeiro" do desejo de construção de idiomas próprios, "do aluvião da incultura camponesa ou cosmopolita, das gírias (*jerigonzas*) *gringo-criollas* dos subúrbios". Concluiu que o "hibridismo linguístico que todavia se surpreende em muitas regiões da América não é o sinal de corrupção do castelhano, mas ao contrário, uma amostra da degeneração progressiva das línguas indígenas".[175]

O desfecho de sua obra não poderia ser outro: olhou para a conquista como "uma obra de civilização". Assim, Antuña criticava o hispano-americanismo ou o latino-americanismo, por "verbalista e vazio". Com suas palavras: "A América recebeu da Europa a fervente comunhão de sangues, herança mental, normas civis, as sugestões

Uruguay en el siglo XX (1890-2005). 2ª ed. Montevideo: Ediciones de la Banda Oriental, 2008, p. 368-369.

174 Cf. ANTUÑA, José G. *Mi visión de Méjico*. Montevideo: Ediciones Ceibo, 1943.

175 *Idem*. *El nuevo acento*, p. 172-174.

da beleza e da arte. Nossa estirpe se origina, na verdade, da civilização greco-romana e também da entranha noturna da América". A América era, para Antuña, "ávida de permeabilidade", além de "livre e eclética em seu pensamento, tolerante e harmônica em seus rumos morais, una no porvir e no ideal".[176]

Antuña publicava essas palabras no auge da ditadura de Gabriel Terra, enquanto *Acción* de Quijano sofria represálias e Frugoni voltava do exílio, mas não deixava de enfrentar muitos problemas. A visão extremamente conservadora tanto sobre o idioma, a imigração, os povos indígenas – associados à "entranha noturna" – e a denominada cultura popular, além do "esquecimento" dos afro-americanos que existiam no Uruguai, não podiam alcançar uma recepção favorável entre os grupos que lutavam contra os regimes autoritários.

O pós-Segunda Guerra na América Latina: entre democracias e revoluções

Ainda durante o desenrolar da Segunda Guerra Mundial, ocorreu uma crescente aproximação entre o Uruguai e os Estados Unidos, marcada pela decisão do país sul-americano em lutar pelas fileiras aliadas, bem como com o Brasil; estes se tornaram os dois países mais estratégicos para a defesa aliada no Atlântico Sul, em face da frequente recusa argentina em estreitar os laços com os norte-americanos, o que levou inclusive à sua saída temporária da União Pan-americana, em 1945, como anotou e aprovou Quijano.[177]

176 *Ibidem*, p. 225-235.

177 Citamos a conclusão do editorial em que Quijano entreviu um futuro fecundo para a Argentina, acima de tudo porque rechaçara firmar laços de aliança com os Estados Unidos, ao passo que os demais países latino-americanos teriam, a seu ver, um porvir mais dramático: "Resultará que a Argentina, ao ficar à margem da maquinaria de Chapultepec, será o único país não saxão desta parte do mundo que terá um bom porvir. Os demais... Porto Rico e Panamá". Cf. QUIJANO, Carlos.

Pouco depois do ataque japonês às possessões ultramarinas norte-americanas, Antuña propôs no Senado que o Uruguai abandonasse sua posição neutral e, ao citar Rui Barbosa, por meio das palavras de Afrânio de Mello Franco pronunciadas em uma conferência em Buenos Aires, afirmou que "entre a civilização e a barbárie não [podia] haver neutralidade".[178]

O senador colorado canalizava, dessa maneira, a voz de significativos setores da sociedade uruguaia, que apoiavam a consolidação da aliança com os Estados Unidos e a declaração de guerra aos países do Eixo, ao mesmo tempo em que amadureciam os movimentos antifascistas nacionais, em contato permanente com seus vizinhos argentinos.[179]

Anteriormente ao discurso de Antuña, pronunciado em 9 de dezembro de 1941, os Estados Unidos já arquitetavam tal aproximação com o Uruguai, uma vez que concertara com o país sul-americano a elevação de suas legações diplomáticas à categoria de embaixadas, assim como também ocorreu entre o Uruguai e o México naquele mesmo ano.

Assim, o país platino aprimorava sua diplomacia e buscava o apoio de outras nações americanas, ao consolidar os habituais vínculos de aliança. Particularmente em relação aos Estados Unidos, como assinalou Juan Oddone, a partir de então se edificou uma corrente fluida de missões militares, comerciais e culturais nas duas direções, até os princípios da década seguinte,[180] quando a política de distensão

---

El Sanhedrín de Chapultepec empieza condenando al justo. *Marcha*, Montevideo, ano IV, nº 272, 2 mar. 1945, p. 1.

178 ANTUÑA, José G. *Defensa nacional y defensa continental.* Montevideo: Comité Ejecutivo Nacional del Partido Colorado, 1941, p. 5.

179 Sobre o antifascismo na Argentina, consultar: BISSO, Andrés (comp.). *El antifascismo argentino.* Buenos Aires: Buenos Libros; CeDInCI Editores, 2007.

180 ODDONE, Juan. *Vecinos en discordia. Argentina, Uruguay y la política hemisférica de los Estados Unidos.* Selección de documentos, 1945-1955. 2ª ed. corrigida. Montevideo: Ediciones El Galeón – Universidad de la República, 2004, p. 18-29.

argentina com os norte-americanos eclipsou, em certa medida, a posição estratégica uruguaia, que, segundo a fórmula do próprio embaixador norte-americano no Uruguai, Ellis Briggis, havia sido "um bom amigo de estação".[181]

Se, de um lado, Antuña apoiou o estreitamento de laços entre o Uruguai e os EUA, bem como a contratação de um novo empréstimo com aquele país, acordado pelo ministro das relações exteriores Alberto Guani, em 1943, Quijano, de outro, reafirmou suas críticas à essa aproximação e advertiu a seus leitores que o Uruguai corria o risco de se transformar no "Gibraltar do Rio da Prata".[182]

Diante disso, Quijano novamente não via outra saída para o Uruguai que renovar as diretrizes de sua política internacional e formar um bloco regional latino-americano, se bem que sua visão vinha marcada por uma determinada dose de distopia, como podemos captar no seguinte fragmento:

> Não negamos a possibilidade e também a necessidade de [edificar] grandes confederações econômicas de povos. Não acreditamos na confederação americana. O continente é um mito: um mito econômico, um mito geográfico e, além disso, um mito histórico.
>
> [...] Nosso destino, sem perder de vista aquele equilíbrio do Rio da Prata, ao qual antes nos referimos, seria, assim, o de integrar uma grande conferência econômica regional, conservando nossa independência política. O federalismo artiguista [estaria], substancialmente, limitado ao campo econômico, porque cem anos de vida própria não se aventam em um dia, e porque é a única forma viável de promover o desaparecimento da dualidade em que nos debatemos desde as origens: personalidade definida e

181 *Ibidem*, p. 66.

182 QUIJANO, Carlos. El Gibraltar del Río de la Plata. *Marcha*, Montevideo, ano IV, nº 169, 22 jan. 1943, p. 5; 13.

> zelosa, dentro de uma comunidade histórica e geográfica que é também econômica. Este é o verdadeiro norte de nossa bússola.[183]

A profissão de fé de Quijano sobre a posição que o Uruguai deveria ocupar ficava bem clara: era preciso se unir aos demais países latino-americanos, não de forma submissa e *petiza*, mas ancorado em uma defesa da personalidade nacional que integrasse o espaço histórico, geográfico e cultural latino-americano. Em face do avanço do pan-americanismo, que havia recebido um impulso significativo com o ataque dos japoneses aos Estados Unidos, Quijano pedia cautela e um olhar em perspectiva. O dignóstico era pessimista: de um lado, os Estados Unidos do Norte. De outro, os "Estados Desunidos do Sul".

A partir de meados dos anos 1940, o debate sobre a América Latina e os Estados Unidos no Uruguai esteve cadenciado pela criação da ONU e da CEPAL, pela criação da OEA e transformação do pan-americanismo em interamericanismo, bem como pela ascensão de Harry Truman ao governo dos EUA, que formulou novas diretrizes no plano da política internacional (e nacional) estadunidense.[184]

Segundo João Feres Júnior, desde finais da década de 40 até meados dos anos 70, o conceito de América Latina consolidou-se

---

183 *Idem*. Conclusiones sobre nuestra política internacional. Estados Desunidos del Sur y Estados Unidos del Norte. Las directivas fundamentales de una política internacional. *Marcha*, Montevideo, ano VI, nº 240, 7 jul. 1944, p. 4-5.

184 O período pós-Segunda Guerra foi marcado pelo crescimento dos movimentos comunistas em todo mundo e pelo início da Guerra Fria. Temerosos em relação aos seus efeitos, o governo norte-americano lançou a Doutrina Truman, nos princípios de 1947, cujo principal objetivo foi reconstruir a denominada Europa Ocidental e asfixiar ou pelo menos deter o avanço do comunismo. As relações entre os EUA e a América Latina sofreram uma significativa mudança a partir da Doutrina Truman com o fim da Política da Boa Vizinhança. Cf. HOBSBAWM, Eric J. A Guerra Fria. In: *A era dos extremos: o breve século XX, 1914-1991*. São Paulo: Companhia das Letras, 1995, p. 223-252; AYERBE, Luis Fernando. *Estados Unidos e América Latina: a construção da hegemonia*. São Paulo: Editora Unesp, 2002.

gradativamente nos Estados Unidos, tanto na linguagem cotidiana quanto nos discursos das ciências sociais, ainda que nem sempre com pressupostos completamente análogos. Para Feres Júnior, as visões norte-americanas a respeito da América Latina – habitualmente apresentada como o outro negativo – orientaram-se, de forma deliberada ou implícita, por três oposições fundamentais: cultural (o outro católico, particularista e autoritário), temporal (primitivo, infantil, atrasado e subdesenvolvido) e racial (mestiço e escuro).[185]

Entretanto, Ricardo Salvatore[186] e Cecília Azevedo,[187] por caminhos diferentes, mostraram que as formas de representação da América Latina foram muito mais plurais, devido a mediações culturais, negociações e empréstimos engendrados nas zonas de contato, segundo a proposta de Mary Louise Pratt.[188] Para Salvatore, os olhares dos norte-americanos volveram-se para a América Latina na busca da construção de conhecimento, que muitas vezes legitimavam as intervenções norte-americanas ou a expansão comercial, mas que também contribuíam para matizar a imagem do "outro absoluto", em representações bem mais atentas para as diversidades dentro e entre os países. A hipótese de Salvatore, mais na linha de Edward Said,[189] consistiu em de-

185 FERES JÚNIOR, João. *A história do conceito de* Latin America *nos Estados Unidos.* Bauru/São Paulo: Edusc; ANPOCS, 2005.

186 SALVATORE, Ricardo. *Imágenes de un imperio: Estados Unidos y las formas de representación de América Latina.* Buenos Aires: Sudamericana, 2006.

187 AZEVEDO, Cecília. Novas aproximações entre "centro" e "periferia": intelectuais e ativistas norte-americanos pensam a América Latina. In: BEIRED, José Luis Bendicho; CAPELATO, Maria Helena; PRADO, Maria Ligia Coelho (orgs.). *Intercâmbios políticos e mediações culturais nas Américas.* Assis: FCL-Assis-Unesp Publicações; São Paulo: Laboratório de Estudos de História das Américas – FFLCH – USP, 2010, p. 459-488.

188 PRATT, Marie Louise. *Os olhos do Império: relatos de viagem e transculturação.* Bauru: Edusc, 2000, p. 5.

189 SAID, Edward. *Cultura e imperialismo* [1993]. São Paulo: Companhia das Letras, 1995. *Idem. Orientalismo: o Oriente como invenção do Ocidente* [1978]. São Paulo: Companhia das Letras, 1990.

monstrar que os norte-americanos buscavam associar conhecimento e "imperialismo". Já Azevedo, ao criticar de forma bastante certeira a interpretação de Feres Júnior, mostrou que as relações cruzadas entre diferentes setores norte-americanos olharam para a América Latina de forma bem menos preconceituosa e generalizante, para além dos meios acadêmicos. Para a historiadora brasileira, além da Lasa (Latin American Studies Association), fundada em 1966, existiram outras iniciativas para conhecer melhor a América Latina. O caso da Nacla (North American Congress on Latin America), também criada em 1966 por jovens pertencentes à New Left, foi bastante significativo, ainda que nem sempre tenha conseguido escapar de um certo "etnocentrismo" e da "vitimização dos latino-americanos", ou mesmo de visões um pouco românticas. Entretanto, como enfatizou Azevedo, "abriu caminho para encontros e experiências que desafiaram conceitos e assimetrias, ajudando a desconstruir estereótipos e mitos, conforme se propunha a organização no seu documento de criação".[190]

Nesse contexto heterogêneo, algumas modalidades discursivas das ciências sociais, ao operarem principalmente com as "oposições" culturais e temporais, edificaram um determinado leque de teorias para pensar a alteridade latino-americana. Se durante os anos 1950 a "teoria da modernização", que prescrevia a transferência do conhecimento técnico e científico, alcançou uma boa recepção, a partir dos anos 1960, com o *boom* dos *Latin American Studies*, tanto a teoria da "estabilização política" ou do "desenvolvimento político" – que argumentava que o rápido crescimento econômico dos países latino-americanos havia levado a uma desestabilização política generalizada, cuja receita consistia na adoção de governos fortes, alinhados aos Estados Unidos – quanto a teoria da dependência – bem recebida, acima de tudo, pelos intelectuais de esquerda – entraram em cena e aparelharam as principais interpretações das ciências sociais

190 AZEVEDO, Cecília. *Op. cit.*, p. 484.

norte-americanas sobre a América Latina. Obviamente que, como advertiu Azevedo, não foram as únicas.

Entre os latino-americanos, a criação da CEPAL no seio do Conselho Econômico e Social das Nações Unidas, com sede em Santiago do Chile, em 1948, canalizou uma parte significativa dos debates acerca do porvir da América Latina, que passaram a enfatizar, ancorados nas análises do economista argentino Raúl Prebisch, a necessidade de modernizar todos os seus países por meio da industrialização e do "desenvolvimento" econômico.[191]

Os denominados estudos cepalinos foram responsáveis pela elaboração e ampla difusão de diversos conceitos, como, por exemplo, industrialização, deterioração dos termos do intercâmbio, relação centro-periferia, desenvolvimento interno e substituição de importações, que tiveram uma abrangente recepção entre os estudiosos de distintas disciplinas em toda a América Latina, cujos ecos podem ser mapeados até os dias atuais.

Sensível a esse cenário em transformação, Quijano, desde o término de uma conferência dos países americanos realizada no México, nos princípios de 1945 – que gerou a declaração de Chapultepec, cujas linhas orientadoras consistiam em estabelecer os planos para o fomento da industrialização dos países latino-americanos, por meio de capitais e saberes técnicos oriundos principalmente dos Estados Unidos –, advertiu que pelo menos os países do Rio da Prata estavam em condições de promover a desejável industrialização por meios próprios, uma vez que possuíam crédito no exterior devido às elevadas exportações de produtos agropecuários para os países beligerantes. Contudo, ele considerou inviável qualquer tentativa de concretização de tal projeto somente em

---

191 Cf. DEVÉS VALDÉS, Eduardo. *El pensamiento latinoamericano en el siglo XX. Entre la modernización y la identidad. Del* Ariel *de Rodó a la CEPAL (1900-1950).* Tomo I. Buenos Aires: Biblos, Centro de Investigaciones Diego Barros Arana, 2000, p. 290-291.

âmbitos nacionais, especialmente no Uruguai, enfatizando outra vez a necessidade de se criar acordos regionais:

> Consideramos perigoso o propósito de industrialização desde o exterior. Consideramos impraticável a elaboração de um projeto conjunto pela própria América Latina. Consideramos infecundo, no caso concreto do Uruguai, que, acaso com maior razão do que em outros países do continente, [adotar] a "solução nacional" para a industrialização. Consideramos, por outro lado, viável, caso se coloque no empenho audácia e imaginação, e se está nos fatos e não somente nas palavras, à altura da grande revolução que estamos vivendo, concertar acordos regionais latino-americanos para empreender a industrialização que a nova era econômica, o nosso desenvolvimento e o nosso destino nos infligirão.[192]

Cabe ressaltar que, após vários anos de estudos e críticas à organização da política de exportações, importações e do regime cambial do Uruguai,[193] desde o período em que ensinou economia política e finanças na Faculdade de Direito e Ciências Sociais e na Faculdade de Ciência Econômicas, Quijano foi convidado, em 1950, a presidir o *Contralor* do país e não concordou totalmente com as prescrições cepalinas, pois, a seu ver, tratavam as diversidades latino-americanas de maneira geral e uniforme.[194]

Em convergência com o pensamento quijaniano, foi criado na redação de *Marcha*, em agosto de 1947, um movimento pela união política da América Latina contra o Plano Truman, encabeçado por Servando

---

192 QUIJANO, Carlos. La industrialización del Uruguay. *Marcha*, Montevideo, ano VI, nº 277, 13 abr. 1945, p. 4-5.

193 Cf. *Idem*. *Evolución del Contralor de Cambios en el Uruguay. Un estudio de legislación positiva*. Montevideo, s/e, 1944.

194 *Idem*. A manera de testamento. *Marcha*, Montevideo, ano XI, nº 529, 02 jun. 1950, p. 1; 5.

Cuadro, Arturo Ardao, Washington Reyes Abadie, Lincoln Bizzorero e Hugo Alfaro, cujo manifesto da comissão organizadora endossava as linhas centrais sustentadas pelo diretor daquele semanário:

> Essa marcha em direção à unificação real e histórica da América Latina pode ser iniciada de uma maneira muito modesta e prosaica: pelas uniões aduaneiras, por alguma tímida planificação de algumas indústrias complementares, pela criação de um banco, por qualquer outra coisa. Contudo, o primeiro e mais importante é a atitude espiritual e política com que se façam as coisas. Positivamente, adotar essa atitude na história e experimentar tal apetência nas profundidades anímicas é desde já conquistar ou criar uma nova e suculenta liberdade.[195]

Aliás, tal movimento buscou vincular-se à paternidade de Rodó, ao citar, em primeira página, duas passagens em que ele entrevia os perigos da ascensão norte-americana e proclamava a formação da "pátria única", em 1914 e 1916. Em outras palavras, o movimento para a união da América Latina argumentou que Rodó, "para além de *Ariel*", mantinha a sua vitalidade, uma vez que "traído, mais do que esquecido por gerações que se formaram à sombra de seu pensamento, teve do imediato porvir de nossos países uma clarividente consciência, que nas difíceis horas atuais reconforta e ilumina".[196]

No ano seguinte, em abril de 1948, foi organizada a IX Conferência Pan-americana em Bogotá, marcada internamente pela decisão conjunta de se criar a OEA, ao passo que nas ruas da capital colombiana, dentre outras cidades, a população se mobilizava para protestar contra o assassinato de Jorge Eliécer Gaitán, líder popular do Partido Liberal. O movimento, conhecido como *Bogotazo*, demarcou uma inflexão no

195 Contra la penetración imperialista. *Marcha*, Montevideo, ano IX, nº 391, 8 ago. 1947, p. 8-9.

196 Profecía y testamento de Rodó. *Marcha*, Montevideo, ano IX, nº 391, 08 ago. 1947, p. 1.

jogo político colombiano, até então caracterizado pelas disputas eleitorais entre liberais e conservadores.

Marcha, entre abril e junho daquele ano, enfatizou em suas páginas o "drama de Bogotá" e Quijano assinalou que a OEA havia nascido maculada pelo assassinato de Gaitán,[197] bem como desestimulou as opiniões favoráveis de alguns intelectuais e políticos das Américas a respeito de uma possível transformação das relações entre seus países a partir da substituição do pan-americanismo pelo interamericanismo. Para Quijano, foram cunhados outros termos, mas a "filosofia política" se mantinha idêntica:

> Busca-se dar um sentido político a essa mudança de vocábulo. O próprio Haya de la Torre, já velho nestas horas para se amparar na ingenuidade, prestou-se a justificá-lo desse modo: "Pan-americanismo infere tutoria, patronato, que quer dizer desequilíbrio... Interamericanismo expressa relação em igualdade de condições, coordenação e equidade".[198]

Com a censura de Quijano ao interamericanismo da OEA, deixamos o contexto do imediato pós-guerra e nos trasladamos para meados da década de 1950, período em que tanto o processo revolucionário guatemalteco (1944-1954) quanto o boliviano (1952-1964) emergiram como exemplos a seguir entre os países latino-americanos, com suas políticas de reforma agrária e de nacionalização das riquezas minerais, como destacou o editorial de *Marcha*, publicado em 30 de outubro de 1953.[199]

---

197 QUIJANO, Carlos. Más allá del drama de Bogotá. *Marcha*, Montevideo, ano X, nº 424, 16 abr. 1948, p. 1. Ver também: *Idem*. En las huellas del fascismo. *Marcha*, Montevideo, ano X, nº 425, 23 abr. 1948, p. 1.

198 *Idem*. Panamericanismo e Interamericanismo. *Marcha*, Montevideo, ano X, nº 429, 21 maio 1948, p. 1.

199 Cf. Guatemala y Bolivia. *Marcha*, Montevideo, ano XV, nº 694, 30 out. 1953, p. 5.

Particularmente em 1954, o caso do país centro-americano tornou-se gradativamente mais dramático e, mesmo antes do desembarque de tropas estadunidenses nas costas guatemaltecas, em abril, *Marcha* publicou diversos textos em destaque, que denunciavam a existência de uma "conspiração" contra a Guatemala, tais como cartas de leitores, dos representantes diplomáticos residentes no Uruguai, de colaboradores internacionais, a exemplo do norte-americano Waldo Frank e do argentino Alfredo Palacios, além de seus próprios redatores.

Em junho, Quijano publicou um importante editorial, em que analisou as ações dos Estados Unidos no denominado "mediterrâneo americano", por meio da metáfora da luta entre um boxeador e um bebê, e recebeu uma carta de apoio de Miguel Ángel Asturias devido à sua defesa da soberania guatemalteca.[200] No último número de *Marcha* daquele ano, Julio Castro canalizou e expressou a opinião dos seus redatores e parte de seus leitores, ao concluir que a América Latina via a "liquidação da Boa Vizinhança", o que diminuía as possibilidades de dialogar com os Estados Unidos ou com o governo norte-americano a partir de então.[201]

Além da Guatemala e da Bolívia, a Argentina e o Brasil também receberam especial tratamento nas páginas de *Marcha*. Em linhas bem gerais, desde a particular independência do Uruguai, conquistada durante a segunda metade da década de 1820, após as longas disputas pelo território da Banda Oriental, os orientais (posteriormente uruguaios) compreenderam que seu porvir dificilmente seria traçado de forma alheia aos seus vizinhos.

Ao longo de todo o século XIX, foram bastante frequentes as intervenções dos dois vizinhos na política interna e externa uruguaia,

---

200 Cf. QUIJANO, Carlos. El boxeador y el niño de pecho. *Marcha*, Montevideo, ano XV, nº 723, 11 jun. 1954, p. 1; 4. Ver também: *Idem*. La hora del destino. *Marcha*, Montevideo, ano XV, nº 725, 25 jun. 1954, p. 1.

201 CASTRO, Julio. Un continente que no encuentra su destino. *Marcha*, Montevideo, ano XV, nº 747, 31 dez. 1954, p. 10-11.

bem como os canais de diálogo entre tais países quase sempre esteve aberto, acima de tudo em relação aos argentinos, que muitas vezes padeceram o exílio em solo oriental, até a definitiva consolidação da República Argentina, na segunda metade daquele século, país com o qual o Uruguai compartia similares características culturais, socioeconômicas e políticas.

Se bem que os olhares dos uruguaios sobre os seus vizinhos realçaram, sem distinções, o perigo de estar circundado por dois "gigantes", a Argentina aparecia mais habitualmente como um país aliado aos interesses soberanos do Uruguai, ao passo que abundavam as desconfianças a respeito do vizinho monárquico.[202]

Durante as duas primeiras décadas do século XX, é possível observar uma clara inflexão em tais visões. Se, por um lado, a assinatura do Tratado de Retificação de Limites entre o Brasil e o Uruguai, em 1909, que permitia aos uruguaios a livre navegação na Lagoa Mirim e no Rio Jaguarão, bem como do Tratado de Fixação, Liquidação e Aplicação da dívida com o Brasil, em 1914, propiciou a proliferação de considerações favoráveis ao vizinho do norte, por outro, iniciaram-se algumas tensões com a Argentina, acima de tudo devido à polêmica sobre a navegação no Rio da Prata, entre 1907 e 1910. Os uruguaios sentiram-se ameaçados pelas restritivas medidas tomadas pela Argentina, que chegou – por meio de parte da imprensa e dos representantes diplomáticos – até mesmo a declarar que os limites fronteiriços entre os dois países deveriam ser a areias uruguaias.[203] No entanto, as reservas em relação às medidas governamentais argentinas não estremeceram as bases de um profundo

---

202 Somente a título de exemplo, ver as imagens sobre a Argentina e o Brasil divulgadas por Juan Zorrilla de San Martín, considerado o poeta da pátria, em *La leyenda patria* (1879).

203 Ver: BRANCATO, Sandra M. L. Relações Internacionais no Prata. In: REICHEL, Heloísa Jochims & GUTFREIND, Ieda (orgs.). *América Platina e historiografia*. São Leopoldo: Programa de Pós-Graduação em História – Unisinos, 1996, p. 204-214.

e habitual diálogo entre os intelectuais das duas margens do Prata, com suas mediações culturais e negociações.

Nesse sentido, é compreensível o alinhamento oficial do Uruguai ao Brasil e aos Estados Unidos, em seu amparo ao pan-americanismo, durante toda a primeira metade do século XX, como destacou Dante Turcati,[204] ainda que os governos uruguaios habitualmente tenham buscado concertar boas relações com a Argentina, as quais se agravaram novamente durante os dois primeiros mandatos de Perón, de 1946 a 1955.

Impossibilitados de nos ater aos seus pormenores, gostaríamos de anotar que, a partir dos anos 1930, a ideia de que o futuro do Uruguai estaria entrelaçado ao de seus vizinhos ganhou especial destaque, como rotineiramente realçaram Quijano, Frugoni e Antuña.

No entanto, somente Quijano e Antuña dedicaram maior atenção ao Brasil e demonstraram ampliar suas sociabilidades intelectuais e políticas em direção ao nosso país, evidentemente por caminhos bem distintos. Somente para citar alguns exemplos, enquanto Antuña assinalou que era bom amigo de Ronald de Carvalho e capitaneou uma missão cultural enviada pelo governo de Terra ao Brasil de Vargas, em *Acción* e em *Marcha*, foram publicados vários textos de exilados brasileiros contra aquele governo, a favor da Aliança Libertadora Nacional e de Luís Carlos Prestes, em apoio a Francisco Julião e ao governo de João Goulart, além de artigos dos novos exilados após o golpe de 1964, dentre outros textos que enfocavam as transformações do Brasil.

Antes, porém, de mapear resumidamente as principais questões levantadas sobre a América Latina durante os anos 1960, principalmente, por Quijano e Frugoni – marcadas pela discussão a respeito das possibilidades de seguir os caminhos traçados pela Revolução Cubana em outros meridianos, bem como, entre 1961 e 1964, pela ascensão do governo de João Goulart –, gostaríamos de citar a

---

204 TURCATI, Dante. *El equilíbrio difícil. Política exterior del batllismo*. Montevideo: Arca Editorial, 1981.

conclusão que o diretor de *Marcha* teceu sobre o presente e o porvir da América Latina no final de 1959. Após enfocar os "dourados" anos 1950 norte-americanos e europeus, a consolidação da Guerra Fria e a ascensão do denominado "Terceiro Mundo", Quijano não conseguiu entrever um horizonte fecundo, pelo menos no futuro mais próximo, para a América Latina. Vale ressaltar que o Uruguai iniciara aquela década envolvido em um importante ciclo de crescimento econômico e implementara outra vez o Colegiado, mas terminou permeado por vários problemas e viu o Partido Nacional vencer as eleições presidenciais, depois de 93 anos.

> Nossa América marcha com atraso. Na década que se vai, conhecemos, entre outras, a Revolução Boliviana, de incerto destino; a intervenção criminosa na Guatemala; a queda de Perón – outro que se pensava imortal; a traição sem precedentes de Frondizi; a ainda caótica Revolução Cubana. Tudo isso, desde a traição até o crime, responde, no entanto, à mesma sina. O presente desmorona-se e exala mau cheiro. Não, este não pode ser o mundo no qual estejamos condenados a viver para sempre, sem redenção e sem esperança.
>
> América, nossa América, está buscando de forma incerta e atribulada o seu caminho, distante de já ter adquirido consciência de suas necessidades e possibilidades, submetida, como está, por razões geográficas, à influência avassaladora, perturbadora e também corruptora de seu grande vizinho.[205]

A áspera visão de Quijano foi engendrada no período em que ele buscava concertar com Frugoni uma aliança entre as esquerdas uruguaias em prol de medidas democráticas e transformadoras e convergiu com o artigo que o líder socialista publicou tanto no Uruguai quanto

---

205 QUIJANO, Carlos. Fin de una década. *Marcha*, Montevideo, ano XXI, nº 992, 31 dez. 1959, p. 4.

na Costa Rica, naquele mesmo ano, intitulado *Meditación americanista*, em que assinalou os imperativos comuns das nações latino-americanas:

> Países em formação, de economia subdesenvolvida, como se começou a dizer, em maior ou menor grau de incipiência, a despeito do volume de sua produção natural e dos tesouros de arcaica cultura que vários entre eles guardam nesse estupendo reservatório aberto ao assombro universal, que são as maravilhosas ruínas de civilizações imensamente ricas para seu tempo de oito séculos atrás. Países estancados e, às vezes, em retrocesso, que sentem saudades dos extintos esplendores de uma perdida grandeza, nunca isenta – claro que não – dos contrastes oferecidos nos tempos da Colônia pela prepotência e cobiça dos *encomenderos*, pelo generoso parasitismo dos fidalgos e senhorios da alta burocracia civil, pela arrogância insolente dos militares, pela *abrumadora* preponderância do clero, com a miséria e opressão em que se mantinham os indígenas ou zambos e os negros escravos.[206]

Frugoni, ao reafirmar que a América Latina era uma terra de profundo entrecruzamento de povos e que possuía uma missão histórica a desempenhar, concluiu que durante a segunda metade da década de 1950 seus novos rumos começaram a ser desenhados, com o fim das ditaduras na Argentina, Colômbia, Venezuela e Cuba, os quais não deveriam ser nem a associação norte-americana entre o homem público e o homem de negócios, nem – ao citar Sartre – a "putrefação soviética da revolução social".[207]

---

206 FRUGONI, Emilio. *Meditación americanista*. Montevideo: Comité Uruguayo del Congreso por la Libertad de la Cultura, 1959, p. 14-15. O título do artigo publicado na edição de maio-junho da revista costa-riquenha *Combate* foi *Meditación política sobre Latinoamérica*.

207 *Ibidem*, p. 28.

Em suma, Quijano e Frugoni traduziram as principais inquietações de uma parte significativa dos intelectuais de esquerda uruguaios e latino-americanos, situados no centro das discussões a respeito dos novos caminhos a seguir, entre a crescente influência norte-americana e o alinhamento europeu, as referências revolucionárias soviéticas e chinesas, além dos novos ventos que começaram a soprar com a realização da Conferência de Bandung, em 1955. Suas respostas foram entrecruzadas e insistiram sobre a necessidade dos uruguaios e demais latino-americanos de traçar trajetórias próprias e conjuntas.

Nesse sentido, a Revolução Cubana, como também o governo de Goulart, tornaram-se referências obrigatórias em suas agendas, que habitualmente sublinhavam a necessidade de uma intensa reestruturação do Uruguai, inicialmente veiculada pela reforma agrária, mas também, como vimos nos capítulos anteriores, pela formação de públicos leitores e de homens públicos orientados por ideais republicanos e democráticos.

Os anos 60 iniciaram-se, no Uruguai, com uma viva discussão acerca de tais questões e a fórmula de Quijano canalizou a opinião de uma expressiva porção dos debatedores: "Voltar ao campo para reconstruir o país. A reforma agrária é o eixo em torno do qual gira a reforma do país, o ponto de partida para recuperá-lo e recuperar-nos". Para Quijano, tal projeto deveria incluir, além das medidas básicas de repartição adequada das terras e contínua assistência técnica, a nacionalização do comércio de fertilizantes e sementes, a "organização dos serviços nacionais de maquinaria agrícola", o investimento maciço na formação de agrônomos, veterinários e laboratórios de pesquisa, e a reorganização da industrialização dos produtos agropecuários.[208]

Entretanto, Quijano propunha que a realização de qualquer processo de reforma agrária no Uruguai não poderia ser realizado às pressas porque corria o risco de destruir os seus principais mananciais de

---

208 QUIJANO, Carlos. Volver al campo para reconstruir al país (Resumen y conclusiones). *Marcha*, Montevideo, ano XXII, nº 1056, 05 maio 1961, p. 4-5.

sustentação até aquele período. Diante disso, Quijano destacou que desarticular rapidamente a produção pecuária do Uruguai, sua "galinha dos ovos de ouro", levaria o país à bancarrota. Para ele, a solução mais viável seria implementar uma equilibrada, paulatina e profunda transformação da estrutura fundiária do país, mediante a formação de colônias agrícolas, bem como, a exemplo de Cuba, pelo emprego de maior quantidade de trabalhadores rurais nas principais atividades econômicas.[209]

Além disso, o Uruguai entrava na década de 60 envolvido em uma significativa crise socioeconômica e identitária, que se acentuava desde o final do "decênio glorioso neobatllista" (1945-1955), traduzida e alimentada gradativamente pela produção ensaística. No entanto, o clima ainda não estava marcado pelo ceticismo, desencanto e disputas violentas do final dos anos 1960, como veremos mais adiante, e Quijano, em seu famoso editorial *Rebeldes con causa*, reafirmava a necessidade da atuação política dos intelectuais e, acima de tudo, dos jovens para orientar as mudanças do cenário uruguaio, "buscar o país", "reencontrá-lo" e "reconstruí-lo".[210]

Se desde antes do triunfo da revolução, em 1959, *Marcha* já começava a noticiar os passos dados em direção à "libertação" de Cuba[211] – que os leitores liam simultaneamente à publicação de textos a favor da luta pela independência de Porto Rico[212] –, a partir de 1960 Cuba passou a ganhar maior espaço em suas páginas, acima de tudo entre

---

209 *Idem*. El diagnóstico y la terapéutica. Estructura de la ganadería y desarrollo económico. In: *La reforma agraria en el Uruguay* [1963]. 2ª ed. Montevideo: Biblioteca de Marcha, Nuevo Mundo, 1986, p. 72 (originalmente publicado em *Marcha*, Montevideo, ano XXII, nº 1050, 17 mar. 1961).

210 *Idem*. ¿Qué hacer? Rebeldes con causa. *Marcha*, Montevideo, ano XXII, nº 1042, 13 jan. 1961, p. 4.

211 Cuba en el filo de la liberación. *Marcha*, Montevideo, ano XIX, nº 903, 14 mar. 1958, p. 1, 4.

212 Ver: TRIVERI, Edgard. El drama de Puerto Rico. *Marcha*, Montevideo, ano XIX, nº 890, 29 nov. 1957, p. 16-18; CASTRO, Julio. Martirio de Albizu Campos. *Marcha*, Montevideo, ano XXI, nº 989, 11 dez. 1959, p. 24. Para as lutas pela emancipação de

1961 e 1964, quando as ações norte-americanas contra o movimento revolucionário da ilha caribenha tornaram-se mais ofensivas.

No dia 21 de abril de 1961, a primeira página de *Marcha* convocava seus leitores a participar de uma manifestação, encabeçada por Quijano, Luis P. Bonavita, Mario Cassinoni e Luis Gil Salguero, contra a intervenção norte-americana em Cuba.[213] No número seguinte, Quijano publicou o editorial *La Revolución de la creciente esperanza* e, em destaque nas páginas centrais do semanário, foi publicado um texto de Sartre a favor da soberania cubana, contra a tentativa de invasão norte-americana à Playa Girón.[214]

No final daquele ano, após o famoso discurso pronunciado por Fidel Castro, pelo qual anunciou a sua adesão ao marxismo-leninismo, Quijano publicou em *Marcha* uma extensa crítica ao líder cubano, classificando-a de infecunda e até mesmo anacrônica, fundamentalmente porque, com tal medida, segundo o redator de *Marcha*, Fidel Castro submetia Cuba ao jogo dos imperialismos e perdia a oportunidade de responder às demandas mais inerentes da América Latina. Para Quijano, o líder cubano contribuía, dessa forma, para a exacerbação tanto das políticas intervencionistas sustentadas pelos Estados Unidos quanto do clima de perseguição aos movimentos transformadores no interior dos países latino-americanos. Contudo, Quijano corroborou seu apoio à revolução:

> No vasto devir histórico, por cima dos homens, tão vácuos em algumas ocasiões, sempre tão vaidosos, estão os povos, está a terra, está o misterioso fio condutor que leva das entranhas da angústia, sempre mais longe, sempre mais

---

Porto Rico, ver: BAGGIO, Kátia Gerab. *A questão nacional em Porto Rico: o Partido Nacionalista (1922-1954)*. São Paulo: Fapesp/Annablume, 1998.

213 Contra la intervención en Cuba. *Marcha*, Montevideo, ano XXII, nº 1054, 21 abr. 1961, p. 1.

214 Cf. SARTRE, Jean-Paul. Si Cuba es aplastada, no existe soberanía. *Marcha*, Montevideo, ano XXII, nº 1055, 28 abr. 1961, p. 12-14.

> longe [sic], em direção à terra prometida, nunca alcançada. Navegar é preciso, viver não é preciso, como dizia a altiva divisa. No contexto geral da história de nosso continente, a Revolução Cubana, com seus erros, com suas torpezas, com suas crueldades, é uma etapa fundamental. Mortos os homens, caladas as paixões, dela sobreviverá o autêntico. Por isso, atualmente, sem tirar nem colocar ponto ou vírgula a tudo o que dissemos, reiteramos nosso apoio à grande empresa libertadora que se colocou em marcha. Também repetimos, e pela centésima vez, que o cerne de nossa fé é o anti-imperialismo.[215]

Esse editorial, publicado no dia 8 de dezembro, teve ampla repercussão, e Quijano asseverou que em uma semana havia recebido uma quantidade significativa de cartas, nem todas de protesto contra suas opiniões. Além disso, ainda segundo Quijano, o diário *El Popular*, editado pelo Partido Comunista do Uruguai, teceu várias críticas ao seu texto, dedicando-lhe dois editoriais, aos quais Quijano buscou responder, reafirmando boa parte de suas reflexões anteriores.[216]

Em diálogo aberto e convergente com Quijano, Frugoni enviou-lhe uma carta, que foi publicada nas páginas centrais de *Marcha*. Apesar de estimar o papel central desempenhado por Fidel Castro, Frugoni criticou a aliança de Cuba com a União Soviética, as medidas adotadas pelo Partido Único de Cuba e, acima de tudo, os "totalitarismos de esquerda" que, a seu ver, espreitavam e asfixiavam as demais correntes marxistas:

> Ficamos satisfeitos e agradecidos ao coincidir com ele [Quijano] em considerações que havíamos formulado

215 QUIJANO, Carlos. Las declaraciones de Fidel Castro. *Marcha*, Montevideo, ano XXIII, nº 1087, 08 dez. 1961, p. 5-6.

216 *Idem*. Digamos nuestro mensaje. *Marcha*, Montevideo, ano XXIII, nº 1088, 15 dez. 1961, p. 5.

durante os começos do ardoroso debate em torno das drásticas medidas de repressão, bem como das manobras e táticas de política internacional adotadas pelo governo revolucionário.

Era respeitável sua forçada decisão de consolidar-se no poder, ainda que fosse ao preço de aceitar as consequências de uma aliança com a União Soviética, para cumprir o destino de uma revolução de amplas e profundas projeções de justiça social, salvando dos embates reacionários os seus primeiros frutos.

[...] À ação funesta do imperialismo de *Wall Street* e do Pentágono, que sob as pregas da bandeira de guerra da "livre empresa" mantém e estendem a influência diretriz da garra plutocrática, essa crescente vinculação com a máxima potência totalitária, proclamada a gritos no detonante discurso, agrega em certos instantes um fator que pode ser na América mais de truculência e revolta que de revolução de emancipação, fundamentalmente, quando, assim, não se aproxima o momento de robustecer os direitos políticos do cidadão em amplas formas de democracia representativa.[217]

Frugoni enfatizava suas reservas em relação "às cartilhas do aprendiz de guerrilheiro" e às possibilidades de êxito da "improvisação" de revoluções nos demais países latino-americanos "sem *Sierra Maestra*" e que viviam em contextos distintos, como o Uruguai:

Internar-nos na revolta armada seria retroceder. Como foi difícil para nosso povo superar a era das reivindicações armadas! Não cometamos a loucura de trazê-las de volta, ainda que seja por outros caminhos e com outras bandeiras.

---

217 FRUGONI, Emilio. Emilio Frugoni y la Revolución Cubana. *Marcha*, Montevideo, ano XXIII, nº 1088, 15 dez. 1961, p. 15.

> Que o Uruguai se mantenha distante das subversões e ditaduras de que não estão curados outros povos da Hispano-América!
>
> Aqueles marxistas que não adulteramos a Marx, sabemos que não é científico improvisar 'ditaduras do proletariado', sem que exista a consciência de classe trabalhadora, que em países onde as vias da democracia política permanecem abertas, não as necessitam. Além disso, sem consciência proletária, essa ditadura seria o ensopado de lebre sem lebre.[218]

Frugoni reafirmava alguns aspectos da excepcionalidade uruguaia? Recorria a um repertório de imagens sobre a América Hispânica, como citou, ou Latina que na maior parte das vezes acentuava seus defeitos? Ou suas críticas também estavam permeadas pelas desavenças que marcava sua trajetória política recente no Uruguai, tanto no clima de disputas geracionais dentro do Partido Socialista quanto dos embates contra os comunistas, que preconizavam estratégias desestimadas por Frugoni? Percebia que o futuro se mostrava sombrio para o Uruguai, que não conseguia manter os índices de crescimento econômico da década anterior? Acreditamos que de tudo isso um pouco.

No número seguinte, Quijano voltou a reafirmar suas posições, endossou o conteúdo do texto de Frugoni anteriormente publicado, sublinhou que Cuba, ao alinhar-se à União Soviética, desperdiçava a oportunidade de fomentar "autênticas possibilidades criadoras" e argumentou que o caminho para os países latino-americanos era a "revolução socialista" e a formação bem planificada de um mercado comum em toda a região.[219]

---

218 *Ibidem*, p. 16.

219 QUIJANO, Carlos. Siempre por el mismo camino. *Marcha*, Montevideo, ano XXIII, nº 1089, p. 5-6.

Tal debate ganhou especial realce no Uruguai devido à realização de duas Conferências Interamericanas em Punta del Este, em julho de 1961 e janeiro de 1962. Che Guevara participou da Conferência em julho, representando Cuba, e não deixou de assinalar que tanto o Uruguai quanto o Chile ainda poderiam ser transformados por vias legais, o que, como destacou Eduardo Rey Tristán, não desestimulou a formação de grupos de esquerda revolucionários no Uruguai, que tiveram, por outro lado, que inovar suas ações, devido à inviabilidade da realização da guerrilha rural no país, além de adaptar a prática do foquismo em suas atividades.[220] Durante a Conferência de janeiro, por sua vez, a principal discussão girou em torno da proposta de exclusão de Cuba da OEA, com profundas divergências entre os países participantes, mas que terminou com a decisão por sua exclusão.[221]

Os redatores de *Marcha* reiteraram seu apoio a Cuba, censuraram o enquadramento do debate em torno da bipolarização entre, de um lado, a democracia, de outro, o comunismo e a "solidariedade ou aliança com o bloco soviético", e reafirmaram que os países latino-americanos não deveriam jogar o jogo dos Estados Unidos e da União Soviética.[222]

Além disso, *Marcha* abriu outros canais de debate acerca da política internacional nas Américas, ao convidar seus leitores para participar de uma mesa-redonda, em suas instalações, sobre "não

---

220 Cf. REY TRISTÁN, Eduardo. *A la vuelta de la esquina: la izquierda revolucionaria uruguaya, 1955-1973*. Montevideo: Fin de Siglo, 2006. Sobre o foquismo, consultar: AGGIO, Alberto. Repensando o sentido da rebeldia na Revolução Cubana. *Estudos de História* - Revista do Curso de Pós-Graduação em História, Unesp-Franca, vol. 7, nº 2, 2000, p. 215-229; TOURAINE, Alain. Fidel Castro e o foquismo. In: *Palavra e Sangue: política e sociedade na América Latina*. São Paulo: Trajetória Cultura; Campinas: Editora da Unicamp, 1989, p. 389-404.

221 Os principais opositores a tal medida foram Argentina, Bolívia, Brasil, Chile, Equador e México. O Uruguai tampouco rompeu relações diplomáticas com Cuba até 1964.

222 En el umbral de la Conferencia. *Marcha*, Montevideo, ano XXIII, nº 1091, 12 jan. 1962, p. 5.

intervenção e autodeterminação", e ao articular-se à propaganda radiofônica a favor de Cuba.[223] A mesa-redonda, composta por Miguel Ángel Asturias, Francisco Espínola, José Pedro Cardoso, Carlos Real de Azúa, Julio Castro e Quijano somava-se à realização de um concurso internacional para a eleição do melhor romance, "de tema latino-americano", e melhor ensaio, cujo tópico era "O subdesenvolvimento na América Latina". Os juízes participantes de cada concurso foram: Ángel Rama, David Viñas e Augusto Roa Bastos, para a escolha do melhor romance, e Carlos Quijano, José Luis Romero e Eduardo Albertal, para o melhor ensaio.[224]

Por seu turno, José Antuña iniciava a década de 1960 distante do debate público direto a respeito de Cuba. Reafirmou uma vez mais seu hispanismo ao tratar de *Cervantes y el Quijote en tierras de América*. Mas engana-se o leitor que imagina um Antuña que se enveredava por caminhos que buscassem tratar de forma mais profunda sobre uma história do livro e das edições da obra cervantina, como foi realizada posteriormente por alguns historiadores. Ele chegou a mencionar que a obra fora lida de forma concomitante na América e na Espanha, em 1605. Afirmou também que Cervantes não precisou colocar os pés na América espanhola para difundir o "sentido hispânico de justiça, o sentido humano de tolerância e o sentido cristão de caridade". Em tempos de grandes transformações e de debates acerca do lugar das ações revolucionárias em diversos países da América Latina, Antuña reafirmava os laços com a Espanha franquista e sustentava que a

---

223 *Marcha* publicou diversos anúncios do programa *Radioperiódico con Cuba*, organizado pelo Comitê Nacional Coordenador do Apoio à Revolução Cubana, transmitido pela Rádio Nacional, com notícias, comentários e difusão da música cubana entre os uruguaios. Cf. Radioperiódico con Cuba. *Marcha*, Montevideo, ano XXIV, nº 1147, 03 mar. 1963, p. 13.

224 Concurso internacional de *Marcha*. *Marcha*, Montevideo, ano XXIII, nº 1101, 30 març. 1962, p. 28.

América havia sido "uma verdadeira quixotada", desde a conquista até a sua emancipação política.[225]

Antuña afirmou que pelas páginas de Cervantes passou a América das crônicas de conquista do Peru, de Zárate e de *La Araucana* de Alonso de Ercilla. "Passam por suas páginas [...] o indiano (sic), o *criollo*, o ouro de Potosí, os feiticeiros indígenas, as pedras bezoares e os conquistadores. Pizarro e Orellana. E pelo próprio Quixote o cortesíssimo Cortés". Para Antuña, a América buscava escutar "o apelo de seu próprio espírito nesta época definida por Ortega em *La rebelión de las masas*, época que acredita ser mais que as outras, e paralelamente se sente como um começo, sem estar segura de ser uma agonia".[226]

Para o intelectual conservador, a América foi uma ilusão ou uma utopia, "porque antes de ser uma região geográfica reconhecida, era um desejo urgente e uma necessidade poética dos povos". Portanto, no seu entender, a América fora uma "concepção quixotesca [...], uma loucura de um ideal façanhoso que seria dito crepitante no numen do Engenhoso Fidalgo Miguel de Cervantes Saavedra. E hoje é a América o nome da esperança humana".[227]

Qual América, é adequado perguntar? A que tentara associar ao hispanismo da conquista? A de personagens, como os libertadores que Antuña tratava por espanhóis? Ao mexicano Alfonso Reyes, que Antuña também afirmava ser espanhol? Ou a América que se forjava em países que tentavam promover profundas mudanças, como Cuba, Guatemala e Bolívia?

Mais provável era a América com que sonhava Antuña: europeizada, católica, tradicionalista, castiça, talvez heroica. Uma América unida pelo idioma, como assinalou em um congresso de filologia em Bogotá, em 1960, "para manter a disciplina gramatical e estética às finalidades da

225 ANTUÑA, José. *Cervantes y el Quijote en tierras de América*. Madri: s/e, 1960, p. 6-20.

226 *Ibidem*, p. 25.

227 *Ibidem*, p. 31.

educação literária. Para conjurar os alarmantes problemas do cosmopolitismo platino", ainda que incorporasse os aportes hispano-americanos.[228]

A visão de Antuña caminhava na contramão dos debates que a Revolução Cubana havia estimulado em toda a América Latina, em sua ênfase em traçar e pavimentar novos caminhos para as coletividades tanto de Cuba quanto posteriormente de outros países, com um claro desejo nacionalista e anti-imperialista.

Articulado ao debate sobre Cuba, o Brasil governado por João Goulart foi visto pelos redatores de *Marcha* como o palco da edificação dos destinos latino-americanos ou, pelo menos, de seus países vizinhos mais próximos:

> O Brasil não é Cuba para a América Latina inteira. Não é Cuba para nós uruguaios. Tudo o que ocorreu e ocorrerá terá fatalmente, ainda que por algum tempo se dissimule, uma extraordinária repercussão em nosso continente.
>
> [...] A guerra civil no Brasil pode representar a guerra civil em toda a América, uma *Sierra Maestra* continental. Nessa guerra entraremos todos, em primeiro lugar os Estados Unidos, que não pode se resignar em perder a retaguarda.[229]

Para Quijano, os acontecimentos do Brasil deveriam ser acompanhados de perto pelos uruguaios e outros países sul-americanos e, a seu ver, eram mais decisivos do que Cuba. Além disso, ao traçar um paralelo histórico entre a Revolução Farroupilha e o governo

228 *Idem*. La unidad del idioma y la necesaria colaboración de América. In: *Tercer Congreso de Academias de la Lengua Española*, Bogotá, 1961, p. 444.

229 QUIJANO, Carlos. La otra revolución de los farrapos. *Marcha*, Montevideo, ano XXII, nº 1073, 01 set. 1961, p. 5-6. Importa ressaltar que a primeira página daquele exemplar estampava o seguinte título: *Nuestra América con Goulart*. Ver também a edição seguinte dedicada ao Brasil, com o editorial *En el medio del túnel* de Quijano.

do gaúcho Goulart, Quijano temia que uma possível guerra civil no Brasil representasse uma guerra entre as Américas ou entre os setores reformistas e revolucionários latino-americanos contra aqueles grupos que possuíam o apoio dos Estados Unidos. Além disso, ao mencionar a possível perda da retaguarda, Quijano aludia a interpretações tecidas anteriormente de que o Brasil representava o "soldado" norte-americano na América do Sul. Assim, era preciso estar atento para os acontecimentos do nosso país.

Em 1964, a queda de Goulart e uma nova reunião de representantes diplomáticos, convocada pela Venezuela para decretar um ultimato para o rompimento de relações dos países latino-americanos com Cuba, permitiram que Quijano e Frugoni percebessem que os horizontes uruguaios e latino-americanos se agravariam paulatinamente, e que o momento era de reafirmação das responsabilidades individuais e coletivas.[230]

Desde março de 1964, *Marcha* dedicava um espaço de destaque para o Brasil, e Julio Castro publicou o artigo "El pueblo impone la revolución. Las reformas de base de Jango Goulart", pelo qual expressava uma das imagens divulgadas sobre o Brasil e que foi construída, em certa medida, pela própria intelectualidade e historiografia oficial brasileiras:

> Sem dúvida, o Brasil tem representado na América Latina a maior expressão de equilíbrio e flexibilidade política. Passou da Colônia à Independência – por obra da sagacidade de seus diplomatas – sem violência e sem sangue. Mais tarde, transformou-se de Império em República, outra vez sem lutas armadas. Seus governos republicanos oscilaram de um a outro setor oligárquico – baianos, paulistas, mineiros – sem que, por isso, a paz interna fosse alterada, para além de convulsões de tipo local.

230 Cf. *Idem*. La victoria que nos espera. *Marcha*, Montevideo, ano XXV, nº 1073, 10 abr. 1964, p. 5. A primeira página de *Marcha* publicou o artigo *La derrota del Brasil* e expôs uma foto de Lacerda, classificado como o "agente da infâmia".

> Não obstante, por baixo dessa capacidade para a composição e o acordo político, mantém-se uma permanente tensão popular. Esta explodiu durante a Revolução dos Farrapos (1835) e, quase um século depois, na guerra de 23, que terminou com a odisseia da Coluna Prestes, na Revolução de 30, que levou Vargas ao poder, e, por último, durante o abortado levante da Aliança Nacional Libertadora, em 1935.[231]

Todos os exemplares de abril enfocaram o Brasil, ao publicar artigos de opinião e algumas charges. No dia 17 de abril de 1964, *Marcha* editou uma segunda seção de 16 páginas dedicada ao Brasil, encabeçada pela entrevista que Julio Castro fez a Goulart. O ex-presidente estava exilado em Solymar, um balneário localizado nas cercanias da capital uruguaia, e endossou as opiniões emitidas pelo semanário:

> Que lhes direi que não saibam? Li os últimos números de *Marcha* e posso lhe assegurar que estão tão informados como eu. O artigo em que se comentou meu discurso no parlamento expõe a situação com total nitidez. Lido agora, ilumina os acontecimentos posteriores. Da mesma maneira que os últimos, que denunciam o jogo de forças que neste momento prevalecem em meu país.
>
> [...] Leio o seu semanário. Admira-me a informação que traz. Nas coisas do Brasil, repito-lhe que demonstram saber tanto como eu. Rogo-lhe – diz-me – que explicite essa minha admiração ao Dr. Quijano. Já pedi ao amigo Mintegui que, quando se tranqüilize o clima que nos rodeia, me leve a visitá-lo. Eu quero ir à sua casa, para apresentar meus cumprimentos. Admira-me, acima de tudo, a continuidade com que vocês têm mantido essa linha de

231 CASTRO, Julio. El pueblo impone la revolución. *Marcha*, Montevideo, ano XXV, nº 1198, 20 mar. 1964, p. 9.

> defesa da nacionalidade e da luta anti-imperialista. Essa linha é a nossa. A causa de vocês é a nossa causa.[232]

Eduardo Galeano, autor de *As veias abertas da América Latina* e redator de *Marcha* durante os anos 1960, viajou ao Brasil em maio de 64 e entrevistou, entre outros, Leonel Brizola e Darcy Ribeiro. Antes, porém, Francisco Julião enviou a Galeano um manifesto contra o governo militar, que foi publicado em *Marcha*.[233]

Em relação às ações contra o governo revolucionário cubano, particularmente a decisão dos representantes dos países americanos reunidos em Washington, em julho de 1964, de efetivar o completo rompimento de relações diplomáticas com Cuba, Quijano e Frugoni novamente coincidiram em reprovar aquela reunião.[234]

Naquele mesmo número, Frugoni publicou dois textos em que condenava qualquer rompimento de relações com Cuba e afirmava que a causa do país caribenho era a causa da América Latina, ainda que coubessem algumas discrepâncias a respeito da fórmula do partido único ou do alinhamento de Fidel Castro ao marxismo-leninismo:

> Como socialista que aspira a uma fraternidade internacional, que, abarcando a todas as nações, abrace solidariamente a todos os homens, no transcurso de minha vida pública, *sempre tive o cuidado de não contribuir, com minhas críticas ao ianquismo, a criar barreiras de ódio que pudessem injustamente incluir o povo dos Estados Unidos, generoso, fecundo e laborioso, como todos os povos do globo.*

---

232 Sólo las reformas de base darán paz al Brasil. Reportaje exclusivo a Joao Goulart. *Marcha*, Montevideo, ano XXV, nº 1201, 2ª seção, 17 abr. 1964, p. 1. Cabe assinalar que o governo uruguaio divulgou, em abril de 2008, que permitirá o acesso aos documentos que registraram o exílio de Goulart no Uruguai, durante os anos 1960.

233 Cf. Manifesto de Francisco Juliao. Un documento exclusivo de *Marcha*. *Marcha*, Montevideo, ano XXV, nº 1202, 24 abr. 1964, p. 16-18.

234 QUIJANO, Carlos. La pandilla de la OEA. *Marcha*, Montevideo, ano XXV, nº 1216, 31 jul. 1964, p. 5-6.

> Sei que os governos são mais transitórios que os povos e não deixo de lado, tampouco hoje em dia, aquela preocupação. Os fatos assumem agora uma rusticidade que obriga a empregar juízos proporcionados.
>
> [...] No entanto, creio que se o Uruguai rompesse relações diplomáticas ou interrompesse seu intercâmbio comercial com Cuba, trairia seus interesses e seus desejos, bem como contrariaria a fraternidade e convivência pacífica, que é, para os países frágeis, garantia de sobrevivência.
>
> A quarentena organizada contra Cuba é o regresso ao primitivismo nas relações internacionais. Todo o direito internacional teve sempre como objeto abrir larga via à discussão, em organismos apropriados, também por aqueles países separados pelas mais abismais diferenças. Agora se aplica a lei da selva, da violência, finalmente, da anti-história.[235]

A instigante análise de Frugoni buscava reconhecer distintas correntes de opinião política nos Estados Unidos, se bem que de forma um pouco homogênea e antagonista entre o "povo" norte-americano e o seu governo, que, a seu ver, respondia em última instância aos interesses dos altos círculos financeiros do país.[236]

Simultaneamente ao debate nas páginas de *Marcha*, houve diversas manifestações nas ruas de Montevidéu contra a ruptura com Cuba e uma multidão criticou a ação do governo uruguaio e acompanhou o representante diplomático cubano ao aeroporto internacional de Carrasco.

---

235 FRUGONI, Emilio. Mi opinión sobre las sanciones. *Marcha*, Montevideo, ano XXV, nº 1216, 31 jul. 1964, p. 8. Grifos nossos.

236 Para uma fecunda análise do debate sobre a política externa norte-americana, ver AZEVEDO, Cecília. Sob fogo cruzado: a política externa e o confronto de culturas políticas nos EUA. In: SOIHET, Rachel; BICALHO, Maria Fernanda B; GOUVÊA, Maria de Fátima S. (orgs.). *Culturas políticas: ensaios de história cultural, história política e ensino de história*. Rio de Janeiro: Mauad, 2005, p. 377-406.

O Uruguai confirmava as decisões de outros países latino-americanos, como a Argentina (1962), o Brasil (1964) e a Venezuela (1964).

Os anos 1960 caminhavam a passos ligeiros e a crise uruguaia tornava-se cada vez mais dramática. O conceito de América Latina passava a se consolidar de forma inequívoca naquela década, mas desde os anos 1920, Quijano o utilizava e tratava de delinear suas principais características. Nos anos 1930, a luta contra a ditadura de Gabriel Terra aproximou Quijano e Frugoni do contexto de outros países, o que se mostrava um importante momento de crítica ao imaginário social de excepcionalidade, que não foi completamente abandonado até a ditadura de 1973 a 1985. No entanto, Frugoni hesitou em diversos momentos em fazer representações sobre a América Latina em busca de uma definição mais precisa. Até mesmo nas páginas de *Marcha*, na primeira metade da década de 1940 os termos América Latina, ora escrito com o "l" minúsculo, e *Sudamérica,* ou até de forma provocativa *South America* conviveram e buscaram representar os países do que hoje chamamos sem grandes problemas América Latina.

Não há dúvidas de que, para além dos textos escritos, a criação da União Latino-americana na capital argentina, em 1925, estimulou a consolidação da expressão em conceito, mas a confrontação com as conferências Pan-americanas desempenharam um papel tanto ou mais decisivo na difusão da ideia latino-americanista. Outro importante passo para a sua institucionalização ocorreu com a criação da CEPAL, em Santiago, em 1948. Mas como destacou Luis Alberto Sánchez, em 1945, as discussões sobre os nomes dos povos que formavam a chamada "América Latina, América Ibérica, América Hispânica, Indo-América, Pan-América, Inter-América, Indo-América" importava menos do que abandonar as diversas visões pessimistas e preconceituosas sobre o seu lugar na história da humanidade.[237]

---

237 Cf. SÁNCHEZ, Luis Alberto. *¿Existe América Latina?* México: FCE, 1945, p. 276-277. Para uma interpretação sobre o debate de Sánchez a respeito da América Latina, consultar: PINHEIRO, Marcos Sorrilha. *Um continente possível:*

No final de 1964, Quijano procurou problematizar essa questão, ao perguntar "o que é a América Latina? Qual é o seu destino? Quais as suas possibilidades? Não há uma América Latina. Há várias. Mas todas, diversas, multiformes, como as pátrias, possuem algumas características em comum". Quijano tentava fugir das generalizações ligeiras, mas não deixava de salientar que o Uruguai e os demais países do Cone Sul se encaixavam na ideia de América Latina porque "eram subdesenvolvidos", produziam essencialmente matérias-primas ou possuíam uma incipiente industrialização. Além disso, por que tinham poucos capitais e técnicos especializados, além de possuir regiões de "infraconsumo". E concluía de forma nada otimista: "todos os povos da América Latina sofrem a presença e a ação avassaladora e asfixiante dos Estados Unidos. [...] Enquanto a descolonização sacode o mundo, a América Latina se coloniza mais e mais". Para o diretor de *Marcha*, a América Latina não podia ser nem capitalista, nem comunista, mas socialista. Um socialismo próprio criado e construído durante o processo de transformação.[238]

Vale lembrar que Quijano escrevia após os golpes de 1964 tanto no Brasil quanto no Paraguai, e o Uruguai já dava sinais de que enfrentaria uma grande crise econômica, política e social. A América Latina definida por Quijano recebia os seus contornos muito mais por aspectos econômicos e sociopolíticos do que por culturais, como dava o tom anteriormente.

Em 1965, a seca durante o verão e o outono prejudicou tanto as atividades agropecuárias quanto a produção de energia elétrica. Pouco tempo depois, o sistema bancário do país sofreu um rápido *crack* e o Uruguai se endividou para controlar a situação. Além

---

latino-americanismo no pensamento de Luis Alberto Sánchez. Dissertação de mestrado. Franca, Departamento de História, Faculdade de História, Direito e Serviço Social, Unesp, 2004.

238 QUIJANO, Carlos. La lección de Charles de Gaulle. *Marcha*, Montevideo, ano XXVI, nº 1226, 11 out. 1964, p. 5.

disso, os conflitos entre o patronato e os sindicatos se acentuavam, e o *Movimiento de Liberación Nacional – Tupamaros* iniciou suas ações em público. Assim, 1965 ficou conhecido como "o ano terrível".[239]

Os horizontes democráticos do Uruguai tornavam-se ainda mais incertos, uma vez que, depois do Brasil, era a vez da ascensão de outro governo militar na Argentina, em junho de 1966.[240]

Diante desse panorama, os redatores de *Marcha* destacaram que viviam em tempos de compromisso e de sacrifícios. A aproximação entre os governos militares do Brasil e da Argentina engendrava uma evidente apreensão no Uruguai, e Quijano defendeu que o único caminho viável para as esquerdas latino-americanas era a revolução socialista:

> Somente por meio de uma integração revolucionária da América Latina ou da América do Sul, ou ainda, por que não, sub-regional, podemos salvar a pátria e fazer com que participe do destino comum, que nos transcenda sem nos privar de nosso conjunto de valores.
>
> É o jogo dialético da vida e da história. Quisemos ser um país e nos esforçamos para sê-lo. Ao longo de muitos anos de silenciosos e ainda sangrentos sacrifícios defendemos nossas frágeis fronteiras. Agora é hora de integrações sem deixar de ser pátria, a pátria pequena [*patria chica*]. Devemos fazer com todos os outros, aqueles que dentro do continente afrontam o mesmo desafio, outra pátria, a pátria grande, fruto e extensão da revolução emancipadora,

239 Cf. *Idem*. El año terrible. *Marcha*, Montevideo, ano XXVII, nº 1287, 31 dez. 1965, p. 5, 8. Ver também: VÁRIOS AUTORES. *El fin del Uruguay liberal (1959-1973)*. Montevideo: Ediciones de la Banda Oriental, 1990, p. 28-30.

240 Para Quijano, entre outros autores, os militares foram o centro do poder na Argentina, de forma direta ou indireta, desde 1930. Cf. QUIJANO, Carlos. El diálogo y el tambor. In: *América Latina, una nación de Repúblicas: Argentina, Brasil, Cuba y otros países*. Montevideo: Cámara de Representantes, 1991, p. 146 (originalmente publicado em *Marcha*, 08 jul. 1966).

> frustrada pela cobiça alheia, a balcanização, e a traição e miopia das oligarquias nativas.
>
> Pelo nacionalismo, pensamos alguma vez, vai-se ao anti-imperialismo, pelo anti-imperialismo ao socialismo. Pela pátria pequena, pensamos visceralmente agora, à pátria grande. Pelo socialismo à integração. Sem a revolução libertadora e anti-imperialista não existirá pátria, nem pequena, nem grande.
>
> E lindo será então morrer oriental na pátria pequena. Talvez na pátria grande.
>
> Como deve ser lindo viver e morrer hoje em dia no Vietnã, entre os resplendores da epopeia fabulosa, pela pátria pequena – parte de um mundo fraternal e sacrificado – em face do invasor, para que os seus descendentes sejam livres.[241]

Com essas palavras, Quijano traduzia as principais inquietações dos intelectuais nucleados em *Marcha*, que gradativamente granjeava mais e mais leitores no Uruguai, na Argentina demais países latino-americanos e europeus, à medida que a situação no Uruguai se tornava cada vez mais delicada. Além disso, Quijano referia-se à Guerra do Vietnã e conclamava os latino-americanos a lutar pelas soberanias nacionais.

Vale destacar que o colorado Jorge Pacheco Areco assumiu a presidência do Uruguai no final de 1967 e planejou implementar um "ajuste autoritário" do país, adotando medidas cerceadoras, como, por exemplo, a dissolução do Partido Socialista, o fechamento de diários da oposição, perseguição política, intervenção nos entes autônomos e no ensino secundário, proibição da imprensa em nomear os líderes tupamaros etc.[242]

---

241 QUIJANO, Carlos. Morir oriental. In: *América Latina, una nación de Repúblicas*. Montevideo: Cámara de Representantes, 1989, p. 146 (originalmente publicado em *Marcha*, 09 fev. 1968).

242 Consultar PANIZZA, Francisco E. *Uruguay: batllismo y después. Pacheco, militares y tupamaros en la crisis del Uruguay batllista*. Montevideo: Ediciones de la

Durante o avanço do pachequismo, Frugoni faleceu como cidadão proscrito, em 1969, ao passo que Antuña foi homenageado com a publicação de *Un panorama del espíritu* na coleção dos clássicos uruguaios também em 1969. Ele faleceu três anos depois. Quijano continuou em sua permanente luta pela transformação do Uruguai, mas, com o empastelamento de *Marcha*, nos finais de 1974, um ano após o golpe civil-militar de 1973, teve que partir para o exílio em solo mexicano, onde faleceu em 1984.

O conceito de América Latina se transformava em um semanário cada vez mais plural e dividido entre a construção de um socialismo democrático ou a adesão à luta revolucionária, como destacou Claudia Gilman.[243] Para reforçar a interpretação de Gilman, o último número de *Marcha* chegava às bancas uruguaias, em 30 de dezembro de 1969, com uma capa de Ernesto "Che" Guevara, com o título *1970: La década de América Latina.*

Ao lado de outras manifestações culturais, como o *Nuevo Cancionero* na Argentina, posteriormente à publicação de *As veias abertas da América Latina*, do marchista Eduardo Galeano, o semanário estimulava a associação do conceito de América Latina ao "comunismo", à "revolução" e "subvesão"?

Se pensamos com Patrícia Funes e com os Serviços de Inteligência argentinos, podemos arriscar sem medo de errar que sim, pois, como assinalou a historiadora argentina, a simples menção do nome América Latina "em centros de estudo, produções acadêmicas ou políticas, ensaios editoriais inclusive e na narrativa ficcional foram

---

Banda Oriental, 1990; VÁRIOS AUTORES. *El fin del Uruguay liberal (1959-1973)*. Montevideo: Ediciones de la Banda Oriental, 1990, p. 55-81.

243 GILMAN, Claudia. Batallas de la pluma y la palabra. In: MORAÑA, Mabel; MACHÍN, Horacio (eds.). *Marcha y América Latina*. Pittsburg: Universidade de Pittsburg, 2003, p. 277-298.

objeto de análise, registro e recomendação de proibição por parte dos serviços de inteligência".[244]

A América Latina entrava nos anos 1970 com tons bem diferentes daqueles de produção inicial em que alguns intelectuais iniciavam uma busca para tecer o porvir do continente. Por um lado, ainda que houvesse um assédio norte-americano por conhecer ou dominar alguns territórios na segunda metade do século XIX, a sua presença ainda era bastante débil na região platina. Ao longo do século XX, os uruguaios foram levados cada vez mais a pensar nessa relação, que também incitava a reconsiderar o lugar da América Latina na história da humanidade.

Nas páginas de *Marcha*, a reivindicada união de vários grupos de esquerda por Quijano, desde meados dos anos 1930, ganhou um grande espaço. 35 anos antes, *Acción* tentava de forma frustada promover a formação da Frente Popular para vencer a ditadura militar capitaneada por Gabriel Terra. Desde o segundo semestre de 1970, *Marcha* batalhava vigorosamente para a formação da primeira Frente Ampla, que se concretizou no início de fevereiro de 1971.

O resultado eleitoral de novembro de 1971 demonstrava que o clima de insatisfação havia crescido e outra vez os colorados antibatllistas haviam vencido devido ao sistema do voto duplo simultâneo. Com seis candidatos, a soma dos votos, 681.624 (40,96% do total), levou José María Bordaberry ao poder. Individualmente, o candidato mais votado foi Wilson Ferreira Aldunate, com 439.649 votos (26,42% do total), principal candidato dos quatro que lançou o Partido Nacional. Novamente o resultado demonstrava o equilíbrio entre os dois partidos tradicionais, pois a soma dos votos dos *blancos* chegava a 668.822 (40,19%). Entretanto, surgia uma nova força política no país. O candidato único da Frente Ampla, Liber Seregni, conquistou 304.275 votos

244 FUNES, Patricia. Ingenieros del alma: los informes sobre canción popular, ensayo y Ciencias Sociales de los Servicios de Inteligencia de la dictadura militar argentina sobre América Latina. *Varia Historia*, Belo Horizonte, vol. 23, nº 38, jul./dez. 2007, p. 428.

(18,28% do total). Individualmente havia recebido um número de votos não muito distante ao de Bordaberry (379.515).[245]

Sob suspeita de ser uma eleição fraudulenta, organizada pelo governo colorado de Pacheco Areco, *Marcha* proclamava a derrota do oficialismo, em 3 de dezembro de 1971, e fechava o ano com uma proclama: *hacia adelante*. A situação se tornava cada vez mais dramática. Naquele mesmo ano, Eduardo Galeano publicava, inicialmente em Buenos Aires, *As veias abertas da América Latina*, que se tornou um dos livros mais editados em todos os tempos na América Latina. Preso em 1973 pelo governo de Bordaberry, Galeano se exilou em Buenos Aires, onde fundou o semanário *Crisis*. De forma paralela, o músico e também colunista de *Marcha* Alfredo Zitarrosa, que havia aderido à Frente Ampla, partiu para o exílio na Argentina. Antes de partir da margem ocidental do Rio da Prata, perseguido pelo regime ditatorial que se instalou naquele país em 1976, Zitarrosa compôs *Diez décimas de saludo al pueblo argentino*, em que canalizava e traduzia grande parte do discurso publicado em *Marcha*:

> Allá en mi pago hay un pueblo,
> Que se llama no-me-olvides;
> Quien lo conozca que cuide
> Su recuerdo como gema
> Porque hay olvidos que queman
> Y hay memorias que engrandecen
> Cosas que no lo parecen
> Como el témpano flotante
> Por debajo son gigantes
> Sumergidos, que estremecen.
>
> Mi pueblo es un mar sereno
> Bajo un cielo de tormenta:
> Laten en su vida lenta

245 La derrota del oficialismo. *Marcha*, Montevideo, ano XXXIII, nº 1572, 3 dez. 1971, p. 6-7.

Los estrépidos del trueno.
Pudo engendrar en su seno
Las montoneras de otrora
Y cuando llegue la hora
Mañana, también podrá
Clavar a su voluntad
Mil estrellas en la aurora.

No hay cosa más sin apuro
Que un pueblo haciendo la historia.
No lo seduce la gloria
Ni se imagina el futuro.
Marcha con paso seguro
Calculando cada paso
Y lo que parece atraso
Suele transformarse pronto
En cosas que para el tonto
Son causa de su fracaso.

Mi pueblo no es argentino
Ni paraguayo, ni austral;
Se llama pueblo oriental
Por razón de su destino.
Pero recorre el camino
De sus hermanos amados
El de tantos humillados
El de América morena
La sangre de cuyas venas
También late en su costado.

Mi pueblo no estuvo ausente
Ni mucho menos de espaldas
A la trágica y amarga
Historia del continente.
Fuimos un balcón al frente
De un inquilinato en ruinas
-el de América Latina

Frustrada en malos amores-
Cultivando algunas flores
Entre Brasil y Argentina.

Pero mucho no duraron
Las flores en el balcón
El rosquero y su ambición
Imprudente, las cortaron.
Y fueron las mismas manos
Que arruinaron el vergel
Las que acabaron con él
Las que hoy muestran, codiciosas
En vez de ramos de rosas
Unas flores de papel.

No falta el bobalicón
Nostálgico del jardín
Pero entre todos el ruin
Es el que trajo al ladrón;
Ese no tiene perdón:
Si protegen sus ganancias
La decencia y la ignorancia
Del pueblo, son sus amores;
No encuentra causas mejores
Para comprarse otra estancia.

Ese sí, no es oriental
Ni gringo, ni brasilero;
Su pasión es el dinero
Porque es multinacional.
Mentiroso universal
Desde que vino Hernandarias
Piensa en sus cuentas bancarias
Ponderando a los poetas
Que hacen con torpes recetas
Canciones estrafalarias.

Así pues, no habrá camino
Que no recorramos juntos.
Tratamos el mismo asunto
Orientales y argentinos,
Ecuatorianos, fueguinos
Venezolanos, cuzqueños;
Blancos, negros y trigueños
Forjados en el trabajo
Nacimos de un mismo gajo
Del árbol de nuestros sueños.

Y ahora reciban, señores
Un saludo fraternal;
Dice mi pueblo oriental:
Ya vendrán tiempos mejores.
Cifra de nuestros amores
Poncho patria en el espanto
De mi pueblo y sus quebrantos
No les puedo conversar
Solo les quise entregar
Su corazón con mi canto

CONSIDERAÇÕES FINAIS

Em 1986, a Argentina e o Brasil assinaram uma ata para criar o Programa de Integração e Cooperação Econômica (PICE). Dois anos depois, expandiram as ações e criaram o Tratado de Integração, Cooperação e Desenvolvimento, em que enfatizavam a necessidade de desentravar as barreiras comerciais entre os dois países. No início dos aos 1990, os governos de Fernando Collor e Carlos Menen assinaram uma ata que previa a concretização do Mercosul (Mercado Comum do Sul) para 31 de dezembro de 1994. Em agosto de 1990, o Paraguai e o Uruguai aderiram à iniciativa, o que levou à assinatura do Tratado de Assunção, em 26 de março de 1991. A formalização do processo caminhava rapidamente, e a assinatura do Protocolo de Ouro Preto, em 17 de dezembro de 1994, dotou o Mercosul de personalidade jurídica de direito internacional.

De forma simultânea às ações políticas que visavam inicialmente uma integração econômica, os olhares dos países envolvidos se entrecruzavam cada vez mais, o que levou à consolidação de importantes intercâmbios socioculturais e institucionais, que, é bom lembrar, já existiam no período anterior à formação do Mercosul. Entretanto, não se pode negar que as ações conjuntas dos quatro países estimulou o fortalecimento dos contatos.

O cenário para a discussão a respeito de identidades nacionais homogêneas e estanques tornava-se cada vez menos favorável. Já durante os últimos anos das ditaduras militares conectadas do Cone Sul, tornavam-se cada vez mais frequentes a ascensão de novas vozes, que buscavam denunciar os mitos de origem da construção das nações, as versões oficiais,[1] e reivindicavam uma narração mais plural e heterogênea da história. A luta contra a heterologia[2] que silenciava e tornava invisíveis todos os sujeitos que incomodavam ou impediam a trama de uma identidade e memória homogêneas, "felizes" e livres de fraturas.

Para usar as certeiras palavras de Hugo Achugar, representavam os "planetas sem boca",[3] que defendiam o direito de ser ouvidos e que

---

1 A ditadura civil-militar uruguaia comandada por Juan María Bordaberry (1973-1976), instituiu 1975 como o *Año de la Orientalidad*, em comemoração aos 150 anos de independência do país. Buscou cristalizar as bases de uma identidade nacional oficial e dividiu os habitantes entre "bons" e "maus" orientais. Dentre as iniciativas, foram repatriados os restos mortais do Coronel Lorenzo Latorre, colorado que havia governado o Uruguai, de forma ditatorial, entre 1876 e 1880, seguida de inumação no Panteão Nacional (1975). Após o governo de Bordaberry, ocorreu a inauguração do Mausoléu de Artigas na Praça Independência (1977), da Praça do Exército (1977) e da Praça da Nacionalidade Oriental (1978), que tinha como projeto inicial abrigar o "Altar da Nacionalidade". Cf. ISLAS, Ariadna; FREGA, Ana. Identidades uruguayas: del mito de la sociedad homogénea al reconocimiento de la pluralidad. In: VÁRIOS AUTORES. *Historia del Uruguay en el siglo XX (1890-2005)*. 2ª ed. Montevideo: Ediciones de la Banda Oriental, 2008, p. 376. Ver também COSSE, Isabella; MARKARIAN, Vania. *1975: Año de la Orientalidad. Identidad, memoria e historia de una dictadura*. Montevideo: Trilce, 1996. Cabe lembrar ainda que Carlos Real de Azúa elaborava uma crítica importante ao projeto ditatorial por meio de "As origens da nacionalidade uruguaia", que somente foi publicado em 1990. Cf. REAL DE AZÚA, Carlos. *Los orígenes de la nacionalidad uruguaya*. Montevideo: Arca/Nuevo Mundo, 1990.

2 Cf. CERTEAU, Michel de. *Heterologies: discourse on the other*. Minneapolis: University of Minnesota Press, 1986.

3 ACHUGAR, Hugo. *Planetas sin boca: escritos efímeros sobre arte, cultura y literatura*. Montevideo: Trilce, 2004.

queriam ser incluídos nas narrativas sobre a nação, vista agora como um processo que incorparava a pluralidade.

De um lado, a necessidade urgente de repensar a construção do centenário que frisava a excepcionalidade do Uruguai "europeizado" em um contexto de integração. De outro, muitos grupos reivindicavam a contrução de uma identidade "mestiça, mais próxima ao estereótipo da latino-americanidade", como foi colocado em cena pelo grupo Teatro Uno *Salsipuedes, el exterminio de los charrúas*, em meados da década de 1980, e pelo romance *¡Bernabé! ¡Bernabé!*, de Tomás de Mattos.[4] Além disso, houve uma ampla mobilização dos afro-uruguaios no sentido de garantir o reconhecimento e o respeito de seus direitos, a valorização de diferentes estilos musicais, muitos deles denominados de "música folclórica", como a "vidalita", o "cielito" e a "milonga".[5]

Segundo Felipe Arocena, os uruguaios já não acreditavam que viviam "em um país culto, civilizado, europeizado, moderno, sem tensões, exemplo de democracia política e que podia erguer a cabeça quando se comparava com outro países". Mais indicativo de que a fratura de memória promovida pelos anos 1970 e 1980 era vivida de forma dramática por muitos uruguaios pode ser vista no complemento da interpretação de Arocena: "O Uruguai se latino-americanizou, mas sem ter sequer a força de outros países do continente. O Uruguai perdeu o trem do progresso e seu mito de país exemplar foi descartado à luz de tantos fracassos nas últimas décadas".[6]

---

4 ISLAS, Ariadna; FREGA, Ana. *Op. cit.*, p. 380-381. Referência "ao episódio de guerra contra uma parte dos charruas, que siginificou a morte e dispersão do grupo majoritário de indígenas *não reduzidos* que habitava o país, ocorrido em Salsipuedes, em 1831". O ataque foi ordenado pelo governo de Bernabé Rivera. Nos dias de hoje é possível notar pichações ou grafites de Salsipuedes em muitas placas da oficialmente conhecida Avenida General Rivera, que cruza boa parte parte da região leste de Montevidéu.

5 *Ibidem*, p. 383-385.

6 AROCENA, Felipe. *Muerte y resurrección de Facundo Quiroga. Historia cultural de lo que ha significado "ser moderno" para los latinomericanos*. Montevideo: Trilce,

Em primeiro lugar, Arocena deixou de mencionar que a construção da ideia de excepcionalidade, ainda que hegemônica dentro e fora do Uruguai, foi criticada por alguns personagens como Quijano, ou em alguns momentos Frugoni, mesmo que o líder socialista na maior parte das vezes não conseguisse se descolar da construção identitária do Uruguai como território de "fusão" de culturas e de povos, como vimos em suas obras. Pouco trataram sobre o lugar dos indígenas e afrodescentes na construção de uma nação, é bem verdade. Mas não deixaram de falar sobre alguns grupos marginalizados, como os homens do campo e dos subúrbios das cidades, além de apoiar os movimentos internacionais que buscavam transformações no sentido de valorizar os chamados setores e culturas populares.

Em segundo lugar, é preciso atentar para um olhar interpretativo, permeado por tons de angústia em relação à história nacional, que a viu como um suposto "fracasso", assim como ocorreu na Argentina da primeira metade do século XX.[7] O que muitos autores chamam de fracasso? Qual era o lugar reservado para o Uruguai, que por não ser alcançado se transformou em malogro? Será que alguns autores que criticaram a construção do imaginário social das primeiras décadas do século XX conseguiram fugir de suas armadilhas, traduzidas pela desilusão do presente?

Por fim, alguns autores – mas não da mesma forma – que escreveram como Arocena nos anos 1990 falaram que o Uruguai havia se latino-americanizado. O que quiseram dizer com isso? De que América Latina falaram? Além disso, o que entendiam pelo termo utilizado? Havia conotações negativas implícitas? Ou simplesmente reconheceram que o Uruguai possuía problemas em comum com os demais países, que poderiam construir soluções em conjunto?

Acreditamos que é possível visualizar uma mistura bastante caleidoscópica de imagens sobre a América Latina que se sobrepõem

---

1996, p. 146.

7 Cf. KOZEL, Andrés. En torno a la desilusión argentina. *Varia Historia*, Belo Horizonte, vol. 23, nº 38, jul./dez. 2007, p. 368-385.

nas interpretações que buscam denunciar o "mito" do Uruguai "feliz", "homogêneo" e "excepcional". Não são visões necessariamente negativas, mas nem sempre conseguem abandonar completamente um imaginário que possui estereótipos que insistem em não desaparecer.

Em suma, para haver um fracasso, atraso ou descompasso é preciso ter um modelo. Existe algum país que não apresenta problemas em sua formatação política? Há algum exemplo perfeito de democracia política, econômica, social e cultural? Não há também na Europa e nos Estados Unidos muitos setores descontentes com os rumos tomados pelas democracias modernas ao longo da história, e que criticam, por exemplo, o declínio do homem público, para usar a expressão de Richard Sennet,[8] ou a tranformação da esfera pública e da democracia política em democracia de mercado, ou ainda do cidadão político em cidadão consumidor?

Não queremos, contudo, sustentar que inexistam profundas desigualdades em todos os países latino-americanos, nas mais diferentes esferas de sociabilidade, e que os canais de debate para a construção de novos caminhos sejam francos e satisfatórios. Queremos de forma bem mais modesta sustentar que é mais fértil pensar que os problemas são diferentes e possuem graus de dramaticidade distintos, mas que existem em todos os países. Assim, mais do que pensar em fracassos, é importante tentar formar grupos em conjunto que possam pensar em soluções supranacionais para os problemas dos países latino-americanos, como sustentou habitualmente Carlos Quijano. É preciso democratizar a democracia, mas não necessariamente com os olhos voltados somente para os Estados Unidos ou para a Europa, o que para sermos justos Arocena não o faz.

Para concluir parcialmente, será que a ideia do fracasso sobreviverá ao renascimento da ideia de que a América Latina se transformou novamente no lugar da utopia, particularmente após a "crise" que se

---

8 SENNETT, Richard. *O declínio do homem público: as tiranias da intimidade.* [1977] São Paulo: Companhia das Letras, 1988.

iniciou em 2008 nos ditos países "ricos", e que insiste em alarmar as coletividades nacionais em diversas partes do Globo?

Este trabalho procurou explicitar tanto as divergências entre os autores quanto os seus pontos em comum. Emilio Frugoni, Carlos Quijano e José G. Antuña entrecruzaram seus olhares sobre a América Latina e os Estados Unidos em diversos momentos, desde finais dos anos 1910 até a década de 1960. Ao pensar sobre o lugar do Uruguai no concerto latino-americano e internacional, os três intelectuais enfocaram as relações conflituosas ou dialógicas entre as duas principais regiões constituintes das Américas.

A análise comparativa de seus textos permitiu-nos observar as suas principais inquietações a respeito do lugar do Uruguai na América. Suas respostas devem ser estreitamente articuladas ao contexto nacional, e particularmente Quijano e Frugoni perceberam que o porvir do Uruguai deveria ser traçado no debate em conjunto com os outros países latino-americanos, principalmente com seus vizinhos mais próximos.

As obras escritas pelos autores foram marcadas pela diversidade de ideias e por determinada "ambiguidade" em distintos momentos. A ideia de América Latina oscilou entre um passado e um presente repleto de dificuldades e injustiças e um horizonte de transformação, sobretudo, quando nos referimos a Frugoni e a Quijano.

A despeito disso, é possível delimitar uma orientação convergente entre as interpretações de Frugoni e Quijano, principalmente a partir de meados dos anos 1930. Esses autores foram críticos do hispanismo tradicional e conservador e buscaram promover a transformação da sociedade uruguaia por meio da palavra impressa e oral.

Podemos concluir que, apesar da difusão de imagens negativas sobre a América Latina em diversas passagens, Frugoni e Quijano reprovaram os pressupostos social-darwinistas e racialistas que nortearam as visões pejorativas acerca das coletividades latino-americanas desde as últimas décadas do século XIX até o início dos anos 1920. Antuña, por outro lado, apesar de criticar essas interpretações, pois também necessitava defender o lugar do hispanismo na história e de dotar de cargas positivas o seu legado, em diversos momentos não conseguiu vislumbrar outros caminhos para os países latino-americanos para além dos exemplos europeus – fundamentalmente o espanhol – e norte-americanos.

Para Frugoni e Quijano, os países latino-americanos apresentavam um potencial ainda pouco explorado para a construção de novas configurações políticas, devido ao cruzamento de povos e de culturas que os constituíam. Seus olhares buscaram perceber as diferenças entre as regiões da América Latina e não preconizaram fórmulas comuns para todos os seus Estados. Entretanto, não endossaram o difundido imaginário coletivo que sublinhava a "excepcionalidade" uruguaia no contexto regional.

Eles inscreveram a realidade uruguaia no horizonte latino-americano e, ainda que habitualmente destacaram as vicissitudes por que passavam os seu países, propuseram novos caminhos a seguir para a defesa e consolidação da democracia. Além disso, para os dois intelectuais, parte das incertezas e dos problemas que acometiam a América Latina nascia da convergência dos interesses das oligarquias[9] internas e dos grupos dirigentes norte-americanos, que fomentavam grupos políticos que defendessem seus interesses.

Antuña, por outro lado, defendeu o hispanismo conservador, mas não rechaçou o pan-americanismo. Nesse sentido, foi um autor bastante singular e em diversos momentos teve que lidar com suas "contradições internas", pois não foi muito simples defender a tradição hispânica católica e conservadora simultaneamente à preconização da aliança com os Estados Unidos. No entanto, a presença simultânea de hispanismo e pan-americanismo pode ser explicada pelo seu conservadorismo (no campo cultural e religioso), de um lado, e

---

9 ANSALDI, Waldo. Frívola y casquivana, mano de hierro en guante de seda. Una propuesta para conceptualizar el término oligarquía en América Latina. *Cuadernos del Claeh*, Montevideo, ano 17, nº 61, p. 43-48.

seu pragmatismo, de outro, no sentido de entrever a aliança com os Estados Unidos uma maneira inevitável de evitar ser esquecido pelo mundo. Isto é, via no país setentrional a base de construção do mundo moderno, além de que uma grande parte dos financiamentos para a indústria frigorífica e dos governos uruguaios provinha dos Estados Unidos. E, claro, da consciência, para os uruguaios, de que o país tinha que se integrar para crescer.

Também é interessante observar que nem sempre os intelectuais sustentam a "coerência" que esperamos deles. Muitas vezes, em nome das mais diversas questões e/ou interesses, defendem ideias, a princípio, muitas vezes "díspares" ou "incoerentes".

Antuña enfatizou os sinais negativos da América Hispânica e propôs que os seus países constituintes deveriam nutrir-se dos exemplos anglo-saxões. Além disso, ele não deixou de propor um lugar intermediário para o Brasil, e, em alguns momentos, para o Chile e a Argentina, no cenário latino-americano, entre os "prósperos" Estados Unidos e a "instável" América Hispânica.

Os três autores falaram, ainda que por caminhos distintos, sobre a necessidade da aproximação com outros países latino-americanos: Antuña, com o Brasil e a Argentina; Frugoni e Quijano, entre os setores trabalhadores, intelectuais e políticos reformistas de todos os países. Para Frugoni, os movimentos anti-imperialistas latino-americanos necessitavam conquistar o apoio dos grupos trabalhadores norte-americanos e ampliar suas frentes de batalha, sob o risco de não serem ouvidos francamente ou derrotados.

A Revolução Mexicana e o período pós-revolucionário receberam especial atenção durante a década de 1920. Frugoni e Quijano apoiaram as suas principais reivindicações transformadoras e interpretaram o México como um bom exemplo para os países latino-americanos, se bem que sublinharam que o contexto do Uruguai era distinto e que aquele movimento deveria ser filtrado em terras *rioplatenses*. Antuña, por outro lado, criticou os propósitos de secularização tanto da

Constituição Mexicana de 1917 quanto dos governos pós-revolucionários e pediu a intervenção da Liga das Nações naquele país.

Durante os anos 1930, as trajetórias de Frugoni e Quijano convergiram em torno da oposição comum ao terrismo e demais governos ditatoriais latino-americanos. Antuña, por outro lado, atuou como um dos principais líderes intelectuais da esfera oficial e buscou fortalecer tanto a política externa pan-americanista do Uruguai quanto a aproximação com os representantes intelectuais de outros regimes autoritários da América Latina.

Os anos 1940 foram cruciais para a consolidação das posições de Frugoni, Antuña e Quijano, principalmente após a volta de práticas consideradas democráticas no Uruguai, fundamentalmente durante o chamado "neobatllismo" (1946-1958). Os governos populistas de Vargas e de Perón foram criticados por Frugoni e Quijano.

A partir dos anos 1950, Guatemala, Bolívia e Cuba ocuparam o centro do debate acerca dos movimentos revolucionários latino-americanos. No entanto, Frugoni e Quijano novamente destacaram que os uruguaios necessitavam selecionar as reivindicações e práticas que poderiam atender à trajetória histórica do país platino. Para Quijano, o exemplo mais próximo para os uruguaios era o governo de Goulart no Brasil. A seu ver, os desdobramentos de seu governo repercutiriam em toda a América do Sul e criariam os caminhos a seguir pelos demais países.

É possível delimitar três períodos mais gerais no que toca ao debate sobre os Estados Unidos: de finais dos anos 1910 até meados dos anos 1930, com a criação da Política da Boa Vizinhança; de meados dos anos 1930 até o final da Segunda Guerra Mundial e, finalmente, a partir da ascensão de Harry Truman à presidência até os anos 1960. Tanto o primeiro quanto o terceiro períodos mencionados foram frequentemente vistos por Frugoni e Quijano como de assédio e de coerção das soberanias nacionais latino-americanas por parte dos Estados Unidos. Já a Política da Boa Vizinhança foi interpretada com um certo entusiasmo por Frugoni, ao passo que Quijano hesitou em mudar suas opiniões acerca daquele país. Para o diretor de *Marcha*, as mudanças nas relações entre os Estados Unidos e a América Latina eram transitórias, e não haviam transformado completamente os interesses de importantes grupos políticos e socioeconômicos norte-americanos sobre os seus vizinhos do Sul.

Antuña, por outro lado, sempre preconizou a formação de um bloco político, econômico e cultural da América Latina com os Estados Unidos. Chegou inclusive a sustentar que o próprio Simón Bolívar havia proposto essa aproximação durante sua trajetória. Para Antuña, mais importante do que criticar o reconhecido assédio norte-americano sobre os países latino-americanos, seria criar canais de comunicação e edificar uma aliança entre as Américas.

A primeira conclusão geral do presente livro refere-se ao fato de que, como no Chile, o caminho da democracia – mesmo quando criticada por insuficiente, liberal, formalista ou partidocrática – foi, em grande medida, mais valorizado por significativos expoentes das esquerdas uruguaias do que os de outros países da América Latina e com anterioridade, pois, em outros países, essa essa valorização só se evidenciou nas últimas décadas.

O caminho das reformas foi, em Frugoni e Quijano, aquele que mereceu mais atenção como uma alternativa para o Uruguai, em sintonia com a sua própria trajetória histórica, e não o caminho revolucionário bolchevique/soviético e ou castrista/cubano.

Sem querer endossar a já criticada por muitos estudiosos uruguaios maneira tendenciosa de afirmar o "excepcionalismo" uruguaio em relação aos demais países latino-americanos, não há dúvidas de que a trajetória político-social uruguaia, particularmente a partir do primeiro batllismo, deu ao país e aos seus intelectuais elementos para pensar e fazer propostas para o futuro do Uruguai que levassem em conta, antes de outros países (ou, pelo menos com mais ênfase), as questões relacionadas à integração e à democracia.

Assim, ocorreu uma percepção mais clara, no Uruguai, da necessidade da integração sul-americana ou latino-americana em um momento em que, nos países vizinhos, isso ainda não era uma preocupação tão evidente. Esse maior destaque dos intelectuais uruguaios sobre a integração deve-se, evidentemente, às condições geográfica, geopolítica, econômica, demográfica etc., em certa medida, particulares no Uruguai.

Os três autores contribuíram de maneira desigual para o fortalecimento do americanismo no Uruguai, e Quijano desempenhou um papel de maior destaque, por meio de *Acción* e, acima de tudo, de *Marcha*.

Para o futuro, cabe perguntar se a construção de uma união latino-americana – com participação do México? – ou a renovação do Mercosul, e ainda da recente União de Nações Sul-americanas (UNASUL), serão capazes de ultrapassar as medidas que privilegiam em suas agendas uma certa livre circulação de mercadorias.

Como conjugar os interesses de diversos setores internos e externos, em um momento em que muitos uruguaios expressam suas queixas diante de um Mercosul nem sempre atento para as especificidades locais? Há uma crise em sua formação? Ou é natural que qualquer projeto de integração passe por profundos debates e receba críticas constantemente? Abandonará o Uruguai um projeto que foi defendido, com cores bem distintas e nem sempre por todos os atores, ao longo de boa parte de sua história? Assinará um acordo bilateral de livre comércio com os Estados Unidos, como defendem alguns setores da sociedade atualmente?

Qualquer historiador que tente prever o futuro corre o grande risco de se equivocar, mas podemos transportar os leitores para os debates que araram os campos do presente. O olhar em perspectiva, particularmente do debate em torno da construção nacional a partir de uma plataforma continental, pode ajudar a traçar caminhos e iluminar os problemas enfrentados pelo presente.

Quijano salientou, em 1959, que os projetos de integração latino-americana possuíam uma boa dose de utopia: "A pressa em sua realização pode levar ao seu aborto, e não estamos, nem está o mundo todo, cada vez menos largo, cada vez mais alheio, em condições de desperdiçar esforços e energias, de lidar com novas frustrações".[10] Preferimos, contudo, terminar o presente texto com suas palavras mais alentadoras de 1945:

> Consideramos perigoso o propósito de industrialização desde o exterior. Consideramos impraticável a elaboração de um projeto conjunto pela própria América Latina. Consideramos infecundo, no caso concreto do Uruguai, que, acaso com maior razão do que em outros países do continente, [adotar] a "solução nacional" para a industrialização. Consideramos, por outro lado, viável, *caso se coloque no empenho audácia e imaginação, e se está nos fatos e não somente nas palavras*, à altura da grande revolução que estamos vivendo, concertar acordos regionais latino-americanos para empreender a industrialização que a nova era econômica, o nosso desenvolvimento e o nosso destino nos infligirão.[11]

Ainda que o objetivo atual não privilegie necessariamente a industrialização, mas todas as atividades envolvidas na conformação das coletividades latino-americanas, sejam elas políticas, econômicas, sociais ou culturais, pensamos ser adequado pensar com Quijano que é preciso empenhar-se de forma audaciosa e criativa caso se queira fortalecer os projetos de intregação regional ou continental, bem como é preciso, mais do que isso, transformar os discursos, na maior parte das vezes bem intencionados, em ações efetivas.

---

10 QUIJANO, Carlos. La realidad y la utopia. *Marcha*, Montevideo, ano XXI, nº 981, 16 out. 1959, p. 4.

11 *Idem*. La industrialización del Uruguay. *Marcha*, Montevideo, ano VI, nº 277, 13 abr. 1945, p. 4-5. Grifos nossos.

REFERÊNCIAS

Acervos consultados

URUGUAI

- Biblioteca del Palacio Legislativo

- Biblioteca de la Facultad de Humanidades y Ciencias de la Educación de la Universidad de la República

- Biblioteca Nacional

ARGENTINA

- Sala Ángel Rama del Instituto Ravignani de la Universidad de Buenos Aires

- Biblioteca Nacional

- Biblioteca y Hemeroteca del Congreso de la Nación

Fontes

• *Obras de Emilio Frugoni*

FRUGONI, Emilio. *De Montevideo a Moscú. Embajador del Uruguay en Rusia*. Buenos Aires: Claridad, 1945.

______. *El laborismo británico. Sinopsis histórica e interpretativa*. Montevideo: Editorial Afirmación, 1941.

______. *El nazi-fascismo en la enseñanza*. Montevideo: Publicaciones de la Oficina Pro Congreso de Periodistas Libres, 1938.

______. En la otra América. *Nosotros*, Buenos Aires, ano 12, vol. 28, nº 107, mar. 1918, p. 332-349.

______. *Ensayos sobre marxismo*. Montevideo: Claudio García y Cía, 1935.

______. *Génesis, esencia y fundamentos del socialismo*. 2 tomos. Buenos Aires: Américalee, 1947.

______. *Homenaje a Rodó en el cincuentenario de Ariel*. Montevideo: El Siglo Ilustrado, 1950.

______. *La esfinge roja. Memorial de un aprendiz de diplomático en la Unión Soviética*. Buenos Aires: Claridad, 1948.

______. *La lección de Méjico*. Montevideo: Tip. Augusta, 1928.

______. *La mujer ante el derecho*. Montevideo: Indo-Americana, 1940.

______. *La revolución del machete. Panorama político del Uruguay*. Buenos Aires: Claridad, s/d.

______. *La sensibilidad americana*. Montevideo: Editorial La Facultad, 1929.

______. *Las tres dimensiones de la democracia*. Buenos Aires: Claridad, 1944.

______. *Los nuevos fundamentos* [1919]. 2ª ed. Montevideo: Cámara de Representantes, 1988.

______. *Meditación americanista*. Montevideo: Comité Uruguayo del Congreso por la Libertad de la Cultura, 1959.

______. *Poemas civiles*. Montevideo: Claudio García & Cia, 1944.

• *Obras de José G. Antuña*

ANTUÑA, José G. *Acción parlamentaria*. Montevideo: Gómez y Cia, 1924.

______. *Ante la VII Conferencia I. Americana*. Montevideo: Asamblea Deliberante del Uruguay, J. Florensa, 1933.

______. *Bolívar símbolo de América. El libertador, el legislador, el apóstol*. Montevideo: Urta y Curbelo, 1932.

______. *Cervantes y el Quijote en tierras de América*. Madri: s/e, 1960.

______. *Defensa nacional y defensa continental*. Montevideo: Comité Ejecutivo Nacional del Partido Colorado, 1941.

______. *El inquieto horizonte*. Montevideo: Talleres Gráficos Institutos Penales, 1937.

______. *El mundo y la soledad*. Madri: Ediciones Cultura Hispánica, 1962.

______. *El nuevo acento*. Montevideo; Buenos Aires: Sociedad Amigos del Libro Rioplatense, 1935.

______. *Estatuto Universal del Derecho de Autor*. Montevideo: L.I.G.U., 1947.

______. *La Constitución de 1934*. Montevideo: s/e, 1934.

______. *La fecha de nuestro centenario*. Montevideo: Escuela Naval, 1921.

______. La unidad del idioma y la necesaria colaboración de América. In: *Tercer Congreso de Academias de la Lengua Española*, Bogotá, Academia Colombiana de la Lengua, 1961, p. 441-449.

______. *Litterae. Ensayos, Crítica, Comentarios*. Paris: Imprimérie Artistique A. Fabre, 1926.

______. *Los viejos ritmos*. Paris: Imprimérie Artistique A. Fabre, 1925.

______. *L'Uruguay, le panaméricanisme et la Société des Nations*. Paris: Imprimière Michel, 1929.

______. *Mi visión de México*. Montevideo: J. Florensa, 1941.

______. *Nuestra lengua y la expresión propia americana*. Montevideo: Publicaciones del Centro Gallego, IV y V curso de conferencias, 1930.

______. *Nuevas páginas bolivarianas*. Montevideo: L.I.G.U., 1942.

______. *Palabra. Conferencias y discursos: 1915-1927*. Paris: Editorial Paris-América, 1927.

______. *Perspectivas de América. Temas, acontecimientos y monografías continentales*. Buenos Aires: M. Gleizer, 1938.

______. Prólogo. In: TERRA, Gabriel. *La revolución de marzo: principales discursos*. Buenos Aires: M. Gleizer, 1938, p. 10-26.

______. *Un caudillo, el General Fructuoso Rivera, prócer del Uruguay*. Madri: Instituto de Cultura Hispánica, 1948.

______. *Un panorama del espíritu. El* Ariel *de Rodó* [1952]. 2ª ed. 2 tomos. Montevideo: Barreiro y Ramos, 1969.

• *Obras de Carlos Quijano*

Parte significativa dos textos escritos por Carlos Quijano foi selecionada e publicada por iniciativa do Congresso Nacional, de 1989 a 1995, sob coordenação dos historiadores Arturo Ardao, Oscar Bruschera, Gerardo Caetano e José Rilla, e familiares José Quijano e Mercedes Quijano.

QUIJANO, Carlos. *América Latina, una nación de Repúblicas*. Montevideo: Cámara de Representantes, 1989.

______. *América Latina, una nación de Repúblicas: Argentina, Brasil, Cuba y otros países*. Montevideo: Cámara de Representantes, 1991.

______. *A rienda corta y otros escritos*. Montevideo: Enciclopedia Uruguaya, nº 56, Ed. Reunidos-Arca, 1969.

______. *Cultura, personalidades y mensajes*. Montevideo: Cámara de Representantes, 1992.

______. *Evolución del contralor de cambios en el Uruguay: un estudio de legislación positiva*. Montevideo: s/e, 1944.

______. *La economía uruguaya entre 1880 y 1965*. Montevideo: Cámara de Representantes, 1995.

______. *La reforma agraria en el Uruguay*. 2ª ed. Montevideo: Biblioteca de Marcha, Nuevo Mundo, 1986.

______. *Los golpes de Estado (1933-1942)*. Montevideo: Cámara de Representantes, 1989.

______. *Nicaragua. Ensayo sobre el imperialismo de los Estados Unidos*. Paris: Agencia Mundial de Librería, 1928.

• *Artigos publicados em diários e semanários*

Revista Ariel. Montevideo, 1919-1930.

El País. Montevideo, 1924-1928.

El Nacional. Montevideo, 1930-1931.

Acción. Montevideo, 1932-1939.

Marcha. Montevideo, 1939-1969.

Referências bibliográficas

ABREU, Márcia; SCHAPOCHNIK, Nelson (orgs.). *Cultura letrada no Brasil: objetos e práticas*. Campinas: Mercado de Letras, 2005.

ACHUGAR, Hugo (coord.). *Cultura Mercosur. Políticas e industrias culturales*. Montevideo: Logos-FESUR, 1991.

______. *La balsa de la Medusa. Ensayos sobre identidad, cultura y fin de siglo en Uruguay*. 3ª ed. Montevideo: Trilce, 1994.

______. *Planetas sin boca: escritos efímeros sobre arte, cultura y literatura*. Montevideo: Trilce, 2004.

ACHUGAR, Hugo & CAETANO, Gerardo (comps.). *Identidad uruguaya: ¿mito, crisis o afirmación?* [1992] 3ª ed. Montevideo: Trilce, 1993.

AGGIO, Alberto. Repensando o sentido da rebeldia na revolução cubana. *Estudos de História* – Revista do Curso de Pós-Graduação em História, Unesp-Franca,vol. 7, nº 2, 2000, p. 215-229.

AGUIAR, César. *Uruguay: país de emigración*. Montevideo: Ediciones de la Banda Oriental, 1982.

AGUILAR CAMÍN, Héctor & MEYER, Lorenzo. *À sombra da Revolução Mexicana: história mexicana contemporânea, 1910-1989*. São Paulo: Edusp, 2000.

AGUILLAR, Enrique (ed.). *Ortega y Gasset en la cátedra americana*. Buenos Aires: Fundación José Ortega y Gasset Argentina – Fundación Carolina, 2004.

AÍNSA, Fernando. *De la edad del oro al el dorado. Génesis del discurso utópico americano*. México: Fondo de Cultura Económica, 1992.

______. *Del canon a la periferia. Encuentros y transgresiones en la literatura uruguaya*. Montevideo: Trilce, 2002.

ALFARO, Hugo. *Navegar es necesario. Quijano y el semanario* Marcha. Montevideo: Ediciones de la Banda Oriental, 1984.

ALMEIDA, Jaime de (org.). *Caminhos da História da América no Brasil: tendências e contornos de um campo historiográfico*. Brasília: ANPHLAC, 1998.

ALONSO ELOY, Rosa; DEMASI, Carlos. *Uruguay 1958-1968. Crisis y estancamiento*. Montevideo: Ediciones de la Banda Oriental, 1982.

ALTAMIRANO, Carlos. *Para un programa de historia intelectual y otros ensayos*. Buenos Aires: Siglo XXI, 2005.

ANDACHT, Fernando. *Signos reales del Uruguay imaginario*. Montevideo: Trilce, 1992.

ANDERSON, Benedict. *Nação e consciência nacional*. São Paulo: Ática, 1989.

ANSALDI, Waldo. Frívola y casquivana, mano de hierro en guante de seda. Una propuesta para conceptualizar el término oligarquía en América Latina. *Cuadernos del Claeh*, Montevideo, a. 17, nº 61, p. 43-48.

ANSALDI, Waldo (coord.). *Calidoscopio latinoamericano. Imágenes históricas para un debate vigente.* 2ª ed. Buenos Aires: Ariel, 2006.

ANSALDI, Waldo (dir.). *La democracia en América Latina: un barco a la deriva.* Buenos Aires: Fondo de Cultura Económica, 2007.

ANSALDI, Waldo (ed.). *Tierra en llamas. América Latina en los años 1930.* La Plata: Ediciones Al Margen, 2002.

ANSALDI, Waldo; FUNES, Patricia. Viviendo una hora latinoamericana. Acerca de rupturas y continuidades en el pensamiento en los años veinte y sesenta. *Cuadernos del CISH*, Universidad Nacional de La Plata, Facultad de Humanidades y Ciencias de la Educación, ano III, nº 4, 2º sem. 1998, p. 13-75.

ARDAO, Arturo. *América Latina y la latinidad.* México: CCYEDL-UNAM, 1993.

______. *Etapas de la inteligencia uruguaya.* Montevideo: Universidad de la República, 1968.

______. *Génesis de la idea y el nombre de América Latina.* Caracas: Centro de Estudios Latinoamericanos Rómulo Gallegos, 1980.

______. *La inteligencia latinoamericana.* Montevideo: Ediciones de la Universidad de la República, 1987.

______. *Nuestra América Latina.* Montevideo: Ediciones de la Banda Oriental, 1986.

______. *Orígenes de la influencia de Renan en el Uruguay.* Montevideo: Instituto Nacional de Investigaciones y Archivos Literarios, 1955.

______. *Racionalismo y liberalismo en el Uruguay.* Montevideo: Universidad de la República, 1967.

______. *Rodó, su americanismo.* Montevideo: Biblioteca de Marcha, 1970.

ARICÓ, José. *Mariátegui y los orígenes del marxismo latinoamericano.* México: Siglo XXI, 1978.

AROCENA, Felipe. *Muerte y resurrección de Facundo Quiroga. Historia cultural de lo que ha significado "ser moderno" para los latinoamericanos.* Montevideo: Trilce, 1996.

AROCENA, Felipe; DE LEÓN, Eduardo (ed.). *El complejo de próspero. Ensayos sobre cultura, modernidad y modernización en América Latina.* Montevideo: Vintén. 1993.

AYERBE, Luis Fernando. *Estados Unidos e América Latina: a construção da hegemonia.* São Paulo: Editora Unesp, 2002.

BACZKO, Bronislaw. Imaginação social. In: *Enciclopédia Einaudi, Anthropos - Homem,* vol. 5, Imprensa Nacional - Casa da Moeda, 1985.

______. Utopia. In: *Enciclopédia Einaudi, Anthropos - Homem,* vol. 5, Imprensa Nacional - Casa da Moeda, 1985.

BAGGIO, Kátia Gerab. A América Latina e os Estados Unidos na visão de Euclides da Cunha. *Estudos de História,* Depto. de História, Unesp - Franca, vol. 7, nº 2, 2000, p. 55-68.

______. *A "outra" América: A América Latina na visão dos intelectuais brasileiros das primeiras décadas republicanas.* Tese de doutorado. São Paulo, Departamento de História, FFLCH-USP, 1998.

______. *A Questão Nacional em Porto Rico: o Partido Nacionalista (1922-1954).* São Paulo: Fapesp/Annablume, 1998.

______. Reflexões sobre o nacionalismo em perspectiva comparada: as imagens da nação no México, Cuba e Porto Rico. *Varia História,* Belo Horizonte, Departamento de História, FAFICH/UFMG, nº 28, dez. 2002, p. 39-54.

BARBIER, Frédéric; LAVENIR, Catherine Bertho. *Historia de los medios: de Diderot a Internet*. Buenos Aires: Colihue, 1999.

BARRÁN, José Pedro. *Historia de la sensibilidad en el Uruguay. El disciplinamiento, 1860-1920*. 11ª reimpresión. Tomo II. Montevideo: Ediciones de la Banda Oriental – Facultad de Humanidades y Ciencias, 1998.

______. *Los conservadores uruguayos (1870-1933)*. Montevideo: Ediciones de la Banda Oriental, 2004.

BARRÁN, José Pedro; CAETANO, Gerardo; PORZECANSKI, Teresa. *Historias de la vida privada en el Uruguay. El nacimiento de la intimidad (1870-1920)*. 2ª ed. Montevideo: Santillana, 1998.

______. *Historias de la vida privada en el Uruguay. Individuo y soledades (1920-1990)*. Montevideo: Santillana, 1998.

BARRÁN, José Pedro; NAHUM, Benjamín. El batllismo uruguayo y su reforma "moral". *Desarrollo Económico*, Buenos Aires, vol. 23, nº 89, abr.-jun. 1986, p. 121-135.

BASTOS, Elide Rugai; RIDENTI, Marcelo; ROLLAND, Denis (orgs.). *Intelectuais: sociedade e política, Brasil-França*. São Paulo: Cortez, 2003.

______. *Intelectuais e Estado*. Belo Horizonte: Editora UFMG, 2006.

BAYCE, Rafael. *Cultura política uruguaya: desde Batlle hasta 1988*. Montevideo: Fundación de Cultura Universitaria, 1989.

BEIGEL, Fernanda. *El itinerario y la brújula: el vanguardismo estético-político de José Carlos Mariátegui*. Buenos Aires: Biblos, 2003.

BELLOTO, Manoel Lelo & CORRÊA, Ana Maria Martinez (orgs.). *América Latina de colonização espanhola: antologia de textos históricos*. São Paulo: Hucitec/Edusp, 1979.

BELO, André. *História & Livro e Leitura*. Belo Horizonte: Autêntica, 2002.

BERSTEIN, Serge. A Cultura Política. In: RIOUX, Jean-Pierre, SIRINELLI, François. *Por uma História Cultural*. Lisboa: Editorial Estampa, 1998, p. 13-36.

BEIRED, José Luis Bendicho. Intelectuais e imprensa: a configuração de uma rede hispano-americana no espaço atlântico. In: *História*, São Paulo, 28 (2), 2009, p. 821-836.

______. *Sob o signo da nova ordem. Intelectuais autoritários no Brasil e na Argentina (1914-1945)*. São Paulo: Loyola, 1999.

BEIRED, José Luis Bendicho; CAPELATO, Maria Helena; PRADO, Maria Ligia Coelho (orgs.). *Intercâmbios políticos e mediações culturais nas Américas*. Assis: FCL-Assis-Unesp Publicações; São Paulo: Laboratório de Estudos de História das Américas – FFLCH-USP, 2010.

BENDA, Julien. *A traição dos intelectuais* [1927]. São Paulo: Peixoto Neto, 2007.

BISSO, Andrés (comp.). *El antifascismo argentino*. Buenos Aires: Buenos Libros; CEDINCI Editores, 2007.

BOBBIO, Norberto. *Os intelectuais e o poder: dúvidas e opções dos homens de cultura na sociedade contemporânea*. São Paulo: Editora Unesp, 1997.

BOURDIEU, Pierre. *As regras da arte: gênese e estrutura do campo literário*. São Paulo: Companhia das Letras, 1996.

______. *Intelectuales, política y poder*. Buenos Aires: Eudeba, 1999.

______. *O poder simbólico*. 2ª ed. Rio de Janeiro: Bertrand Brasil, 1998.

BRUIT, Héctor H. A invenção da América Latina. *Revista Mestrado História*, Vassouras, RJ, vol. 5, 2003, p. 75-94.

BUCHBINDER, Pablo. *¿Revolución en los claustros?: La Reforma Universitaria de 1918*. Buenos Aires: Sudamericana, 2008.

CAETANO, Gerardo. Del primer batllismo al terrismo: crisis simbólica y reconstrucción del imaginario colectivo. *Cuadernos de CLAEH*, Montevideo, nº 49, 1989, p. 85-106.

______. *La república batllista. Ciudadanía, republicanismo y liberalismo en Uruguay (1910-1933)*. Montevideo: Ediciones de la Banda Oriental, 2011.

______. *La república conservadora, 1916-1929*. 2 tomos. Montevideo: Fin de Siglo, 1992-1993.

______. *Los uruguayos del centenario: nación, ciudadanía, religión y educación, 1910-1930*. Montevideo: Taurus, 2000.

CAETANO, Gerardo; GEYMONAT, Roger. *La secularización uruguaya (1859-1919). Catolicismo y privatización de lo religioso*. Montevideo: Antillana-Taurus, 1997.

CAETANO, Gerardo; JACOB, Raúl. *El nacimiento del terrismo (1930-1933)*. Montevideo: Ediciones de la Banda Oriental, 1989-1991.

CAETANO, Gerardo; RILLA, José. *El joven Quijano (1900-1933). Izquierda nacional y conciencia crítica*. Montevideo: Ediciones de la Banda Oriental, 1986.

______. *Historia contemporánea del Uruguay. De la colonia al Mercosur*. Montevideo: Fin de Siglo, 1994.

______. Izquierda y tradición: Un problema y su versión en Uruguay. In: CAETANO, Gerardo; GALLARDO, Javier; RILLA, José. *La Izquierda Uruguaya. Tradición, innovación y política*. Montevideo: Trilce, 1995, p. 13-70.

______. La partidocracia uruguaya. Historia y teoría de la centralidad de los partidos políticos. *Cuadernos del CLAEH*, Montevideo, nº 44, 1987, p. 76-95.

CAMP, Roderic. *Los intelectuales y el Estado en el México del siglo XX*. México: Fondo de Cultura Económica, 1988.

CANDIANO, Leonardo; PERALTA, Leonardo. *Boedo, orígenes de una literatura militante: historia del primer movimiento cultural de la izquierda argentina*. Buenos Aires: Ediciones del CCC – Centro Cultural de la Cooperación Floreal Gorini, 2007.

CANFIELD, Martha L. Persistencia del mensaje ariélico. In: RODÓ, José Enrique. *Ariel*. Estudios de Martha Canfield y Rómulo Cosse. Montevidéu: Ministerio de Educación y Cultura, Biblioteca Nacional, 2000, p. 13-35.

CAÑIZARES-ESGUERRA, Jorge. *Como escrever a história do Novo Mundo: historiografias, epistemologias e identidades no mundo atlântico*. São Paulo: Edusp, 2011.

CAPDEVILLA, Arturo. *América: nuestras naciones ante los Estados Unidos*. Buenos Aires: M. Gleizer, 1926.

CASTRO, Belén. Introducción. In: RODÓ, José Enrique. *Ariel*. Madri: Ediciones Cátedra, 2000, p. 9-127.

CAPELATO, Maria Helena. A data símbolo de 1898: o impacto da independência de Cuba na Espanha e Hispanoamérica. *História*, Franca, vol. 22, nº 2, 2003, p. 35-58.

______. Modernismo latino-americano e construção de identidades através da pintura. *Revista de História*, nº 153, 2º sem. 2005, p. 251-282.

CARÁMBULA, Rubén. *El candombe*. Buenos Aires: Ediciones del Sol, 1995.

CARVALHO, Eugênio Rezende de. Ideias e identidade na América: quatro visões. *Estudos Ibero-Americanos*, Porto Alegre-PUC-RS, vol. 24, nº dez. 1998, p. 7-28.

CARVALHO, José Murilo de. Brasil: outra América? In: *Pontos e bordados: sscritos de história e política*. Belo Horizonte: Editora UFMG, 1998, p. 269-74.

CELENTANO, Adrián. Ideas e intelectuales en la formación de una red sudamericana antifascista. *Literatura y lingüística*, Santiago de Chile, Universidad Católica Cardenal Raúl Silva Henríquez, nº 17, 2006, p. 195-218.

CHARTIER, Roger. *A história cultural entre práticas e representações*. Rio de Janeiro: Lisboa/Bertrand Brasil/Difel, 1990.

______. *Formas e sentido. Cultura escrita: entre distinção e apropriação*. São Paulo: Mercado das Letras, 2003.

______. *Libros, lecturas y lectores en la Edad Moderna*. Madri: Alianza Universidad, 1993.

CHARTIER, Roger (org.). *Práticas da leitura*. São Paulo: Estação Liberdade, 1996.

CHIARAMONTE, José Carlos; MARICHAL SALINAS, Carlos (comps.). *Crear la nación. Los nombres de los países de América Latina*. Buenos Aires: Sudamericana, 2008.

CHIFFLET, Guillermo. *De la discusión nace la luz. Emilio Frugoni, desafío y referencia*. Montevideo: Letraeñe, 2007.

CHOMSKY, Noam. *La quinta libertad. La intervención de los Estados Unidos en América Central y la lucha por la paz*. 3ª ed. Barcelona: Crítica (Biblioteca de Bolsillo), 2004.

COLOMBI, Beatriz. *Viaje intelectual, migraciones y desplazamientos en América Latina (1880-1915)*. Rosario: Beatriz Viterbo Editora, 2004.

COMPAGNON, Antoine. *O demônio da teoria. Literatura e senso comum*. Belo Horizonte: Editora UFMG, 2001.

CORNEJO POLAR, Antonio. *O condor voa: literatura e cultura latino-americanas*. Belo Horizonte: Editora UFMG, 2000.

COSSE, Isabella; MARKARIAN, Vania. *1975: Año de la Orientalidad. Identidad, memoria e historia de una dictadura*. Montevideo: Trilce, 1996.

COSTA LIMA, Luiz (org.). *A literatura e o leitor*. Rio de Janeiro: Paz e Terra, 1979.

CROCE, Marcela (comp.). *Polémicas intelectuales en América Latina. Del "meridiano intelectual" al caso Padilla (1927-1971)*. Buenos Aires: Ediciones Simurg, 2006.

CUADRO, Servando. *Al servicio de la idea socialista. Psicoanálisis profano de la biografía del Dr. Emilio Frugoni*. Montevideo: Editorial Charrúa, 1940.

DARNTON, Robert. História da Leitura. In: BURKE, Peter. *A escrita da História: novas perspectivas*. São Paulo: Editora Unesp, 1994, p. 199-236.

______. *O beijo de Lamourette: mídia, cultura e revolução*. São Paulo: Companhia das Letras, 1990.

DE ARMAS, Gustavo; GARCÉ, Adolfo. *Uruguay y su conciencia crítica. Intelectuales y política en el siglo* XX. Montevideo: Trilce, 1997.

DE CERTEAU, Michel. *A escrita da história*. Rio de Janeiro: Forense, 1982.

______. *A invenção do cotidiano*. Petrópolis: Vozes, 1994.

______. *Heterologies: discourse on the other*. Minneapolis: University of Minnesota Press, 1986.

DE DIEGO, José Luis (dir.). *Editores y políticas editoriales en Argentina, 1880-2000*. Buenos Aires: Fondo de Cultura Económica, 2006.

DE SAGASTIZÁBAL, Leandro; ESTEVES FROS, Fernando (comps.). *El mundo de la edición de libros*. 2ª reimp. Buenos Aires: Paidós, 2005.

DEMASI, Carlos. *La lucha por el pasado. Historia y nación en Uruguay (1920-1930)*. Montevideo: Trilce, 2004.

DEVÉS VALDÉS, Eduardo. *El pensamiento latinoamericano em el siglo* XX. *Entre la modernización y la identidad. Del* Ariel *de Rodó a la* CEPAL *(1900-1950)*. Tomo I. Buenos Aires: Biblos, Centro de Investigaciones Diego Barros Arana, 2000.

______. La red de los pensadores latinoamericanos de los años 1920 (relaciones y polémicas de Gabriela Mistral, Vasconcelos, Palacios, Ingenieros, Mariátegui, Haya de la Torre, *El Repertorio Americano* y otros más). *Boletín Americanista*, Barcelona, Departament d'Historia d'Amèrica, nº 49, 1999, p. 67-79.

DOMINGUES, Beatriz H.; BLASENHEIM, Peter Louis. *O código Morse: ensaios sobre Richard Morse*. Belo Horizonte: Editora UFMG, 2010.

DORATIOTO, Francisco. *Espaços nacionais na América Latina: da utopia bolivariana à fragmentação*. São Paulo: Brasiliense, 1994.

DOSSE, François. *História e ciências sociais*. Bauru: Edusc, 2004.

______. *La marcha de las ideas*. Valência: PUV, 2007.

DUTRA, Eliana de Freitas. Companhia Editora Nacional: tradição editorial e cultura nacional no Brasil dos anos 30. In: *I Seminário Brasileiro sobre Livro e História Editorial*, Rio de Janeiro, Casa Rui Barbosa/UFF, 8 a 11 de novembro de 2004. Disponível em < http://www.livroehistoriaeditorial.pro.br/pdf/elianadutra.pdf.> Acesso em 15 dez. 2007.

_____. História e culturas políticas. Definições, usos, genealogias. *Varia História*, Belo Horizonte, Departamento de História, FAFICH/UFMG, dez. 2002, nº 28, p. 13-28.

_____. *Rebeldes literários da república: história e identidade nacional no* Almanaque Brasileiro Garnier *(1903-1914)*. Belo Horizonte: Editora UFMG, 2005.

DUTRA, Eliana de Freitas, MOLLIER, Jean-Yves (eds.). *Política, nação e edição. O lugar dos impressos na construção da vida política. Brasil, Europa e Américas nos séculos VXIII*-XX. São Paulo: Annablume, 2006.

DUTRÉNIT, Silvia. *Uruguay, una historia breve*. México: Instituto Mora, 1994.

EARLE, Peter G; MEAD, Robert G. *Historia del ensayo hispanoamericano*. México: Editorial de Andrea, 1973.

ESPECHE, Ximena. *Marcha* del Uruguay: hacia América Latina por el Río de la Plata. In: ALTAMIRANO, Carlos (dir.). *Historia de los intelectuales en América Latina. Los avatares de la "ciudad letrada" en el siglo* XX. Buenos Aires: Katz Editores, 2010, p. 211-234.

FARAONE, Roque. *La Prensa de Montevideo (Estudio sobre algunas de sus características)*. Montevideo: Biblioteca de Publicaciones Oficiales de la Facultad de Derecho y Ciencias Sociales de la Uiversidad de la República, 1960.

FERES JÚNIOR, João. *A história do conceito de Latin America nos Estados Unidos*. Bauru/São Paulo: Edusc; ANPOCS, 2005.

FERREIRA DE CASSONE, Florencia. *Claridad y el internacionalismo americano*. Buenos Aires: Claridad, 1998.

______. Claridad y la construcción de una izquierda americana. *Cuyo*, anuario de filosofía argentina y americana, vol. 15, 1998, p. 185-199.

FERREIRO, Emilia. *Pasado y presente de los verbos leer y escribir*. Buenos Aires: Fondo de Cultura Económica, 2001.

FONER, Philp S. *La guerra hispano-cubano-americana y el nacimiento del imperialismo norteamericano, 1895-1902*. Madri: Akal, 1975.

FRANCO, Maria Sylvia de Carvalho. As ideias estão no lugar. In: *Cadernos de Debate*, nº 1, 1976, p. 59-64.

FREGA, Ana; MARONNA; Mónica, TROCHON, Yvette. *Baldomir y la restauración democrática (1938-1946)*. Montevideo: Ediciones de la Banda Oriental, 1987.

FUNES, Patricia. Del Mundus Novus al novomundismo. Algunas reflexiones sobre el nombre de América Latina. In: DAYREL, Eliane Garcindo; IOKOI, Zilda M. Gricoli (coords.). *América Latina contemporânea: desafios e perspectivas*. Rio de Janeiro: Expressão e Cultura; São Paulo: Edusp, 1996, p. 77-95.

______. El pensamiento latinoamericano sobre la nación en la década de 1920. *Boletín Americanista*, Barcelona, Departament d'Historia d'Amèrica, nº 49, 1999, p. 103-120.

______. Ingenieros del alma: los informes sobre canción popular, ensayo y Ciencias Sociales de los Servicios de Inteligencia de la dictadura militar argentina sobre América Latina. *Varia Historia*, Belo Horizonte, vol. 23, nº 38, jul./dez. 2007, p. 418-437.

______. *Salvar la nación: intelectuales, cultura y política en los años veinte latinoamericanos*. Buenos Aires: Prometeo, 2006.

GEBRAN, Philomena; LEMOS, Maria Teresa T. B. (orgs.). *América Latina: cultura, estado e sociedade*. Rio de Janeiro: ANPHLAC, 1994.

GERBI, Antonello. *O Novo Mundo. História de uma polêmica (1750-1900)* [1955]. São Paulo: Companhia das Letras, 1996.

GILMAN, Claudia. El intelectual como problema. La eclosión del antiintelectualismo latinoamericano de los sesenta y los setenta. In: *Prismas – Revista de historia intelectual*, Universidad Nacional de Quilmas, Buenos Aires, ano 3, nº 3, 1999, p. 73-93.

______. *Entre la pluma y el fusil. Debates y dilemas del escritor revolucionario en América Latina*. Buenos Aires: Siglo XXI, 2003.

GIRARDET, Raoul. *Mitos e mitologias políticas*. São Paulo: Companhia das Letras, 1987.

GIÚDICE, Gerardo. *Frugoni*. Montevideo: Proyección, 1995.

GONZÁLEZ CALLEJA, Eduardo. El hispanismo autoritario español y el movimiento nacionalista argentino: balance de médio siglo de relaciones políticas e intelectuales (1898-1946). *Hispania* – Revista Española de Historia, Madri, vol. LXVII, nº 226, maio-ago. 2007, p. 599-642.

GONZÁLEZ ECHEVARRÍA, Roberto. El extraño caso de la estatua parlante: *Ariel* y la retórica magisterial del ensayo latinoamericano. In:

Escritura y autoridad en la literatura latinoamericana moderna. Madri: Verbum, 2001, p. 28-61.

GONZÁLEZ RISSOTO, Rodolfo. "El doble voto simultáneo". Una experiencia singular en el Uruguay. In: *Biblioteca Jurídica Virtual del Instituto de Investigaciones Jurídicas de la* UNAM, 2011, p. 13-24. Disponível em: <http://www.juridicas.unam.mx.> Acesso em 2 abr. 2012.

HABERMAS, Jürgen. *Mudança estrutural da esfera pública.* Rio de Janeiro: Tempo Brasileiro, 1984.

HALPERIN DONGHI, Tulio. *Historia da América Latina.* Rio de Janeiro: Paz e Terra, 1975.

______. *La Argentina y la tormenta del mundo. Ideas e ideologías entre 1930 y 1945.* Buenos Aires: Siglo XXI, 2004.

HARLAN, David. A história intelectual e o retorno da literatura. In: RAGO, Margareth; GIMENES, R. (orgs.). *Narrar o passado, repensar a história.* Campinas: IFCH, 2000, p. 15-62.

HOBSBAWM, Eric J. *A era dos extremos: o breve século XX, 1914-1991.* São Paulo: Companhia das Letras, 1995.

______. *Nações e nacionalismo desde 1780.* Rio de Janeiro: Paz e Terra, 1990.

HOFMEISTER, Wilhelm (org.). *Os intelectuais na América Latina.* Rio de Janeiro: Fundação Konrad Adenauer, 2004.

IANNI, Otávio. *O labirinto latino-americano.* Petrópolis: Vozes, 1993.

ISER, Wolfgang. *Rutas de la interpretación.* México: Fondo de Cultura Económica, 2005.

JACOB, Raúl. *El Uruguay de Terra, 1931-1938.* Montevideo: Ediciones de la Banda Oriental, 1983.

JÁUREGUI, Carlos. *Canibalismo, calibanismo, antropofagia cultural y consumo en América Latina*. Madri: Iberoamericana, 2008.

JULIO, Silvio. *José Enrique Rodó e o cinqüentenário do seu livro* Ariel. Rio de Janeiro: MEC, 1954.

JUNQUEIRA, Mary A. Ciência, técnica e as expedições da marinha de guerra norte-americana, *U. S. Navy*, em direção à América Latina. *Varia História*, Belo Horizonte, vol. 23, nº 38, Jul./Dez 2007, p. 334-349.

______. *Estados Unidos: a consolidação da Nação*. São Paulo: Contexto, 2001.

KARNAL, Leandro *et al. História dos Estados Unidos: das origens ao século XXI*. São Paulo: Contexto, 2007.

KOZEL, Andrés. En torno a la desilusión argentina. *Varia Historia*, Belo Horizonte, vol. 23, nº 38, jul./dez. 2007, p. 368-385.

KOSELLECK, Reinhart. *Futuro pasado. Para una semántica de los tiempos históricos*. Buenos Aires: Paidós, 1993.

______. *história/História*. Madri: Mínima Trotta, 2004 (1ª ed. alemã de 1975)

LACAPRA, Dominick. *Rethinking intellectual history: texts, contexts, language*. Ithaca: Cornell University Press, 1983.

LAPLANTINE, François; TRINDADE, Liana. *O que é imaginário*. São Paulo: Brasiliense, 1996.

LOCKHART, Washington. Rodó y el arielismo. In: *Capítulo Oriental: la historia de la literatura uruguaya*, vol. 12. Montevidéu: Centro Editor de América Latina, 1968, p. 177-192.

LOPES, Marco Antônio (org.). *Grandes nomes da história intelectual.* São Paulo: Contexto, 2003.

_____. *Para ler os clássicos do pensamento político: um guia historiográfico.* Rio de Janeiro: Editora FGV, 2002.

LUCA, Tânia Regina de. História dos, nos e por meio dos periódicos. In: PINSKY, Carla Bassanezi (org.). *Fontes Históricas.* 2ª ed. São Paulo: Contexto, 2006, p. 111-153.

MACHIN, Horacio; MORAÑA, Mabel (eds.). *Marcha y América Latina.* Pittsburgh: Instituto Internacional de Literatura Iberoamericana/ Universidad de Pittsburgh, 2003.

MANSONI, Celina (comp.). *Vanguardistas en su tinta. Documentos de la Vanguardia en América Latina.* Buenos Aires: Corregidor, 2007.

MARIÁTEGUI, José Carlos. *Sete ensaios de interpretação da realidade peruana* [1928]. São Paulo: Alfa-ômega, 1975.

MARÍNEZ DÍAS, Nelson. La historiografía uruguaya contemporánea. *Quinto centenario*, Madri, nº 5, 1983, p. 39-64.

MARTÍ, José. *Nossa América.* São Paulo: Hucitec, 1983.

MERQUIOR, José Guilherme. Grandeza de Batlle. In: *O argumento liberal.* Rio de Janeiro: Nova Fronteira, 1983, p. 247-54.

MEYER, Jean. *La cristiada: los cristeros.* 11ª ed., vol. 3. México: Siglo XXI, 1993.

MILLER, Juan Edmundo. *El sembrador (Emilio Frugoni). Trayectoria biográfica de "el gran traicionado".* Relatos. Primera parte. Montevideo: Record, 1973.

MISKULIN, Sílvia Cezar. *Cultura ilhada: imprensa e revolução cubana (1951-1961).* São Paulo: Xamã, 2003.

MITRE, Antonio. *O dilema do centauro: ensaios de teoria da história e pensamento latino-americano*. Belo Horizonte: Editora UFMG, 2003.

MORA RODRÍGUES, Arnoldo. *El arielismo: de Rodó a García Monge*. San José, C. R.: EUNED, 2007.

MOREIRA, Constanza. *Democracia y desarrollo en Uruguay: una reflexión desde la cultura política*. Montevideo: Trilce, 1997.

MORSE, Richard. *O espelho de próspero. Cultura e ideias nas Américas*. 2ª reimpressão. São Paulo: Companhia das Letras, 1995.

MOTTA, Rodrigo Patto Sá. A história política e o conceito de cultura política. *LPH: Revista de História*, Mariana, Depto. de História da UFOP, nº 6, 1996, p. 83-91.

MYERS, Jorge. Gênese "ateneísta" da história cultural latino-americana. *Tempo Social*, São Paulo, Departamento de Sociologia, FFLCH/USP, jun. 2005, vol. 17, nº 1, p. 9-54.

ODDONE, Juan A. A formação do Uruguai moderno (1870-1930). In: BETHELL, Leslie (org.). *História da América Latina: de 1870 a 1930*. Vol. 5, São Paulo: Edusp, 2002.

_____. *Uruguay entre la depresión y la guerra (1929-1945)*. Montevideo: Fundación de Cultura Universitaria, 1990.

_____. *Vecinos en discordia. Argentina, Uruguay y la política hemisférica de los Estados Unidos*. Selección de documentos, 1945-1955. 2ª ed. corrigida. Montevideo: Ediciones El Galeón – Universidad de la República, 2004.

ODDONE, Juan A; PARÍS, Blanca. *La universidad uruguaya del militarismo a la crisis, 1885-1958*. 3 tomos. Montevideo: Universidad de la República, 1971.

O' GORMAN, Edmundo. *A invenção da América: reflexão a respeito da estrutura histórica do Novo Mundo e do sentido do seu devir*. São Paulo: Editora Unesp, 1992.

PAIVA, Eduardo França. *História & Imagens*. Belo Horizonte: Autêntica, 2002.

PALACIOS, Alfredo L. *Nuestra América y el imperialismo yanqui*. Madri: Historia Nueva, 1930.

PALTI, Elías J. *El tiempo de la política. El siglo XIX reconsiderado*. Buenos Aires: Siglo XXI, 2007.

PANIZZA, Francisco E. (org.). *Los partidos políticos de cara al 90*. Montevideo: ICP-FCU-FESUR, 1989.

______. *Uruguay: batllismo y después. Pacheco, militares y tupamaros en la crisis del Uruguay batllista*. Montevideo: Ediciones de la Banda Oriental, 1990.

PÉCAUT, Daniel. *Os intelectuais e a política no Brasil: entre o povo e a nação*. São Paulo: Ática, 1990.

PEIRANO BASSO, Luisa. *Marcha de Montevideo y la formación de la conciencia latinoamericana a través de sus cuadernos*. Buenos Aires: Javier Vega, 2001.

PELUFFO LINARI, Gabriel. "Pedro Figari y el nativismo rioplatense. In: *Historia de la pintura uruguaya*. Tomo I. Montevideo: Ediciones de la Banda Oriental, 1988, p. 93-112.

PÉREZ SPARANO, Juan Antonio. El cisma. Refundación blanca y reacción nacionalista. In: *Una historia secreta: ni blancos todos, ni nacionalistas todos*. Montevideo: La República, 2008.

PIMENTA, João Paulo G. *Estado e nação no fim dos impérios ibéricos no Prata: 1808-1828*. São Paulo: Hucitec; Fapesp, 2002.

PINHEIRO, Marcos Sorrilha. *Um continente possível: latino-americanismo no pensamento de Luis Alberto Sánchez*. Dissertação de mestrado. Franca, Departamento de História, Faculdade de História, Direito e Serviço Social, Unesp, 2004.

PINO, Miriam. El semanario *Marcha* de Uruguay: una genealogía de la crítica de la cultura en América Latina. *Revista de Crítica Literaria Latinoamericana*, Lima-Hanover, ano XXVIII, nº 56, 2º sem. 2002, p. 141-156.

PITA GONZÁLEZ, Alexandra; VENTURA RAMÍREZ, Rogelio. *La Convención sobre la enseñanza de la Historia: educar para la comprensión americana*. Disponível em <http://www.caei.com.ar/es/programas/historia/18.pdf>. Acesso em 09 dez. 2007.

PIZARRO, Ana (org.). *América Latina: palavra, literatura e cultura*. 3 vols. São Paulo; Campinas: Memorial; Unicamp, 1994.

POCOCK, J. G. A. *Linguagens do ideário político*. São Paulo: Edusp, 2004.

PORTANTIERO, Juan Carlos. *Estudiantes y política en América Latina. El proceso de la reforma universitaria (1918-1938)*. México: Siglo XXI, 1978.

PORZECANSKI, Teresa; SANTOS, Beatriz. *Historias de exclusión: afrodescendientes en el Uruguay*. Montevideo: Libreria Linardi y Risso, 2006.

PRADO, Maria Lígia. *A formação das nações latino-americanas*. 16ª ed. São Paulo: Atual, 1998.

______. *América Latina no século XIX: tramas, telas e textos*. São Paulo: Edusp; Bauru: Editora do Sagrado Coração, 1999.

______. O Brasil e a distante América do Sul. *Revista de História*, São Paulo, Departamento de História, FFLCH-USP, 2001, nº 145, p. 127-149.

PRATT, Marie Louise. *Os olhos do Império: relatos de viagem e transculturação*. Bauru: Edusc, 2000.

RAMA, Ángel. *A cidade das letras*. São Paulo: Brasiliense, 1985.

______. *Literatura, cultura, sociedad en América Latina*. Montevideo: Trilce, 2006.

______. *Transculturación narrativa en América Latina*. Montevideo: ARCA/Fundación Ángel Rama, 1989.

RAMA, Carlos. La Revolución Mexicana en el Uruguay. *Historia Mexicana*, México, nº 8, out.-dez. 1957, p. 161-186.

RAMA, Germán. *La democracia uruguaya*. Montevideo: Arca, 1995.

RAVIOLO, Heber; ROCCA, Pablo (dirs.). *Historia de la literatura uruguaya contemporánea. Los narradores del medio siglo*. Tomo I. Montevideo: Ediciones de la Banda Oriental, 1996.

______. *Historia de la literatura uruguaya contemporánea. Una literatura en movimiento (Poesía, Teatro y otros géneros)*. Tomo II. Montevideo: Ediciones de la Banda Oriental, 1997.

REAL DE AZÚA, Carlos. *Antología del ensayo uruguayo contemporáneo*. 2 tomos. Montevideo: Universidad de la República, 1964.

______. *El impuso y su freno*. Montevideo: Ediciones de la Banda Oriental, 1964.

______. *El Uruguay visto por los uruguayos*. 2 tomos. Buenos Aires/Montevideo: Centro Editor de América Latina, 1968.

______. *Historia visible y historia esotérica. Personajes y claves del debate latinoamericnao*. Montevideo: Arca, 1975.

______. *Historia y política en el Uruguay*. Montevideo: Cal y Canto, 1997.

______. *Los orígenes de la nacionalidad uruguaya*. Montevideo: Arca/ Nuevo Mundo, 1990.

______. *Uruguay, ¿Una sociedad amortiguadora?* Montevideo: Ediciones de la Banda Oriental, 2000.

REICHEL, Heloísa Jochims & GUTFREIND, Ieda (orgs.). *América Platina e historiografia*. São Leopoldo: Programa de Pós-Graduação em História – Unisinos, 1996.

RÉMOND, René (org.). *Por uma história política*. Rio de Janeiro: Editora UFRJ, 1996.

REY TRISTÁN, Eduardo. *A la vuelta de la esquina: la izquierda revolucionaria uruguaya, 1955-1973*. Montevideo: Fin de Siglo, 2006.

RILLA, José. La tradición contra los partidos en el Uruguay. *História*, São Paulo, 23 (1-2), 2004, p. 161-196.

RIVAS, Ricardo Alberto; RODRÍGUEZ, Rodolfo Alberto (coords.). *Problemas latinoamericanos y alteridad en los siglos XIX y XX*. Mar del Plata: Ediciones Suárez, 2003.

RIVERA, Jorge B. *El escritor y la industria cultural*. Buenos Aires: Atuel, 1998.

______. *El periodismo cultural*. Buenos Aires: Paidós, 2003.

ROCCA, Pablo. *35 años en Marcha. Crítica y literatura en* Marcha *y en el Uruguay*: 1939-1974. Montevideo: IMM-División Cultura, 1992.

______. *El 45. Entrevistas/Testimonios*. Montevideo: Ediciones de la Banda Oriental, 2004.

______. *Ángel Rama, Emir Rodríguez Monegal y el Brasil: Dos caras de un proyecto latinoamericano*. Montevideo: Ediciones de la Banda Oriental, 2006.

______. La política oficial del libro: Hablar sobre la nada. In: *Siete sobre Siete*, Montevideo, nº 89, 16 maio 2005, p. 3-11.

______. *Poesía y política en el siglo XIX (un problema de fronteras)*. Montevideo: Ediciones de la Banda Oriental, 2003.

ROCCA, Pablo; ANDRADE, Gênese (eds.). *Un diálogo americano: modernismo brasileño y vanguardia uruguaya*. Alicante: Universidad de Alicante, 2006.

RODÓ, José Enrique. *Ariel*. Campinas: Editora da Unicamp, 1991.

______. *Obras completas*. Madri: Aguillar, 1957.

RODRÍGUEZ MONEGAL, Emir. El olvidado ultraísmo uruguayo. *Revista Iberoamericana*. Madri, nº 118-119, jan-jun. 1982, p. 257-274.

______. *Literatura uruguaya del medio siglo*. Montevideo: Alfa, 1966.

ROMERO, José Luis. *El pensamiento político de la derecha latinoamericana*. Buenos Aires: Paidós, 1970.

______. *Latinoamérica: las ciudades y las ideas*: Buenos Aires, Siglo XXI, 1976.

ROUQUIÉ, Alain. *O Extremo Ocidente: introdução à América Latina*. São Paulo: Edusp, 1991.

SAID; Edward. SAID, Edward. *Cultura e imperialismo* [1993]. São Paulo: Companhia das Letras, 1995.

______. *Orientalismo: o Oriente como invenção do Ocidente* [1978]. São Paulo: Companhia das Letras, 1990.

______. *Reflexões sobre o exílio e outros ensaios*. São Paulo: Companhia das Letras, 2003.

SALVATORE, Ricardo. *Imágenes de un imperio: Estados Unidos y las formas de representación de América Latina*. Buenos Aires: Sudamericana, 2006.

SALVATORE, Ricardo (comp.). *Culturas imperiales: experiencia y representación en América, Asia y África*. Rosario: Beatriz Viterbo, 2005.

SÁNCHEZ, Luis Alberto. *Escritores representativos de América*. 2 vols. Madri: Editorial Gredos, 1957.

______. *¿Existe América Latina?* México: FCE, 1945.

SARLO, Beatriz. *El imperio de los sentimientos. Narraciones de circulación periódica en la Argentina (1917-1927)*. Buenos Aires: Grupo Editorial Norma, 2004.

SCARONE, Arturo. *Uruguayos contemporáneos. Nuevo diccionario de datos biográficos y bibliográficos*. Montevideo: Barreiro y Ramos, 1937.

SCHWARTZ, Jorge. *Las vanguardias latinoamericanas. Textos programáticos y críticos*. Edição revisada e ampliada. México: FCE, 2002.

SENNETT, Richard. *O declínio do homem público: as tiranias da intimidade*. [1977] São Paulo: Companhia das Letras, 1988.

SEVCENKO, Nicolau. *A literatura como missão: tensões sociais e criação cultural na Primeira República*. 2ª ed. São Paulo: Brasiliense, 1985.

SIGAL, Silvia. *Intelectuales y poder en la década del sesenta*. Buenos Aires: Puntosur, 1991.

SILVA, Helenice Rodrigues da. *Fragmentos da história intelectual: entre questionamentos e perspectivas*. Campinas: Papirus, 2002.

SIRINELLI, Jean-François. *Intellectuels et passions françaises. Manifestes et pétitions au XXe siècle*. Paris: Fayard, 1990.

SOARES, Gabriela Pellegrino. Novos meridianos na produção editorial em castelhano: o papel dos espanhóis exilados pela Guerra Civil na Argentina e no México. *Varia História*, Belo Horizonte, vol. 23, nº 38, jul./dez. 2007, p. 386-398.

______. *Semear horizontes: uma história da formação de leitores na Argentina e no Brasil (1915-1954)*. Belo Horizonte: Editora da UFMG, 2007.

SOARES, Gabriela Pellegrino; PINTO, Júlio Pimentel. A América Latina no universo das edições brasileiras. *Diálogos*, Maringá, DHI, PPHI-UEM, vol. 8, nº 2, 2004, p. 133-151.

SOARES, Maria Susana Arrosa (coord.). *Os intelectuais nos processos políticos da América Latina*. Porto Alegre: Editora UFRGS, 1985.

SOLER, Leticia. *Historiografía uruguaya contemporânea (1985-2000)*. Montevideo: Trilce, 2000.

SOUZA, Marcos Alves de. *A cultura política do "batllismo" no Uruguai: 1903-1958*. São Paulo: Annablume/Fapesp, 2003.

______. *Ideologia e política em José Enrique Rodó: liberalismo e jacobinismo no Uruguai (1895-1917)*. Tese de doutorado. Franca, Unesp, 2006.

______. O reformismo "batllista" e seu confronto com a elite conservadora (1903-1958). *Estudos de História*, Depto. de História, Unesp – Franca, vol. 7, nº 2, 2000, p. 197-214.

STABB, Martin S. *América Latina en busca de una identidad. Modelos del ensayo ideológico hispanoamericano, 1860-1960*. Caracas: Monte Ávila, 1969.

TARACENA, A. La Asociación de Estudiantes Latinoamericanos de París (1925-1933). In: *Anuario de Estudios Centroamericanos*, San José de Costa Rica, Universidad de Costa Rica, 1989, p. 61-80.

TERÁN, Oscar. El primer antiimperialismo latinoamericano. *Punto de vista - Revista de cultura*, Buenos Aires, ano IV, N° 12, jul.-out. 1981, p. 3-10.

______. *América Latina: Positivismo y Nación*. México: Editorial Katún, 1983.

TODOROV, Tzvetan. *Nós e os outros: a reflexão francesa sobre a diversidade humana*. Rio de Janeiro: Zahar, 1993.

TORRES GARCÍA, Joaquín. *Universalismo constructivo: contribución a la unificación del arte y la cultura de América*. Buenos Aires: Editorial Poseidón, 1944.

TROCHON, Yvette. *Escenas de la vida cotidiana: sombras sobre el país modelo 1950-1973*. Montevideo: Ediciones de la Banda Oriental, 2011.

TOURAINE, Alain. *Palavra e sangue: política e sociedade na América Latina*. São Paulo: Trajetória Cultural; Campinas: Editora Unicamp, 1989.

TURCATI, Dante. *El equilíbrio difícil. Política exterior del batllismo*. Montevideo: Arca, 1981.

URRUTIA, Jorge. Vitalidad de la deshumanización del arte. *Revista de Occidente*, Madri, n° 300, maio 2006, p. 5-22.

VANGER, Milton. *El país modelo*. Montevideo: Ediciones de la Banda Oriental, 1983.

VÁRIOS AUTORES. *El fin del Uruguay liberal (1959-1973)*. Montevideo: Ediciones de la Banda Oriental, 1990.

______. *El Uruguay de los años treinta. Enfoques y problemas*. Montevideo: Ediciones de la Banda Oriental, 1994.

______. *Historia del Uruguay en el siglo XX (1890-2005)*. 2ª ed. Montevideo: Ediciones de la Banda Oriental, 2008.

______. *Uruguay hoy*. Buenos Aires, Siglo XXI, 1971.

______. *Vida y cultura en el río de la Plata*. Tomo I. Montevideo: Universidad de la República, Departamento de Publicaciones, 1987.

VASCONCELOS, José. *La raza cósmica*. México: Espasa Calpe Mexicana, 1977.

VAZ FERREIRA, Carlos. *Moral para intelectuales*. 3ª ed. revisada. Montevideo: Cámara de Representantes, 1957.

VIOR, Eduardo J. Visiones de Calibán, visiones de América. In: *CUYO*. Anuario de Filosofía Argentina y Americana, nº 17, 2000, p. 89-103.

VISCA, Arturo Sergio. *Diccionario de literatura uruguaya*. Montevideo: Arca-Credisol, 1987.

YANKELEVICH, Pablo. *Miradas australes. Propaganda, cabildeo y proyección de la Revolución Mexicana en el Río de la Plata, 1910-1930*. México: Instituto Nacional de Estudios Históricos de la Revolución Mexicana, Secretaría de Relaciones Exteriores, 1997.

ZEA, Leopoldo (comp.). *Quinientos años de historia, sentido y proyección*. México: Fondo de Cultura Económica, 1991.

_____ (comp.). *Fuentes de la cultura latinoamericana*. 3 vols. México: Fondo de Cultura Económica, 1993.

_____ (org.). *América Latina en sus ideas*. México: Siglo XXI, Unesco, 1986.

ZUBILLAGA, Carlos. Breve panorama da imigração maciça no Uruguai (1870-1931). In: FAUSTO, Boris (org.). *Fazer a América*. São Paulo: Edusp, 1999, p. 419-460.

______. *Hacer la América. Estudios históricos sobre la inmmigración española al Uruguay*. Montevideo: Fin de Siglo, 1993.

______. *Historia e historiadores en el Uruguay del siglo XX*. Montevideo: Librería de la Facultad de Humanidades y Ciencias de la Educación, 2002.

______. *Las disidencias del tradicionalismo. El Radicalismo Blanco*. Montevideo: ARCA/CLAEH, 1978.

______. *La utopía cosmopolita*. Tres perspectivas históricas de la inmigración masiva al Uruguay. Montevideo: Facultad de Humanidades y Ciencias de la Educación, 1998.

______. Libreros y editores gallegos en Montevideo. *Madrygal*, Madri, nº 2, 1999, p. 139-145.

ZUM FELDE, Alberto. *Proceso intelectual del Uruguay y crítica de su literatura*. Montevideo: Claridad, 1941.

______. *Proceso intelectual del Uruguay*. III – s. 4ª ed. Montevideo: Librosur, 1985.

AGRADECIMENTOS

Agradeço a todas aquelas pessoas e instituições de fomento que contribuíram para a elaboração desta obra. Em primeiro lugar, gostaria de agradecer aos meus pais, Pedro César e Maria Odília, e demais familiares que souberam conviver com as minhas frequentes partidas e chegadas entre 2005 e 2009, período em que comparti minha vida entre o Brasil, o Uruguai e a Argentina.

Às minhas irmãs Andréa e Aline, deixo uma especial consideração por sua inestimável ajuda para a concretização deste projeto.

À minha orientadora e amiga de todas as horas, Kátia Gerab Baggio, que soube de forma certeira e sensível guiar-me pelo fascinante campo dos estudos latino-americanos, bem como aos colegas Adriane, Natally, Priscila e Breno, com quem compartia as reuniões mensais de nosso pequeno, mas extremamente fecundo grupo orientado por Kátia.

Aos professores Eliana de Freitas Dutra, Antonio Mitre, Maria Eliza Linhares Borges por leituras e orientações. Aos demais professores do Departamento de História da UFMG por suas lições de profissionalismo e de vida. À professora Gabriela Pellegrino Soares da Universidade de São Paulo pela leitura atenta e certeira.

Aos professores e colegas do laboratório de Química Farmacêutica e Farmacologia da Faculdade de Farmácia da UFMG, especialmente à profª doutora Maria Auxiliadôra Fontes Prado e aos professores doutores Ricardo José Alves e Márcio de Matos Coelho, por sua acolhida aos meus questionamentos científicos, durante quase três anos em que fui bolsista de iniciação científica naquela faculdade, antes de decidir-me por desbravar novos rumos.

Aos amigos que conheci durante os quinze últimos anos que vivi em Belo Horizonte, e que tornaram a minha estadia uma experiência agradável e inapagável. Aos novos amigos que conheci em Montevidéu e Buenos Aires nestes últimos anos, particularmente à Helena Caorsi e Sofía Celina, que me hospedaram em sua residência durante a realização da pesquisa.

Aos professores da Universidad de la República, Carlos Demasi e especialmente Ana María Rodríguez Aiçagüer, dentre outros, que em alguns momentos foram interlocutores imprescindíveis, assim como aos funcionários da Biblioteca Nacional do Uruguai e da Biblioteca do Palácio Legislativo, que souberam me assessorar tanto em aspectos profissionais quanto emocionais durante minhas longas jornadas em seu interior.

À professora Patricia Funes da Universidad de Buenos Aires, por sua preciosa atenção às minhas pesquisas.

Aos alunos da disciplina optativa sobre história dos intelectuais latino-americanos, que ministrei na UFMG como Estágio Docente, durante o segundo semestre de 2006, especialmente aos intercambistas Roxana Calvo e Matías Germán Donato, que me receberam em La Plata e me apresentaram à professora Alejandra Mailhe, da Facultad de Humanidades y Ciencias de la Educación de la Universidad Nacional de La Plata, instituição universitária que havia acolhido a Emilio Frugoni, dentre outros intelectuais latino-americanos, em sua sólida obra latino-americanista.

Aos demais professores argentinos, notadamente à Alejandra, do grupo de história intelectual nucleado pela Universidad Nacional de Quilmes, que me recepcionaram em seus instigantes debates mensais, realizados no Instituto Ravignani da Universidad de Buenos Aires.

Finalmente, gostaria de agradecer à Capes, pela concessão de uma bolsa de estudos, sem a qual este projeto não teria saído de seus bosquejos, como também ao Programa de Pós-Graduação em História da UFMG.

Esta obra foi impressa em São Paulo no outono de 2014. No texto foi utilizada a fonte Minion Pro em corpo 10,5 e entrelinha de 15 pontos.